农村林业知识读本

林农致富实用手册

国家林业局农村林业改革发展司　编

图书在版编目（CIP）数据

林农致富实用手册/国家林业局农村林业改革发展司编.—北京：知识产权出版社，2018.5
（农村林业知识读本）
ISBN 978-7-5130-5542-0
Ⅰ.①林… Ⅱ.①国… Ⅲ.①林业经济—经济发展—中国—手册 Ⅳ.①F326.23-62
中国版本图书馆CIP数据核字（2018）第084917号

责任编辑：石陇辉　　　　责任校对：潘凤越
封面设计：睿思视界　　　　责任出版：刘译文

农村林业知识读本

林农致富实用手册

国家林业局农村林业改革发展司　编

出版发行	知识产权出版社有限责任公司	网　　址	http://www.ipph.cn	
社　　址	北京市海淀区气象路50号院	邮　　编	100081	
责编电话	010-82000860 转8175	责编邮箱	shilonghui@cnipr.com	
发行电话	010-82000860 转8101	发行传真	010-82000893/82005070/82000270	
印　　刷	三河市国英印务有限公司	经　　销	各大网上书店、新华书店及相关专业书店	
开　　本	787mm×1092mm 1/16	印　　张	15.5	
版　　次	2018年5月第1版	印　　次	2018年5月第1次印刷	
字　　数	317千字	定　　价	69.00元	
ISBN 978-7-5130-5542-0				

出版权专有　侵权必究
如有印装质量问题，本社负责调换。

序

中国13.7亿人口中,目前还有6亿多农民,不懂农民就是不懂中国。我国山区面积占国土面积的69%,山区人口占全国人口的56%,在全国2100多个县市中,有1500多个在山区。全面建成小康社会,重点难点在农民。农民是重要的农业生产经营者,也是林业生产经营活动的重要主体。林地是农村宝贵的资源,是农民重要的生产资料。我国有45.6亿亩林地,其中集体林地27.37亿亩,占全国林地总面积的60%。

据国家林业局测算,我国农村集体林业资源总经济价值达2万亿元以上,其中经济林和竹林占90%以上,在中国林业发展中占有重要地位。习近平总书记于2014年4月4日在参加首都义务植树时深刻指出,"林业建设是事关经济社会可持续发展的根本性问题"。大力发展林业,加强生态建设,事关经济社会可持续发展,事关全面建设小康社会目标的实现,事关建设生态文明。

2015年1月28日,国务院总理李克强在国家林业局工作汇报件上做出重要批示,充分肯定了林业系统积极推进林业改革。李克强总理指出,林业是重要的生态资源,也是不可替代的绿色财富。实行集体林权制度改革,赋权予民,给予农民更广泛的林业生产经营自主权,对于促进集体林区林业经济发展,对于加速林业现代化进程,破解"三农"难题,推进社会主义新农村建设,实现经济社会全面协调可持续发展,具有十分重大的意义。随着我国全面推进和深化集体林权制度改革,截至2016年我国共发放林权证1.01亿本,约5亿名农民获得了集体林地承包经营权。

为更好地服务于约5亿名农民的林业生产经营活动,国家林业局农村林业改革发展司特面向林农组织编写了这套"农村林业知识读本"系列丛书,丛书共包括5本实用手册,即《林业政策问答手册》《林农法律维权实用手册》《林业实用技术手册》《林农致富实用手册》和《林业服务手册》。

本系列丛书旨在促进农民对林业政策知识的系统了解,提升农民的林业法律意识和维权能力,推动农民掌握和运用系列林业实用技术,提高林农的创新意识、创业能力和致富素养,充分认知和合理运用林业社会化服务平台,最终提升农民林业生产经营水平和经营效率。

本系列丛书作为普及性读物,定位为服务于农民,注重系统性、可读性和实用性,力求语言简洁、通俗易懂,内容简单易行。

希望本系列丛书能成为农民朋友们的助手和参谋,切实助力于农民林业经营水平的提高,助益于农民脱贫致富。

前　言

我国是林业大国，林业是一项重要的基础产业，又是一项重要的公益事业，同时兼有三大效益。林业经济的发展不仅能够绿化生态环境，还能够促进现代生态环境的建设，实现地区山川秀美的绿化目标。发展林业不仅是环境建设的首要任务和核心内容，也是调整农村产业结构、活跃农村经济、加快农民脱贫致富奔小康的重要途径。然而，传统模式已经不适合当前形势下林业经济的发展，我们应该努力寻找新常态下的发展模式，把生态建设、林业经济增长结合起来，在经济增长的同时实现农民的增收。引导广大林农朋友"不砍树，能致富"，变"青山"为"金山"，正确处理生态保护与产业发展之间的关系。

本书旨在让更多的农民朋友了解更多的林业或林下生产模式，快速学习相关领域的基础知识和方法。本书提供相对浅显易懂的讲解，实用、可操作的流程，具体的图片及典型案例以供参考。同时本书体系完善、形式多样，从理论到实践、从典型到一般、从致富模式到金融工具运用、从林下经济到碳汇林种植，涵盖了涉林各个方面的致富方法和途径，可以满足大多数林农朋友的阅读需求，起到指导作用。

本书分为8章。第1章为林农致富基础知识，主要介绍林农致富的概念、主要途径、基本技能、销售渠道和农村金融工具的运用等。第2章介绍林业种植致富，主要包括经济林种植、种苗种植、花卉种植、用材林种植等。第3~7章分别从林产品经营加工、林下经济、乡村旅游、生态旅游、林家乐、野生动物驯养繁殖、林业产业化发展和资产运作等角度介绍了具体的林业实用致富方式，并配以操作流程和案例。最后一章介绍其他的致富模式并进行了总结。

本书具有如下特点。一是体系完善，从概念、方法到案例全方位讲解，覆盖了林农致富的主要模式和途径。二是实用性强，介绍了当前主流和热点的模式和方法，提供实际操作流程，并列举一些重要的书籍资料和网站，作为本书的延伸和补充。三是有一定的针对性、时效性和创新性，结合实际情况面向林农编写，紧扣林业经济致富策略，同时增加网络营销和金融工具、森林保险等热点内容，并附有一些典型案例，有利于农民朋友致富技能的提高。

本书在编写过程中，搜集、查阅并参考了大量相关研究成果，在此向所有前辈和广大同仁致以诚挚的敬意和谢意！

同时由于时间仓促，编者能力有限，书中难免有错漏谬误之处，请批评指正！

目　录

第 1 章　林农致富基础知识　　1
1.1 林业经济发展概述　　2
1.2 林业在林农脱贫致富中的作用　　2
1.3 林农致富概念　　3
1.4 林农致富的主要途径　　3
1.5 林农致富的基本技能　　3
1.6 致富项目寻找途径　　4
1.7 致富常见问题及解答　　5
1.8 农村金融贷款、保险　　17

第 2 章　种植致富　　29
2.1 经济林种植　　30
2.2 种苗种植　　57
2.3 花卉种植　　60
2.4 用材林种植　　69

第 3 章　林产品经营加工致富　　79
3.1 林产品简介　　81
3.2 非木质林产品　　81
3.3 林产品流通　　82

3.4 林产品市场　　　　　　　　　　　　　83

3.5 林产品国际贸易　　　　　　　　　　84

3.6 林产品加工参考书籍　　　　　　　　86

3.7 林产品加工案例　　　　　　　　　　87

第4章　林下经济致富　　　　　　　91

4.1 林下经济的简述　　　　　　　　　　93

4.2 林下经济的概念　　　　　　　　　　95

4.3 林下经济系统的含义　　　　　　　　96

4.4 林下经济的内涵　　　　　　　　　　97

4.5 林下经济的特征　　　　　　　　　　99

4.6 发展林下经济的战略意义　　　　　107

4.7 发展林下经济的相关理论基础　　　108

4.8 发展林下经济的支持体系　　　　　110

4.9 林下经济模式　　　　　　　　　　113

4.10 林粮模式案例　　　　　　　　　　115

4.11 林草模式案例　　　　　　　　　　121

4.12 林药模式案例　　　　　　　　　　124

4.13 林菌模式案例　　　　　　　　　　136

4.14 林桑模式案例　　　　　　　　　　141

4.15 林禽模式案例　　　　　　　　　　142

4.16 林畜模式案例　　　　　　　　　　145

4.17 其他模式　　　　　　　　　　　　146

4.18 林下循环案例——橡胶林鹿角灵芝循环农业创新　　152

4.19 林下经济参考资料　　　　　　　　155

第5章 森林旅游致富　　157

5.1 乡村旅游　　158

5.2 森林生态旅游　　173

5.3 林家乐　　182

5.4 森林旅游致富资料　　186

第6章 野生动物驯养繁殖致富　　187

6.1 野生动物驯养繁殖概述　　188

6.2 野生动物饲养业按产品归类　　189

6.3 驯养繁殖经营加工许可　　190

6.4 饲养方式　　191

6.5 科学饲养　　191

6.6 国家允许经营的陆生野生动物名单　　192

6.7 野生动物养殖资料　　192

6.8 野生动物驯养繁殖典型案例　　193

第7章 林业产业化发展和资产运作　　197

7.1 林业产业化　　198

7.2 林权流转及资产运作　　208

第8章 其他致富模式　　223

8.1 生态公益林　　224

8.2 能源林　　226

8.3 森林碳汇　　228

8.4 森林水文、森林空气　　231

8.5 护林员　　237

主要参考文献　　239

第 1 章 林农致富基础知识

第1章 林农致富基础知识

1.1 林业经济发展概述

我国是林业大国，林业是一项重要的基础产业，又是一项重要的公益事业，同时兼有三大效益。林业经济是现代社会经济发展中的重要组成部分，对现代经济发展发挥着重要的作用。林业经济的发展不仅能够绿化生态环境，还能够促进现代生态环境的建设，实现地区的山川秀美的绿化目标。当前，我国进入了全面建设小康社会和加快推进社会主义现代化的新的发展阶段，但是，现实的生态环境恶化已经成为制约我国经济与社会可持续发展的根本性因素之一，社会对生态环境的关注到了前所未有的程度，改善生态环境日渐成为社会对林业经济的主导需求。随着国家可持续发展战略的实施，以六大林业重点工程的全面启动为标志，我国林业经济进入了一个可持续发展理论为指导全面推进跨越式发展的新阶段。传统模式已经不适合当前形势下林业经济的发展，我们应该努力寻找新常态形式下的发展模式，把生态建设，林业经济增长结合起来，在经济增长的同时实现农民增收。然而，在目前的林业经济发展调整中仍然存在着一些问题，需要提出相应的解决思路与对策，从而从根本上解决林业经济发展所面临的各种问题和困难，促进林业经济的绿色发展与可持续发展。同时，引导农民"不砍树，能致富"，变"青山"为"金山"，正确处理生态保护与产业发展之间的关系。

1.2 林业在林农脱贫致富中的作用

林业不仅是环境建设的首要任务和核心内容，也是调整农村产业结构，活跃农村经济，加快农民脱贫致富奔小康的重要途径。从我国农村人口比例超过半数和70％国土为山地的基本国情出发，林业在促进农村经济全面发展中很有优势和潜力。各地从森林资源是一个多样性的绿色宝库这个特点出发，把植树造林、发展林业同当地经济翻番、农民群众脱贫致富奔小康、发展农村经济紧密结合，对森林资源实行立体开发、综合利用，形成了造林营林、木材生产、林产工业、多种经济四根支柱并重的林业产业体系，林业经济效益不断提高。森林就像一个巨大的"绿色银行"，不断为人们创造和积累财富。但我国还是一个少林国家，尚有大量宜林荒山荒地未被绿化，单位面积森林蓄积量较低，与世界林业先进的国家相比还有很大差距。充分挖掘土地利用潜力，珍惜和合理利用每寸土地，是我国的一项基本国策。因此，应从实际出发，扬长避短，既抓面上造林，又注意林业基础建设；既抓社会造林，又重视部门林业建设；既抓防护林，又注意用材林、经济林、薪炭林的发展，做到多管齐下，多路进军，多形式并举，统筹安排，总体推进。发展林业，生态环境得到改善，农村经济也会有一个突飞猛进的飞跃，这是农民脱贫致富奔小康的重要途径。党的十八大以后我们秉承"绿水青山就是金山银山"理念，加大林权制度改革，深入推进主体功能区、天然林保护区等建设，大力促进林业产业化发展，林业生态体系和林业产业体系不断健全。但同时我们也看到，贫困地区几乎都位于森林广袤的偏远山区，林业脱贫攻坚成为贫困山区人民脱贫致富不可或缺的重要途径。我们将积极探索林业产业发展与生态脱贫新路径，让贫困地区走上生产发展、生活富裕、生态良好的可持续发展道路。国家已经认识到了林业脱贫工作的紧迫感和使命感，我们应筑牢生态屏障，消除生态致贫根源，发展产业增强农民脱贫内生动力，增加岗位促进农村劳动力就地就业。同时要准确把握林业脱贫攻坚工作的总体要求，抓好建设生态林业、发展林业产业、强化科技支撑、深化林业改革、完善林业政策、完成基础设施这六大任务促脱贫。更要切实推进林业脱贫攻坚工作落地见效，找准林业有效融入脱贫工作的切入点，抓好生态补偿脱贫，着力突破筹资难度大、经营发展水平低、有效对接市场难三大脱贫难点，完善相关政策机制，加大对基层林业扶贫投入，抓好林业脱贫。

1.3 林农致富概念

林农何如致富？这可能是农民朋友最为关心的一个问题。随着经济的增长，农民的收入逐年增加而达到富裕的生活水平，是最为直观的一个诠释。而在致富的途径中，培养致富意识、发现致富门路、学会致富手段、利用好身边的资源和科学技术等一系列的进步，才是农民朋友致富最核心的体现。

1.4 林农致富的主要途径

致富的途径有多种多样，具体有两种，一是基础途径，即根据政策优势，通过基础路径如基础设施建设，完善管理，发现资金获取渠道，学习科学种养殖技术或是其他技术来实现增产增收的途径，如林业产业化发展、产品加工、经济林种植、资产运作、农村金融贷款、保险等；二是依仗自身特性而致富的途径，即通过发现自身及周边资源，根据资源特性并加以利用或完善，实现具有特色的致富模式，如林家乐、旅游业发展、林下经济的发展等。

1.5 林农致富的基本技能

那么致富的基本技能有哪些呢？最主要的就是掌握科学技术，科技兴林富民成了迫在眉睫要解决的问题，组织培训或林农自己看书学习及向专家咨询都是可行的办法。除种养殖的科学技能之外，还有诸多技能如管理技能、营销技能、项目发展技能、理财技能等，此后会慢慢述及。农民要增加收入，除无法改变的"天时地利"条件和人为的勤劳因素外，以科技为后盾，加大农业科技含量也是农民增收的一个极其重要的环节，着重培养有文化、懂技术、会经营的新型农民，具体要突出做好两方面工作：一是加强农民实用技术培训工作力度，加大投入，免费培训农民急需的农、林、牧、渔、禽、果、药、茶等新技术，使农民掌握一两门农业新技术，使农民的种植业、养殖业在有限的投入得到最大的回报；二是面向农业、农村、农民，通过试验示范、典型引路，大力推广先进实用新技术，让良种良苗进村入户，普遍推广使用，使土地在同样的投入下得到更大的产出。

1.6 致富项目寻找途径

怎样才能轻松快捷地找到致富项目呢？我们可以通过以下几种途径。①关注政府推介和支持的项目，政府较为清楚当地的环境和经济发展方向，对于其推荐的项目，会有相应的政策扶持，且有一定的技术支持。另外，政府有一些部门也会宣传和帮助农民朋友创业或经营一些相关项目，或是提供一些咨询服务，我们可以加以利用。因此，在政府的引导下去做一些项目不失为一个好的方法。②关注企业发展项目，企业发展项目和政府项目有一定的相似性，企业有较为完善的战略定位和管理策略，加入企业或者与其合作，为其产业链中一部分或是某个环节提供帮助或是产品，亦是一个途径。③利用网络手段，现处于信息技术发达的年代，很多咨询都能从网上获取，互联网上有很多关于农民致富的网站，里面有一定实用的信息。此方法较为便捷。④阅读相关书籍或是宣传资料，书籍较为专业和具有系统性，一些具体的方法指导或是专业问题可以通过书籍获取。⑤其他方式，如向亲朋好友咨询，以及通过报纸或电视等其他途径获得。

1.6.1 致富网站推荐

当前我国已经形成了一个较为普及的网络体系，很多农村地区已经实现了网络覆盖，上网对于大家来说不是一件难事，利用好网络，得到有用的信息，是农民朋友致富的重要途径。现在与"三农"和林业相关的网站大量涌现对于大家了解国家农林业相关政策，学习专业技术，获取致富信息，购买相关产品都提供了极大的便利，应该积极利用。下面为大家推荐一些实用的网站，希望能在致富道路上给大家一定的帮助。

1）三农致富经：www.zhifujing.org。

2）中国三农网:www.zgsnw.cn。

3）中国林业信息网：http://www.lknet.ac.cn。

4）中国花木市场网:http://www.zghmsc.com。

1.6.2 致富书目参考

林农致富目前没有专门的书籍,但是有一些指导农民致富的书籍及一些案例汇编资料,也能对大家有所帮助。

[1]国家林业局农村林业改革发展司.林下经济致富典型案例[M].北京:中国林业出版社,2013.

[2]国家林业局农村林业改革发展司.全国林下经济实践百例[M].北京:中国林业出版社,2013.

[3]国家林业局农村林业改革发展司.林下经济致富典型实例[M].北京:中国林业出版社,2014.

[4]周辛平,魏英繁,徐向暹,等.三农致富实用技术综合技术服务系列[M].兰州:甘肃文化出版社,2011.

[5]高允旺.农林下脚料栽培竹荪致富:福建省顺昌县大历镇[M].北京:金盾出版社,2011.

[6]何宗均.畜禽粪便变废为宝[M].天津:天津科技翻译出版公司,2010.

[7]韩双志.新农村致富故事丛书:特色种植有奔头[M].石家庄:河北人民出版社,2009.

[8]马立新.特种养殖快速致富门路280条[M].北京:化学工业出版社,2012.

[9]解永会.科技致富招招先[M].北京:中国农业出版社,2012.

[10]重庆市农业委员会,《重庆日报》农村版.致富宝典[M].重庆:重庆大学出版社,2012.

[11]杨志.农村致富秘诀[M].北京:化学工业出版社,2011.

[12]丁湖广.乡镇致富门路500条(修订版)[M].北京:金盾出版社,2009.

[13]吴青林,辛洪芹.农家科学致富500法[M].北京:化学工业出版社,2011.

[14]曾旭辉.农民致富金点子[M].北京:金盾出版社,2011.

以上这些书籍是市面上一般能买到的书籍,我们可以通过当当网、淘宝网、京东商城等各种网上商城购买,也可以到各大书店去询问购买。

1.7 致富常见问题及解答

林农朋友在致富路上一定会遇到一系列的困难和疑问,那么本书就农民朋友常常会遇到的一些问题进行总结并加以解答。为了更好地解决具体的问题,也会为大家推荐一些拓展解决的方式。

1.7.1 国家在发展林业促进林农增收的举措

我国在林业经济发展和促进农民增收的方面颁布了一系列政策法规，同时也实施了一系列举措，如林权改革、林业产业化发展、林下经济等，眼下重点在于要以林权改革为动力，以林农增收为重点，加快林业转型发展，实现林业增效、林农增收的目标。推进林地流转，引导适度规模经营。加快林地经营权流转的确认颁证，扩大林权抵押贷款，推动林业股份合作制改革，保障家庭经营、集体经营、企业经营、合作经营等多种经营模式共同发展。要积极探索农民、村集体和工商资本的合作共赢机制，推广"资源+资金""保底+递增""保底+分红""股权+多元"等多种林业股份合作制，努力实现村集体、农民和企业的互利共赢。同时按照"生态经济化、经济生态化"的思路，坚持生态体系建设和产业体系建设并重的方针，正确处理生态与经济、保护与利用、当前与长远的关系，加快森林资源保护，大力培育商品用材林、经济林和珍贵树种等功能和效益多样的森林资源，大幅提高林地产出率，实现林业增效、农民增收的目标。在政策颁布的同时全国各地林业发展重点工程也在实施当中，例如《国务院办公厅关于加快林下经济发展的意见》印发后，陕西省高度重视，认真组织学习贯彻落实，指导全省林下经济发展，实施了陕西林业"农民千亿增收工程"规划等重点工程。目前，陕西省林下经济从业人数达73万，年经营收入139亿元，林农年人均林下经济收益310元，正向"生态受保护、农民得实惠"的目标稳步迈进。国家在政策指引和切实执行两方面都朝着"林业发展，林农致富"这个目标迈进。[①]

具体需要知晓的政策法规和国家重点工作如下。

1.六大工程

1）天然林资源保护工程，主要解决天然林的休养生息和恢复发展问题。

2）三北长江防护林建设工程，主要解决三北地区风沙危害、水土流失以及不同类型的生态问题。

3）退耕还林工程，主要解决重点地区的水土流失问题。

4）京津风沙源治理工程，主要解决首都周围地区的风沙危害问题。

5）野生动植物保护及自然保护区建设工程，主要解决物种保护、自然保护、湿地保护等问题。

6）重点地区速生丰产用材林基地建设工程，主要是解决木材供应问题。

2.对林业实行经济扶持

1）征收育林费（育林基金），专门用于造林育林。

---

① 资料来源：以林权改革为动力，以林农增收为重点，加快林业转型发展[N].衢州日报，2015-10-11.

2）煤炭、造纸等部门按照煤炭、木浆纸张等产品的产量提取一定数额的资金，专门用于营造坑木、造纸等用材林，冶金、铁道、交通等使用木材量较大的部门也应安排一定的资金用于造林。

3）对集体和个人造林育林给予经济扶持和长期贷款。

4）建立林业基金制度。

5）国家设立森林生态效益补偿基金，用于提供生态效益的防护林和特种用途林的森林资源、林木的营造、抚育、保护和管理。

3.切实保护林农和林业经营者的合法权益

1）禁止向林农违法收费、罚款，禁止向林农摊派和强制集资。

2）保护承包造林的集体和个人的土地承包经营权。

3）保护林地承包经营权的依法流转。

4）切实维护国有林场的合法权益。

4.坚持"分类经营"的指导思想，实行林业分类经营改革

林业分类经营是在社会主义市场经济条件下，以可持续发展为前提，根据社会对生态和经济的需求，按照对森林多种功能主导利用的方向的不同，把森林五大林种相应地划分为生态公益林和商品林两大类，分别按各自的特点和规律来经营管理的一种新型的林业经营体制和发展模式。林业分类经营的目标是建立比较完备的林业生态体系和比较发达的林业产业体系。

1.7.2 国家对林农致富的支持政策

国家也同样希望农民朋友都能致富奔小康，当然会积极出台一些相应的政策，主要有以下几点。

1.补贴支持：提高致富积极性[①]

国家给予了林农一系列的补贴政策，如森林抚育补贴制度。国家林业局副局长张永利就在广西举行的全国森林抚育经营现场会上介绍，建立森林抚育补贴制度是我国林业转变发展方式、由以造林绿化为主向造林绿化和森林经营并重转变的重要标志。几年来，森林抚育补贴资金规模由最初的5亿元增加到56亿多元，抚育任务增加到5100多万亩，范围已扩至全国。在中央财政森林抚育补贴试点工作带动下，2009年至2011年，全国森林抚育经营累计劳务总收入75亿元，受益人口1241万。

---

①资料来源：我国130多亿元森林抚育补贴带动上千万林农致富[EB/OL].中国政府网，2012-11-28.

例如，在广西凭祥市上石镇白龙村，山上整齐地长着马尾松和降香黄檀混交林。为村民们提供技术指导的中国林科院热带林业实验中心营林处处长张万幸说，抚育期间，当地政府按50元每亩的标准提供补助，这让不少村民发展用材林的积极性高涨。

统计显示，2010年以来，广西生产抚育间伐材300多万立方米，增加企业和林农收入10亿元，增加林场职工和林农劳务收入40亿元。

2. 贷款和小额贴息政策：为致富插上翅膀[①]

"贷款贴息的确大大减轻了林农及企业的贷款负担。从黟县农村合作银行贷款了3850万元，便获得了123万元的利息补贴。"谈及林业贴息贷款，黄山杉森木业有限公司的董事长裘仁建这样谈到。杉森公司创建于2005年，自有林场6.8万亩（1亩约666.67平方米），杉木蓄积100多万立方米。多年来，利用当地丰富的木材资源，杉森公司生产的500多种园艺产品、户外家具等木制产品畅销国内、远销海外。

为了解决林业资金投入大、回报周期长等难题，2010年，安徽省林业厅、财政厅下发了《安徽省林业贷款财政贴息资金管理办法》。通过组织林业龙头企业和广大林农申报中央、省林业贴息贷款项目，有效地筹措林业发展资金，促进林业产业发展和林农致富。

"2012年度林业贴息贷款项目建议计划已经下达。从2012年起，省级财政贴息资金将重点用于林权抵押贷款和林业小额贷款利息补贴。"安徽省林业基金管理站站长刘平介绍，作为一项引导信贷资金投入林业的强农惠农政策，2010年之前的林业贴息贷款主要面向具备一定规模的林业企业、林场、苗圃等。随着林业贴息贷款规模迅速扩大，特别是集体林权制度改革进程中林权抵押、合作社参与、联保等新的体制创新不断涌现，林农直接获得贷款贴息成为可能。

2012年度，安徽省林业贴息贷款项目建议计划16亿元，其中营造工业原料林贷款建议计划97994万元；林业小额贴息贷款建议计划37515万元；林场、苗圃和森林公园贷款建议计划6800万元；林业龙头企业贷款建议计划17691万元。

"从事林副产品加工的经济实体，要想享受林业贴息贷款，首先必须是林业部门认定的林业龙头企业，其次其生产的产品须科技含量高，同时企业需带动能力强，与林农结成紧密利益共同体，带动农民致富。从事工业原料林和木本油料经济林项目的，所有经济实体都能申请林业贴息贷款。只要林农从事的是营造林、林业资源开发和林产品加工贷款项目，都可以申请林业小额贴息贷款。"刘平表示，沙区、石漠化地区的种植业贷款，自然保护区和森林公园开展的森林生态旅游项目也同时纳入贴息范围。

据悉，对符合条件的林业贷款，中央财政年贴息率为3%，安徽省财政对中央确定贴息

[①] 资料来源：《安徽省林业贷款财政贴息资金管理办法》。

的林业贷款项目,视预算安排资金实行定额贴息。相比林业贷款3年的贴息期限,农户和林业职工个人营造林小额贷款适当延长了贴息期限,为5年。营造林小额贷款额度最高30万元,由县级林业部门负责汇总,经同级财政部门同意后,以县级为单位申报,市级林业部门会同财政部门统一审核后汇总申报。

此外,为鼓励金融机构发放林业贷款,除了对各类银行和农村信用社发放的林业贷款予以贴息以外,安徽省林业厅还将非银行业金融机构–小额贷款公司发放的林业贷款纳入贴息范围。

2011年安徽省共落实林业贴息贷款23.43亿元,贷款规模位列全国第二。林农和国有林业职工的林业小额贷款达3.57亿元,惠及37个县(市)的1949人。据统计,全省林业产业化龙头企业通过实施林业贴息贷款项目,共带动3万多个农户增收1亿多元。

3. 政策资料推荐

其他的政策也可从网上查询,下面为大家推荐几本政策书籍,通过这些书目可以从中获取更加丰富的知识。

[1]何忠伟,曹暕,罗永华.我国农业补贴政策速查手册[M].北京:金盾出版社.2012.

[2]巩前文.强农惠农政策解答[M].天津:天津科技翻译出版公司,2009.

[3]许正中,苑广睿.财政扶贫绩效与脱贫致富战略[M].北京:中国财政经济出版社,2014.

[4]张勇.中国退耕还林政策过程研究[M].北京:中国林业出版社,2013.

[5]国家林业局政策法规司.现行有效林业规范性文件汇编[M].北京:中国林业出版社,2015.

[6]李建民,杨旺利.林业政策与实用技术——96355林业服务热线1000例[M].北京:中国林业出版社,2009.

1.7.3 林农致富项目实施须知

俗话说"打工不如创业",这句话有一定的误导性。这里的创业就是指的致富项目的实施,尤其是对于林农朋友而言,在城里的打拼生活岂是用艰辛二字就可形容的。但在农村创业,也并不是一件容易的事情,创业一般分四类:第一类是林业种植;第二类是林产品加工;第三类是养殖,包括立体养殖、循环养殖和林下养殖;第四类是林业资源运用开发,如森林旅游疗养等。

但是以下六点,大家在创业前需特别重视[①]。

---

① 资料来源:创业者选项目应考虑到哪些方面? [EB/OL].创业网,2016-3-22.

1. 要适合自己

俗话说"隔行如隔山",应尽量选择与自己的专业、经验、兴趣、特长能挂得上钩的项目。

2. 要看准所选项目或产品市场前景

对于创业者来说要多考察当地市场。对所发展项目要有直观的利润。有些产品需求很大,但成本高、利润低,忙活一阵只赚个吃喝的大有人在。

3. 要从实际出发,不贪大求全

瞄准某个项目时最好适量介入,以较少的投资来了解认识市场,等到自认为有把握时,再大量投入,放手一搏。

4. 要尽量选择潜力较大的项目来发展

选择项目不要人云亦云,尽挑一些目前最流行最赚钱的行业,没有经过任何评估,就一头栽入。要知道,那些行业往往市场已饱和,就算还有一点空间,利润也不如早期大。

5. 要周密考察和科学取舍

当今,各种信息充斥每个角落,许多人都是根据信息来选择项目的。所以,我们对信息一定要重考察、善分析,没有经实地考察和对现有的用户经营情况进行了解,千万不要轻易投资。重考察,一要看信息发布者的公司实力和信誉,当然少不了向当地工商管理部门了解情况;二要看项目成熟度,有无设备、服务情况如何,能不能马上生产上市等;三要看目前此项目的实际实施者在全国有多少、经营情况如何等。

6. 要做到三个"万万不可"

项目实施过程中,万万不可先交钱后办事,不要拿着自己的辛苦钱,仅凭一纸合同或协议就轻易付给对方;万万不可轻信对方的许诺,在签订合同时就应留一手,以防止对方有意违约给自己带来损失;万万不可求富心切,专门挑选轻而易举就能赚大钱的项目去干,越具有诱惑力的项目,往往风险也越大。

1.7.4 销售渠道问题

产品出来了,但是没有人买,也不知道去哪里销售,怎么办?我们来看看别人是怎么做的。

1.成立苗木交易联合体①

尚堂镇"苗木交易联合体"的前身是分散的苗木经营个体,主要由穿梭于庆云和无棣、阳信、滨州等地苗木贩卖中间人组成,他们利用地区间苗木种植范围广、数量多、需求量大、价格偏差和信息不对称等条件,从事苗木交易活动,为活跃地区间苗木市场经济起到了积极的作用,但是,这种分散的个体经济组织流动性大、随意性强、组织性差、信誉度不高、压低价格等弊病曾在一段时间内导致当地苗木市场出现价格起伏不定、忽高忽低的现象,损害林农的利益。经过近几年的发展,规模逐渐扩大,影响力逐步提升,但是弊病也逐渐凸显,基于这种情况,尚堂镇大郝、东撒、兴隆店等村的苗木交易中间人要求成立具有一定组织和纪律性团体的愿望越来越强烈,在苗木交易中间人自发自愿基础上,尚堂镇党委、镇政府及时伸出援手,指导帮助成立了苗木交易联合体,搭建地区间苗木交易的"致富桥"。

"苗木交易联合体"的成立实现了三个突破,一是促使中间人与林农由原来的"利益互斥体"发展成了"利益共同体",实现苗木交易中间人角色的成功转型,苗木交易中间人可以入股林地,获得相应分红,中间人不再只赚取苗木差价,而是将精力投放在关心林农的整体效益上;二是苗木交易由"随机触碰"型转变为"直接接洽型",苗木交易由分散的个体行为转变为联合体与外地大型客商直接对话,实现了庆云—无棣、庆云—阳信、庆云—滨州等地苗木交易的无缝连接,省去了多种中间环节,将中间商的多重利润最终返还于林农,提高了林农的种植积极性和收入;三是能够促使苗木种植由"单一种植"型向"纵深多样"型发展,"苗木交易联合体"将及时捕获的市场信息、产业信息、技术信息及时提供给林农,在提高林农扩大种植面积的同时,积极帮助林农种植向"林木附加型""品种稀缺型"方向发展,引导林农开挖苗木纵深潜力,同时帮助林农聘请具有经验丰富、技术高超的技术专家不定期进行苗木种植培训,提高市场竞争力、种植技术和经济收入。

目前,"苗木交易联合体"共吸收来自庆云、无棣、阳信和滨州等地的成员100余人,帮扶促进大型林地和苗圃基地10余处,带动新增苗木种植基地5处,提供苗木综合利用致富信息30多条,帮助林农解决实际交易难题20多件,促进林农增收近百万元。

2.利用网络销售②

本溪市各县区林业局利用网络销售林产品,这是个"与时俱进"的好主意。本溪市林产

---

①资料来源:尚堂镇"苗木交易联合体"开辟林农致富新渠道[EB/OL]. http://www.qingyun.gov.cn/index.html,2012-7-11.
②资料来源:网络为辽宁本溪林农铺开一条销售新渠道[EB/OL]. http://www.forestry.gov.cn/portal/main/s/72/content-361738.html.

品资源丰富，在辽宁省乃至全国的区域经济圈里都具有"量"和"质"的相对优势。然而，销售渠道却不能满足区域林产品"走出去"的需要。当网络成为社会生活的重要部分之时，他们把网络拿来主动为林农服务，为林农打开一条销售新渠道。随着本溪集体林权改的全面推进和林业生产力的大力发展，生产问题解决了，销售矛盾可能会造成困扰。因此，发挥现代的网络为林农销售林产品这条渠道、这个环节的优势，将更加显示其活力。

3.几个销售的网络

1）淘宝网：www.taobao.com。

2）京东商城：https://www.jd.com。

3）中国花木网： http://www.huamu.com。

1.7.5 实现组织化管理的必要性

管理得当是每个经营者盈利的必要保证，那么如何实现高效管理是大家的共同问题，是"单打独斗"还是"群策群力"，怎样才能使盈利最大化？对于组织化有以下几点介绍。

林农的组织化是必然趋势，应该顺应这样的产业化大潮，不管是横向还是纵向的协作，无论对于产业发展还是林农朋友的经营，都是有很大的益处的，那么组织化的必要性在哪里呢？

林农组织化中的组织主要是指经济组织，是林农之间，林农与产前、产后经营部门之间通过联合与协作，将林业产前、产中、产后诸环节的经济资源组合成各种经营实体，以实现林业产业化、市场化和现代化的组织协调过程。这一过程是协调林业社会经济分工，使之构成相互联系、相互依赖的有机整体的发展过程，是分散经营向联合经营的组织创新过程，是小农经济向现代化经济发展的递进过程，是传统林农向现代林农转换的过程。我国林农组织化发展经历了政府主导转向林农自主选择的发展阶段。过去林地等生产资料归集体所有、使用，林农在政府的主导下被动地组织起来开展生产活动；集体林权制度改革以后，广大林农在拥有林木产权的同时，根据自身需要在生产实践中自发组织起来创建了各种林业合作组织。林农的这种重新组织是对过去被动组织的扬弃和升华，是对农村林地家庭承包经营制度的完善，是解决小规模经营与社会化大生产矛盾的创新。如果说，均山到户焕发了林农的生产积极性，是一次生产原动力的释放，那么，林农组织化激活了林农社会化分工与协作机制，聚力发展，使林业生产力再提升。分散化问题产生之时，恰恰是新组织化的开始。适应集体林权制度改革后林业发展需要而建立林农再度合作的组织是发展的必然趋势。

要实现现代林业,也同时需要组织化的发展。现代林业是多功能、高技术、生态环保、产业化、市场化的林业。建设现代林业,前提是要转变生产经营方式,提高劳动生产率、资源利用率和商品化率,发挥土地集中集约适度规模经营的优势。林业规模经营是通过林地、劳动力、资本、管理四大生产要素的有效配置,达到扩大生产规模,使单位产品的平均成本降低而收益增加,从而获得良好经济效益和社会效益的目的。林农组织化突破了家庭小规模、分散经营的格局,有效提高生产要素的综合利用效率,也有利于现代技术、信息、组织方式和金融资本注入林业,是建设现代林业过程中资本集中、劳动集约及信息和技术集成的有效载体和实现手段。集体林改林农虽然获得了经营主体地位,但因其过于分散及林业经营周期较长,导致经营规模小、信息不灵、适应市场能力差、技术手段落后、抗风险能力弱、专业服务欠缺等,不能很好地对接市场,也难以向纵深拓展或横向联合取得更多收益。一言以蔽之,正是由于林业自然风险和市场风险并存,加之林农又有高度的分散性,才迫切需要集体林改在确权发证完成后,将林农组织起来,进入市场、规避风险、增强市场竞争力,由单个的"林农"变成组织起来的"林商"。同时,林农取得经营主体地位以后,林业生产的社会分工越来越细,专业化程度提高,大量的林农成为专业的生产商、销售商、生产资料供应商及中介,协作范围越来越广,也为林农组织化推进构筑了重要的社会经济基础。在政府层面,健全的林农组织本身具有管理农村生产、市场的功能,在政府、市场、千家万户之间起到桥梁、纽带、平台作用。上联政府,帮助林农取得财政、税收、金融等方面的支持;中接市场,承担贸易谈判、技术引进、产品推介等重任;下引千家万户,为林农提供科技、信息、加工、流通和市场等一系列社会化服务,导引林农走进市场。

1.7.6 实现规模经营的途径

集体林权制度改革确权承包到户完成后,在政府推动和林农自愿选择下,出现了多种形式的林农合作途径。按照内部联系和治理关系,归纳起来,大约有四种模式。

1)公司带动林农型。"公司+农户"是林业生产、加工、销售一体化的经营形式。目前衍生出"公司+基地+农户""公司+中介组织+农户"等类型,表现出生产经营与专业服务等其他组织化模式相融合的趋势。它在提高质量、扩大销售半径、减少供应环节等方面发挥了独特作用。但在实践中,逐渐暴露出一些问题。主要是供应链稳定性较差、违约现象时有发生、农民处于弱势地位及公司管理成本高,公司与农户之间难以结成真正的共同体。我国现阶段广大林农面临的难题是如何进入市场,而公司正好在解决这个问题上作用突出,所以"公司+农户"仍将是一种重要的发展模式。

2)土地、资金入股合作经营型。这种模式是在林地家庭承包经营分股不分山、分利不分林基础上,由林农自愿联合、民主管理的具有内部治理结构的利益共同体,是林农自我发展、自主管理、自我保护的一种经营模式。目前衍生出"林业专业合作社""股份制或家庭合作林场""联户经营""大户领头""经纪人联合"等形式。其特点是农民在共同利益基础上结合，关系简单，利益矛盾易处理，组织稳定性较强，既实现规模经营又保证大量农业劳动力有效就业。弊端主要是组建成本高、管理监督成本高。

3）自愿合作松散型。以地缘和亲缘关系为纽带，把农户连接起来闯市场，强化谈判优势、降低交易风险，但不以股份或其他标准分配利益，不具有内部治理结构。能有效提高农民收入、保障农民利益，但本质上属于一家一户的分散经营，难以解决"搭便车"问题，不利于农民利益的长期保护。

4）专业服务型。这是相对以上三种性质较为独特的形式，有专业组织为产前、产中和产后提供各种社会化服务。各地大量涌现的林业专业协会就是典型代表。随着我国城市化进程加快，农村劳动力向城镇和非农产业转移的步伐加快，这种模式具有广阔的发展前景。但是在交易量很小或专业化生产不是很发达的地区，由于交易成本较高、服务水平很低，专业服务型组织发展受限。

上述林农组织尚处于发展阶段，组织形式未必十分完备，但它们为提高林农的组织化程度提供了发展思路。各地林农组织根据治理结构和治理成本与林业产业发展趋势的需要，可以采取不同形式。在经济较发达、产业基础好、资源丰富的地区，大力推进"公司+农户"和各种专业型服务组织发展，尝试公司为农户提供担保或第三方中介参与担保的融资、保险模式，从横向一体化逐步过渡到纵向一体化，转变林业生产方式；在经济较为落后的地区，着重发展合作、联合经营，通过解决好入股折价、内部管理、利益分配等问题，支持区域间联合，大力发展合作经营，推进横向一体化。具体而言，林农组织化应朝着"四位一体、五化"的方向发展，即"农户+农民合作组织+企业加行业协会"的"四位一体"和"合作市场化、管理法人化、功能多元化、规模合理化、层次多样化"的"五化"，走多元化、多功能、多层次发展之路，推广具有中国特色的林农组织化模式。多元化就是公司、合作经济组织、专业合作社等并举，多功能就是技术服务、信息服务、金融服务、教育培训等并重，多层次就是不仅要在行政地域之间建立林业组织，更要依据资源优势、产业优势突破行政限制发展林农组织。

1.7.7 成立合作社的相关问题

成立合作社不仅是政策导向，更是致富保障，它能让大家团结起来，共同致富。但是关于成立合作社，没有经验的农民朋友都不太清楚如何操作。在这里就不讲繁杂的申请、成立等过程事项，举一个例子让大家直观地了解合作社是怎样具体操作为大家带来财富的。

云南省玉溪市新平县水塘镇南达村位于水塘镇西北面，有758户、3076人，全村种植核桃12153亩，常年干核桃产量80吨，占水塘全镇30%。2009年，南达村抓住国家实施林权制度改革契机，依托统分结合的双层经营体制，在市县有关部门的指导下，通过宣传培训，成立了新平南达核桃产销专业合作社，成立时有成员85户，主要分布在南达村。合作社现有成员210户，辐射带动6个村1000多户农户致富，而合作社也把小核桃做成了名副其实的大产业。

在新平南达核桃产销专业合作社的例子中，值得学习的是合作社的基本做法有以下几点。

1）培训入田，科学种植。在生产中，为提高成员的科技意识，提升产品质量，合作社从三个方面提供信息和技术服务：一是结合水塘镇开展的镇民素质教育培训和"党课双教员"制度，加强科技种植、科学管护等知识培训；二是结合核桃修枝打杈、施肥、采收等环节，聘请县林业局、县科技等部门的技术人员到合作社现场培训指导；三是明确技术人员要经常深入到田间地头做技术指导，提供咨询服务，一旦成员在生产中遇到问题，技术员随叫随到。

2）统一标准，打造品牌。为防止核桃未成熟采收，盲目上市，改变过去集中上市压级压价情况发生，合作社通过宣传教育引导，每年结合不同区域核桃成熟时间的差异，科学统一安排采收。在维护和提高"南达核桃"知名度上，合作社注册了"南达核桃"商标，统一包装，统一加工分级。

3）融资建厂，拓展产业链。合作社8名带头人筹集120万元资金，建成占地3.5亩的南达上海新村核桃烘烤厂；通过几年的努力，已建成青核桃收购产地、烘烤房等。每年核桃上市期间，合作社组织人员向农户收购大量青核桃，并在当地吸收劳动力进入烘烤厂手工剥壳，实现了当地劳动力就近就地转移。

那么合作社的好处和主要成效有哪些呢？

1）增加了核桃种植户收入。一方面，合作社主要成员既是核桃种植户，又是核桃营销大户，他们既与外地客商保持联系，又通过市场调查掌握市场信息。成立合作社以后，市场竞争力进一步提高，以往核桃价格大起大落的现象得到了有效遏制，核桃种植户的效益得到提高，仅销售青核桃每公斤就提高了1元，户均增加收入1200元。另一方面，合作社通过集中青核桃加工，让分散的核桃种植户从手工操作剥核桃壳中解放出来，解放出来的农民再到合作社就业，合作社按劳动量发给工资，增加了劳务收入。而经过加工、统一包装的干核桃，每公斤可增加收入3元，每年烘烤70吨干核桃，可为合作社创收21万元以上。

2）提升了核桃质量，培育了品牌。合作社主要成员掌握着青核桃加工技术，联合后通过集中智慧和力量，保证了核桃饱满及内外色泽的健康，提升了核桃的质量。在合作社成立前，每年核桃上市期间，核桃收购商云集，收购价格掌握在收购商手上，形成买方市场。合作社成立后，合作社通过收购成员手上的核桃，并经过加工、包装，让南达核桃占领市场，掌握了销售的主动权，形成了卖方市场，并打造了"南达核桃"品牌。

3）创新了农业经营体制和机制。合作社通过成员的联合，把一盘散沙的核桃种植户组织起来，引领核桃种植户"抱团"闯市场，使广大核桃种植户由小商品生产者一跃成为主导市场的重要力量，较好地实现了核桃种植户与市场营销户的有效对接，通过集中加工与销售，赚取更大的商业利润，创新了农业经营体制和机制。

4）形成多种要素参与分配的机制。合作社把核桃种植户组织起来，通过开展内部融资，建立青核桃收购、初加工基地，组织村民开展剥壳、烘烤、包装、销售等工作。一是提高合作社核桃的质量和产量，提高了青核桃收购价格，农民得到了实惠，参与了初次分配；二是核桃收购、加工期间，不分年龄大小，不论男女，每天上百人参加劳动，合作社仅此每年支付20多万元工资，合作社成员参与了二次分配；三是通过加工、包装出售，实现增值，合作社提取部分积累，实现的利润按股金分配（投入合作社的发展、壮大村集体项目扶持资金也参与分配），实现了三次分配。

经验总结有以下五点。

1）发展合作社要有科学的合作机制。新平南达核桃产销专业合作社以"核桃"为合作对象，以内部融资为纽带，以民管民受益为核心，既保护了成员的合法权益，又能让农户集中了资源、劳力、资金，通过规模生产与经营，达到互利共赢、共同发展的效果。通过组建一个全新的"集体"——合作社，筹建一个能为成员提供公共服务的设施——青核桃初加工厂，把分散的农户组织起来"抱团"发展，有效解决了一家一户办不了、办了不合算的事。

2）发展合作社要有好的带头人。合作社带头人不仅要掌握生产技术，还要善经营会管理；不仅要有商人头脑，还要有菩萨心肠。有一个好的带头人，才能搭建一个好的班子，农民专业合作社才有向心力，才有发展活力。新平南达核桃产销专业合作社理事长既是村支书，又是核桃种植大户，还是销售核桃的老板，长期与省外的收购商联系，掌握市场行情，有利于提高市场竞争地位。

3）发展合作社需要政府支持。农业是弱势产业，农民是弱势群体。合作社是广大农民群众的组织，要提高组织化程度，就必须通过资金扶持，努力为成员提供技术服务及加工、储藏等急需的公共设施，重点是开挖林区公路。做大新平南达核桃产销专业合作社需要政府政策支持，需要银行等部门帮扶解决收购青皮核桃的流动周转资金，给予贷款贴息，并给予加工等基础设施投资补助，给予资金扶持扩建交易场所。

4）发展合作社需要加强指导与培训。农民长期形成的一家一户生产经营要变成联合经营，需要一个过程。发展农民专业合作社的难点在于把《中华人民共和国农民专业合作社法》普及给农民，让农民按照法律要求组织生产、经营。这就要求不仅要选好带头人，发挥合作社带头人的主观能动性，还要通过相关职能部门，把合作社知识、信息逐步传递给每个成员。农民专业合作社是新型农业经营主体，相关部门既要指导培训到位，又不能包揽、干预，不仅要引导带头人发展合作社，带领成员发家致富，还要引导带头人规范管理、规范发展，特别是要引导成员加强合作，形成共识，共同发展。

5) 发展合作社需要提高对培育新型农业经营主体的认识。新型农业经营主体包括农业龙头企业、农民专业合作社、家庭农场、家庭承包经营户（含专业大户）。龙头企业以自身利益最大化为核心，在处理农民利益问题上难免出现种种矛盾。农民专业合作社除了有抱团参与市场竞争的优势外，更主要的是农民自己的组织，实行民办、民管、民受益。只要有一个好的产业，坚持公开、公平、公正发展原则，合作社联动产业持续发展就不再是梦。

合作社发展相关的书籍值得借鉴，把以下书目推荐给大家。

[1] 冯开文.农村合作社知识读本[M].北京：中国农业大学出版社，2009.

[2] 李瑞芬.农民专业合作社工作手册[M].北京：金盾出版社，2013.

[3] 陈林祥.农民专业合作社政策[M].青岛：中国海洋大学出版社，2013.

1.8 农村金融贷款、保险

1.8.1 资金指南

投资项目，资金和保障是大问题，那么资金的获取途径有哪些呢？

1) 银行的贷款，目前主要是通过林权贷款的途径获得。林权抵押贷款方式有小额循环贷款、公益林补质押、公益林信托贷款、担保合作社担保、流转证抵押、林权直接抵押等方式。

2) 创业贷款，可以通过邮政储蓄或农村信用社申请创业贷款。具体的规定各个地方都不一样，一般来说返乡农民工申请创业贷款可以获得1万~5万元的贷款，而且还有很多优惠政策。

3) 其他融资渠道，如民间借贷或小额信贷公司融资，有较大风险，利息较高，本书并不推荐。

1.8.2 林权抵押贷款快速指南

1）若需要贷款支持该怎么办？

①合作银行：各级银行，具体咨询当地银行。

②贷款条件：每个银行都不尽相同，具体咨询当地银行。

2）哪些是可以用于抵押的林权合法凭证？

①土地承包经营权证书；②林权证书；③股权证书。

3）哪些林权资产不可以用于抵押？

①权属不清或存在争议的林权；②法律、法规禁止流转的林权；③国务院规定的其他森林、林木和林地的使用权。

4）以林木抵押的，其林地使用权是否需要同时抵押？

以林木作为抵押的，其林地使用权同时抵押，抵押期间不得改变林地的属性和用途。

5）以集体统一经营的林地林木作为抵押时还应出具什么文件？

以集体统一经营的林地林木作为抵押的，抵押人须出具集体经济组织2/3以上成员或者2/3以上村民代表同意的书面文件。

6）以农民个人股权证作为抵押时还应出具什么文件？

以农民个人股权证作为抵押的，抵押人应出具村集体经济组织的有效证明。

7）以共有林权作为抵押时还应出具什么文件？

以共有林权作为抵押的，抵押人应出具村集体经济组织的有效证明的同时，还应出具其他共有人的书面同意文件。

8）对于贷款对象，有哪些要求呢？

自然人申请林权抵押贷款应具备以下条件：

①具有完全民事行为能力；②贷款用途符合国家有关法律法规和政策；③生产经营有效益、产品有市场；④用于林业项目投资资本金比率不少于30%，投资其他项目资本金比率应符合相关规定；⑤资信良好，遵纪守法，无不良信用记录，具有按时还本付息意愿和相应能力；⑥抵押权人规定的其他条件。

法人申请林权抵押贷款应具备以下条件：

①持有并经过年审的《贷款卡》《营业执照》《税务登记证》《组织机构代码证》；②贷款用途符合国家有关法律法规和政策；③生产经营有效益、产品有市场；④用于林业项目投资资本金比率不少于30%，投资其他项目资本金比率应符合相关规定；⑤具有规范的财务制度，且愿意接受贷款银行的财务指导和监督，相关财务指标符合授信要求；⑥资信良好，遵纪守法，无不良信用记录，具有按时还本付息意愿和相应能力；⑦抵押权人规定的其他条件。

9）哪些林权可以用于抵押？

经济林的林木所有权或使用权；经济林的林地使用权；集体生态公益林的林地使用权；国务院规定的其他森林、林木和林地的使用权都可以用于抵押。土地承包经营权证书、林权证书、股权证书是可以用于抵押的林权合法凭证。

以林木作为抵押的，其林地使用权同时抵押，抵押期间不得改变林地的属性和用途。以集体统一经营的林地林木作为抵押的，抵押人须出具集体经济组织2/3以上成员或者2/3以上村民代表同意的书面文件。以农民个人股权证作为抵押的，抵押人应出具村集体经济组织的有效证明。以共有林权作为抵押的，抵押人应出具村集体经济组织的有效证明的同时，还应出具其他共有人的书面同意文件。

10）办理林权抵押贷款的步骤有哪些？

①申请人提交贷款申请及相关资料；②贷款审查、审议；③林权评估；④贷款审批；⑤签订借款合同、抵押合同；⑥办理林权抵押登记；⑦发放贷款；⑧贷后管理及检查；⑨贷款归还。

11）自然人申请林权抵押贷款时需向银行提交哪些材料？

①借款申请书（借款用途、还款计划）；②借款人及林权证所有者有效身份证件原件及复印件；③土地承包经营权证书、林权证、股权证等权属原件及复印件；④林权所有人《同意抵押意见书》；⑤森林资源资产评估报告；⑥银行认为需要提供的其他资料。

12）法人申请林权抵押贷款时需向银行提交哪些材料？

①借款申请书（借款用途、还款计划）；②土地承包经营权证书、林权证、股权证等权属证明；③森林资源资产评估报告；④营业执照原件及复印件；⑤税务登记证原件及复印件；⑥组织机构代码证原件及复印件；⑦有效贷款卡；⑧法定代表人有效身份证件原件及复印件；⑨集体企业出具的上级部门证明及集体代表讨论通过的《同意抵押意见书》；⑩林权共有方出具的《同意抵押意见书》；⑪财政部门或会计事务所核准的借款前一年度的财务报告、借款人前一个季度的财务报表、纳税证明等；⑫银行认为需要提供的其他资料。

13）如何确定贷款期限？

银行根据林业生产周期、借款人第一还款来源、现金流状况、贷款用途和拟抵押林权评估价值等因素来确定林权抵押贷款的期限。林权抵押贷款期限最长不得超过8年。但林权抵押期限不得超过抵押人拥有的林权使用剩余期限。

14）开展林权抵押贷款业务是否需要评估？

银行开展林权抵押贷款业务，一般需要对林权价值进行评估。

15）借款申请人何时进行林权评估？

借款申请人先向当地银行提出借款申请，经银行审查同意后，方可进行林权评估。

16）林权评估的方式有哪几种？

①银行自行评估；②委托评估机构评估。

17）哪类林权抵押贷款采取银行自行评估的方式？

贷款金额在30万至100万元的贷款项目，可由银行自行评估或与借款人共同商议确定抵押资产评估价值。

18）哪类林权抵押贷款采取委托中介机构评估的方式？

贷款金额在100万元以上的贷款项目应委托市林业主管部门和市级金融机构认可的具有相应资质的评估机构进行评估。

19）北京市森林资源资产评估机构都有哪些机构？

北京市林业勘察设计院、北京市密云县园林绿化调查队、北京市延庆县林业调查队、北京市怀柔区林业调查队、北京市房山区林果科技服务中心、北京市大兴区林业工作站、北京市门头沟区林业调查队、北京市平谷区林业调查队、北京市昌平区林业调查队、国家林业局调查规划设计院。

20）小额贷款项目可以免评估吗？

贷款金额在30万元以下的小额贷款项目可以免评估。

21）银行与借款申请人什么时候签订借款及抵押合同？

银行在完成贷款审批流程后才与借款申请人签订借款合同、抵押合同。

22）集体生态公益林的抵押率如何确定？

银行根据公益林所处地理位置、林分质量、变现难易程度等因素及有关公益林流转价值信息，合理确定抵押率。抵押率原则上不超过林权评估价值的70%。

23）经济林的抵押率如何确定？

银行根据经济林抵押物的生产周期合理确定抵押率。抵押率最高不超过林权评估价值的80%。

24）以土地承包经营权证书作为抵押的去哪个部门办理抵押登记？

以土地承包经营权证书抵押的需到农村土地承包登记管理部门办理抵押登记手续。

25）以林权证书或股权证书作为抵押的去哪个部门办理抵押登记？

以林权证书或股权证书抵押的需到区县园林绿化主管部门办理抵押登记手续。

26）办理林权抵押变更登记的部门是原林权抵押登记部门吗？

是的，向原林权抵押登记部门申请办理变更登记，林权抵押登记部门审查核实后给予办理变更登记。

27）办理林权抵押续期登记也是原林权登记部门吗？

是的，向原林权抵押登记部门申请办理续期登记。

28）林权登记部门在林权抵押期间是否可以为抵押林权的流转办理变更登记？

林权登记部门在林权抵押期间不得为抵押林权的流转办理变更登记。

29）借款人在林权抵押期间是否可以将抵押物流转？

在林权抵押期间，未经银行同意，借款人不得将抵押物流转或进行林木采伐等。

30）什么是无效登记？

凡提供虚假材料骗取林权登记机关重复登记的，视该登记无效。

31）银行有权处置抵押物吗？

借款人在合同履行期届满后，经查实无力清偿债务的，银行有权对抵押物进行处置。

32）抵押物的处置方式有哪几种？

①拍卖；②变卖；③折价；④诉讼。

1.8.3 抵押贷款典型案例

1. 北京市昌平区典型案例

今后，林地也可以像房子一样抵押给银行再生钱，林农可以拿钱买好树苗、好肥料，扩大生产规模。从北京市园林绿化局了解到，集体林权抵押贷款已正式启动，全北京市林农可持林权证到指定银行办理贷款业务。

近几年，北京市不断深入推进林权体制改革。2010年2月7日，昌平区兴寿镇的徐俊山和其他9名村民从时任北京市副市长夏占义手中接过林权证，从此全市林农们不仅具有经营的主体地位，而且享有对林木的所有权、处置权和收益权。全市继续深化工作，启动林权抵押贷款，林农可以通过森林、林木的所有权或使用权、林地的使用权，作为抵押物向金融机构借款。

林权抵押贷款主要用于从事与林业发展相关的生产经营活动。重点扶持利用林地资源发展林下经济、森林旅游、特色林果、沟域经济等林业产业及其他合法相关产业的生产经营融资需求。经济林和种植业项目；林下种植业、林下养殖业等林下经济项目；森林旅游、沟域生态经济等森林资源开发项目；林果加工业项目可以申请林业贷款中央财政贴息。

区县园林绿化局和项目单位应对林权抵押贷款项目相关材料进行归档、留存，留存材料一般保留不少于5年。

2. 浙江省衢州市典型案例

2006年以来，浙江省衢州市率先开展了集体林权制度主体改革和林权制度配套改革试点，有效地破解了全市林农和林工企业融资贷款难问题。近年，市林业部门和江山农村合作银行又在小宗林权抵押贷款方面进行了有益探索,为创新农村金融服务、帮助林农增收开辟一条新渠道。

近日,保安乡裴家地村的王岳华来到江山农村合作银行峡口支行,打算用自己的林权证贷一笔款。

"你好,老毛,我想到你这里贷一笔款。"

"贷什么样的款呢?"

"林权抵押的贷款。"

"好的。你这个林权抵押的额度是一万元,你想贷多少?"

"我想结合信用贷款,一起贷七万元。"

"七万元都贷?"

"是的。"

"签字,取钱。"

只要带上林权证和《农户贷款证》,就可以到江山农村合作银行支行网点办理贷款,这是破解小宗林权抵押贷款难的一项创新举措。据了解,该市自2006年开展林权抵押贷款工作以来,累计发放贷款1.78亿元,可是贷款的对象却一直局限于大中规模的林业企业和经营户,对于拥有小宗林权的广大林农来说,想要拿着自家的林权证去贷款,却困难重重。

为切实解决山区农户创业贷款难、担保难问题,扩大林权抵押贷款覆盖面,江山市林业局与江山农村合作银行沟通,在保安乡裴家地村进行了林权抵押贷款试点工作。

在林业部门的评估基础上,考虑到山区农户单独到林业部门办理抵押登记手续极为不便,贷款的额度又不高,农户办理林权抵押贷款意愿不高等实际情况,峡口支行经与裴家地村两委、市林业局商讨,提出了"统一授信、集中登记、随到随贷"的林权抵押贷款办理思路。

在裴家地村,农村合作银行工作人员展示了一份"裴家地村农户林权贷款抵押登记清单",有了这份清单,农户贷款时就由了林权抵押的登记凭证。

通过对贷款办理流程的简化,大大方便了农户取得贷款的途径,裴家地村村民纷纷申请贷款授信,以便需要时到合行贷款。江山农村合作银行峡口支行共对77户农户完成了林权资产贷款授信工作,占该村林农总户数的57%以上,峡口支行共给予林权抵押贷款授信145万元。 到目前止,裴家地村已有27户得到林权抵押贷款70.5万元。林农得到资金支持,发展了林业,富裕了林农。

作为一种贷款方式的创新,江山农村合作银行峡口支行在裴家地村的试点,成为破解"小宗林权抵押贷款难"问题的一个好办法,为创新农村金融服务,实现林农和信用社双赢开辟一条新渠道。

3.湖南省城步县典型案例

位于湘西南的城步县是民族自治县,该县人民银行依托民族政策优势,充分发挥信贷窗口指导作用,引导金融机构推进林权抵押贷款并取得积极成效。

近年来,人民银行城步县支行主动协调当地政府部门制定了《城步县推进林权抵押贷款工作指导意见》,每年将涉农金融机构新增林权抵押贷款纳入信贷营销考核奖励范围,按当年新增林权抵押贷款的1.5%予以奖励。县财政按年末新增林权抵押贷款的10%。建立"风险补偿基金",按林权抵押贷款6%。的损失率补偿,有效激发了金融机构发展林权抵押贷款的积极性。在抵押物管理方面,该行严格界定抵押物资格,加强抵押物监督管理,明确评估机构责任,有效防范了信贷风险。同时,推出了"专业合作社+基地+林农""公司+基地""茶场、园艺场+林权抵押"等信贷新模式,最大限度满足了林业发展的资金需求。截至2015年2月末,该县金融机构累计向林农、林业专业合作社、林农一体化龙头企业发放林权抵押贷款6821万元,涵盖包括杉木林、经济林、竹林等在内的林权抵押面积9.6万亩,惠及林农74户、企业6家。目前该县林权抵押贷款的不良贷款率为零,实现了"金融增投入、林业得发展、苗家得实惠"的多赢局面。

4.四川省广元市典型案例

以下是村民与林业部门的通信。

您好!

我是广元人,虽现在重庆工作,但心系家乡。我父母亲是农民,对于国家对农村林权转让的相关政策我也作了相关了解,现在我想用已取得2000亩的自然林林权证作抵押贷款,发展经济林,以摆脱因地震灾害造成的经济损失。

我想咨询一下罗书记,象我这种情况应找哪家金融机构贷款,贷款额度及相关融资管理细则是否已出台,贷款办理手续费用及办理时间需要多长?

非常感谢罗书记,还要您在百忙之中关注此等小事,实有愧意,祝您身体健康!工作顺利!

爱广元爱家乡的游子:周泽桂

周泽桂同志:

你好!

你于4月2日在广元新闻网《市委书记信箱》的来信已由市委书记信箱办公室批由我区办理。区委高度重视,立即责成区林业局办理,对你所反映的问题进行了调查现回复如下。

《中华人民共和国森林法》和《中华人民共和国担保法》有明文规定,林地、林木的经营权是可以抵押贷款,但多年来各级没有出台配套政策,没有具体的操作办法,导致该项工作无法开展。2009年1月21日,中国人民银行成都分行、四川省林业厅、四川银监局联合发文,出台了《四川省林权抵押贷款管理办法(试行)》,进一步对抵押贷款的范围、条件、期限、对象、用途、利率、监督管理等方面作了规范,我局就如何具体办理林权证抵押贷款手续目前正在与各银行衔接之中,同时结合集体林权制度改革,我区已成立了林业要素市场管理中心,并设立了林权抵押贷款办公室,其职能就是配合银行办理林权证抵押贷款手续,为林农服务,预计6月底将正式开展林权证抵押贷款业务。

谢谢你的来信。

1.8.4 森林保险：林农致富的"保护伞"

过去,往往一场雪灾、台风或火灾,林农经营几十年的造林成果毁于一旦,多年的心血化为乌有,森林保险是林农的夙愿。

根据某试点市的规定,凡生长和管理正常的成片商品林都可以投保；森林保险责任范围主要包括火灾、台风、虫灾等；保险期限为1年；保险金额为550元/亩；保险费率为4‰；中央、省、市县补贴比例达80%,投保单位或个人仅需承担20%的保费,通过计算,每亩每年仅需0.44元。保险赔付实行比例赔付,以投保林木损失比例作为成本损失比例计算赔偿金额,其中受损面积的损失程度在90%以上的,按保险金额全额赔付。具体规定要咨询当地的保险公司和政府部门。

1.森林保险知识一点通（以安徽省为例）

1) 什么是森林保险?

森林保险是指保险公司根据保险合同,对被保险人在林业生产中因标的遭受约定的自然灾害、意外事故、虫害等保险事故所造成的损失,承担赔偿保险金责任的保险活动。保险标的分为公益林和商品林。

2) 安徽省森林保险试点的保险金额和费率?

安徽省财政厅、政府金融办、林业厅、保监局关于开展森林保险试点工作的实施意见规定如下。

保险金额：遵循"保成本、广覆盖"原则,按照林木损失后的再植成本（包括郁闭前的整地、苗木、栽植、施肥、管护费）确定。试点期间,暂定公益林450元/亩、商品林550元/亩。

保险费率：综合保险责任、林木多年平均损失情况、地区风险水平等因素,并参照其他试点省份的费率水平,暂定试点期间公益林3.5‰,商品林4‰。

3）安徽省森林保险试点的保险责任是什么？

在保险期间内，由于以下原因造成保险标的发生直接损失时，保险公司负责赔偿。

人力无法抗拒的自然灾害，包括火灾、暴雨、暴风、洪水、泥石流、冰雹、霜冻、台风、暴雪、雨淞、虫灾，造成林木流失、掩埋、主干折断、倒伏或者死亡。

4）参加森林保险有什么好处？

①有利于减少灾害带来的损失。②有利于灾害的预防和有效救助。③有利于保障林业投资安全。有了森林保险作为风险保障，林农可以放心增加林业投入，扩大林业再生产，从而有利于增加林农收入。④森林保险可以帮助林农容易获得贷款。有了森林保险的保障，银行可更放心地贷款给林农朋友进行林业投资。

5）森林保险承保方式如何？

①省级以上公益林，由县级林业部门以县为单位统一投保。②商品林采取直接投保和集中投保相结合。③对林业企业、林业专业合作组织和1000亩以上（含1000亩）林业大户，实行直接投保。④对一般林农以行政村为单位集中投标。

6）如何投标林木火灾商业保险？

安徽省森林保险试点的保险金额较低，在发生保险责任事故后，得到的赔偿也较少。森林保险公司有林木火灾商业保险，林农凭评估报告、林权证、被保险人身份证明直接到森林保险公司购买。

7）合同期内发生了灾害该如何获得理赔？

如果合同期内发生了保险合同所列举的保险责任范围内的灾害，林农可以通过以下程序来获得理赔：①保护好灾害现场，没有经过森林保险公司允许，投保林农不能随意对灾害现场进行处理；②及时通知森林保险公司，详细说明受灾情况，以便森林保险公司做出准确的判断；③森林保险公司进行查勘、定损；④提供相应的单据，例如保单、相关部门的证明等，林农可具体参照相应保险合同的规定；⑤理赔。

8）森林保险投保所需提供材料有哪些？

公益林、商品林集中投保：①投保单；②承保分户清单；③承保分户清单公示照片。

商品林直接投保：①投保单；②林权证复印件（含林相图）；③被保险人身份证明；④其他材料。

9）赔偿款如何计算？

实行比例赔付，以投保林木损失比例作为成本损失比例计算赔偿金额。

设立起赔点和绝对免赔率，受损面积的损失程度在10%以下时，不予赔付；受损面积的损失程度在10%（含10%）至90%时，按保险金额、受损面积和损失程度计算赔款，并对受损面积的10%（最高不超过10亩）实行绝对免赔。

理赔计算公式如下。

$$赔偿金额=每亩保险金额×损失程度×受损面积×（1-绝对免赔率）$$

受损面积的损失程度在90%（含90%)以上的，按保险金额全额赔付。

$$损失程度=平均单位面积损失株数/平均密度$$

投保林木如遇多次灾害，每亩赔款累计不超过保险金额上限标准。

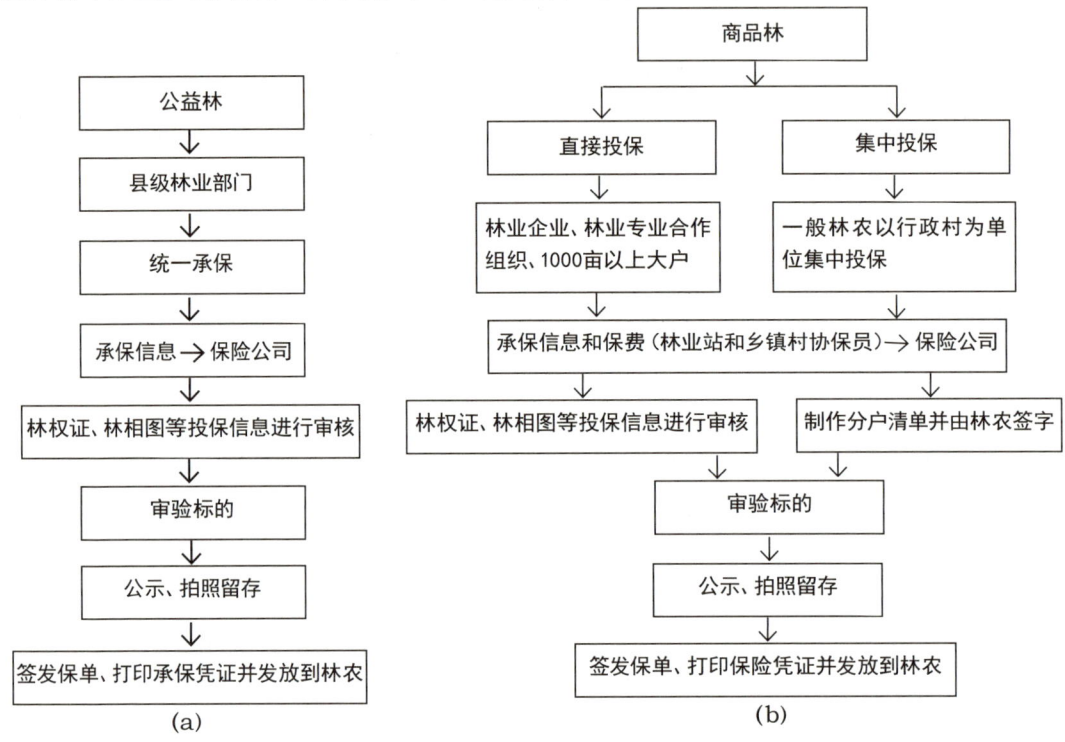

图1.1 森林保险投资流程图

森林保险投资流程及保险试点（安徽）保费补贴标准分别参见图1.1和表1.1。

表1.1 2013年安徽省森林保险试点保费补贴标准（备注：2014、2015年比照执行）

品　种	保险金额	保费	政府补贴	农户承担保费
公益林	450元/亩	1.575元/亩	1.575元/亩	0元/亩
商品林	550元/亩	2.20元/亩	1.76元/亩	0.44元/亩

2.森林保险案例

推行森林保险工作，是安徽省宣城市深化集体林权制度配套改革的又一新举措，在一定程度上对完善农村保险体系、稳定林业生产、保障林农增收等方面，起到了积极作用，同时也让林农更多地享受到森林保险带来的实惠，增强了投资林业生产、发展林业经济的信心和干劲，有力地推动了农村经济又好又快发展。

2014年12月23日上午,方塘乡上坦村第二村民组村民徐世祥与安徽国元农业保险公司签下了32亩山场的森林保险,他说"有了森林保险这个'保护伞',我更有信心把山场管护好,早见成效,更快一些发家致富",这标志着森林保险已"飞"入寻常百姓家,走进林农的日常生活。

作为全省森林保险试点单位,早在2013年3月宣城市森林保险试点工作启动时,就引导动员有条件的单位和个人参加森林保险,詹氏公司积极响应并作为该市森林保险商品林保险第一人与国元保险公司签下了4991亩的森林保险第一单,此举,标志着政策性农业保险中的森林保险试点工作在该市正式启动。该市还于2013年5月成立了森林保险领导组和理赔工作办公室,及时配套出台了《宁国市开展森林保险试点工作的实施意见》,市林业局会同市财政局、安徽国元农业保险公司,就森林保险工作进行分工,做到协作并进,各司其职。

为进一步做好森林保险工作,该市还强化了政策宣传,市政府及各乡镇、街道办事处相继召开动员会,发放《森林保险知识一点通》,积极引导林农、林业企业、林业专业合作社自愿参加森林保险,为推动森林保险试点工作创造舆论氛围和良好环境。国元农业保险也安排精兵强将主抓此项业务,提高签约、查勘定损和理赔效率,以优质高效的服务赢得客户的广泛赞誉。对于林农反映的旱灾未纳入森林保险范畴一事,国元森林保险公司正认真调研,积极向上争取。目前,省级以上公益林实现应保尽保,投保面积为73.36万亩;商品林保险已完成投保面积2.35万亩。

3.保险和资金指南参考书目

[1]王丽娟.农业保险百问百答[M].天津:天津科技翻译出版公司,2011.

[2]唐晓东.农民金融与保险知识300问[M].杭州:浙江大学出版社,2011.

[3]蒲应,李玉红.农民创业小额贷款知识手册[M].北京:金盾出版社,2013.

第 2 章 种植致富

第2章 种植致富

2.1 经济林种植

经济林是以生产果品、食用油料、饮料、调料、工业原料和药材等为主要目的的林木。我国经济林树种资源丰富、产品种类多、产业链条长、应用范围广。截至2013年底,全国经济林种植面积3781万公顷,总产量1.48亿吨,经济林种植与采集业年产值达9240亿元,占林业第一产业产值的一半以上;全国近千个特色经济林重点县,经济林收入占到当地农民人均纯收入20%以上,成为农村特别是山区农民收入的重要来源。充分发挥经济林培育森林、保护生态、营造景观、传承文化等多种功能和独特优势,创新推广以经济林栽培为主的多元发展模式。大力发展与经济林紧密结合的观光采摘、农事体验、休闲游憩等,进一步拓宽经济林产业发展领域,不断提高发展经济林的综合效益。国家林业局提出,力争到2020年,特色经济林新增种植面积810万公顷,经济林总面积比2010年增加24%,达到4100万公顷。

2.1.1 经济林简介

经济林是以生产果品、食用油料、饮料、调料、工业原料和药材为主要目的的林木,它同样是指利用树木的果实、种子、树皮、树叶、树枝、花蕾、嫩芽等,以生产油料、干鲜果品、工业原料、药材及其他副特产品(包括淀粉、油脂、橡胶、药材、香料、饮料、涂料及果品)为主要经营目的的乔木林和灌木林;是有特殊经济价值的林木和果木,如木本粮食林、木本油料、工业原料特用林等。经济林是森林资源的重要组成部分。经济林具有生态和经济双重属性,集经济、生态和社会效益于一身,与国计民生息息相关,对改善生态和民生、维护国家粮油安全、优化居民膳食结构、发展战略新兴产业发挥着重要作用。

进入21世纪以来,全国上下认真贯彻落实《中共中央国务院关于加快林业发展的决定》,以增加森林资源、发展农村经济、促进农民增收、全面建设小康为目标,深化改革,依靠科技,加大扶持,经济林发展取得令人瞩目的成绩。但总体上看,经济林发展基础十分薄弱,产业化水平仍然偏低。尤其在发展布局上存在重点不够突出,结构不尽合理,优势不够明显等问题。为有效解决这些问题,缓解资源环境压力,引导经济林产业健康发展,尽快出台优势特色经济林发展布局规划显得尤为重要。

当前,我国已经进入全面建成小康社会的决定性阶段。实现党的"十八大"及十八届三中全会确定的奋斗目标,促进农村经济和产业结构调整,推动农民增收、就业、脱贫、致富,满足人民群众日益增长的物质文化需求,建设生态文明和美丽中国,必须坚持党中央、国务院确定的以生态建设为主的现代林业发展战略,将改善山区、林区民生放在更加突出的位置,大力发展经济林。为充分发挥经济林对改善生态和民生的重要作用,综合考虑我国资源禀赋、发展环境、市场潜力和与国计民生的关联程度,首批选择木本油料、木本粮食、特色鲜果、木本药材、木本调料5大类中30个优势特色经济林树种,进行科学布局,重点引导发展,特制定规划。

经济林的种类细分也有很多,下面是一些常见经济林及对应的功能。

1. 生产果品为主的经济林

（1）银杏林

材果兼用,以果为主。果供食用,叶可用以提制治疗心血管系统疾病的药物冠心酮。

（2）香榧林

材果兼用,以果为主。果供食用,也可榨取食油。

（3）板栗林

材果兼用,以果为主。果供食用。

（4）枣树林

有红枣、黑枣等。

（5）柿树林

果供食用或加工成柿饼。

（6）核桃林

材果兼用,以果为主。果营养价值高,供食用和药用。核仁含油率高达80%,油供食用和工业用。

（7）山核桃林及薄壳山核桃林

材果兼用,果仁供食用并可榨油。

2. 生产食用油料为主的经济林

（1）油茶林

种仁含油率可达52%,为食用油上品,并可供工业用。

（2）油橄榄林

取果榨油供食用和工业用。

（3）文冠果林

种仁含油率高达66%,油供食用和工业用,为中国北方重要油料。

（4）巴旦杏林

核仁含油率可达61%,油供食用及药用,也可作工业原料,为中国西部干旱地区木本油料。

（5）乌榄林

果加工后供食用，榄肉及榄仁也可榨油供食用或工业用。

（6）油棕林

采种榨油，产品有棕油及棕仁油，均供食用。

（7）椰子林

主要产品椰油，供食用及制皂工业原料。

（8）山桐子林

主要产品为山桐子油，含油率可达36.3%，其中亚油酸含量高达66%～81%。可供食用、保健医药业和工业使用。

3.生产工业原料为主的经济林

（1）松林

有的专以割取松脂为主，有的原为天然林或人工营造的用材林。在采伐前进行一次或数次采脂，以生产松香和松节油，供工业多方面利用。

（2）油桐林

种子所榨的油称桐油，是最佳的干性油，供油漆工业用。

（3）乌桕林

中国重要木本油料林。种子外被蜡质，加工乌桕（皮油），种仁加工为青油。种子出油率可达41%，供制皂及油漆工业等多种用途。

（4）白蜡林

主要放养白蜡虫，生产虫白蜡，供防潮、润滑、着光等，供多种工业、医药用途。白蜡树用萌芽更新法营成矮林，可生产白蜡条，供编制农具和家具用。

（5）黄檀林

黄檀属树种多可放养紫胶虫，生产紫胶。中国产的黄檀属树种中，可建立经济林、放养紫胶虫的除黄檀外，尚有钝叶黄檀、思茅黄檀、南岭黄檀等。

（6）黑荆树林

速生、高产，可提供优质的栲胶原料。树皮含凝缩类单宁高达50%，供制革工业用或加工制取单宁酚醛胶，供胶合木材及其他多种用途。

（7）橡胶树

为产胶植物中产量高、采割易、栽培面积最广的胶林。所产橡胶是国民经济不可缺少的物资。

（8）漆树林

主产品漆液（生漆），为优质涂料。果实可提取漆蜡，果仁可榨取漆仁油，均供工业原料用。

(9)栓皮栎林

一般为天然林经人工培育,专供剥皮,加工软木。有多种工业用途。栓皮栎亦为用材树种,木材坚硬,果实可取淀粉,壳斗可提单宁,有多方面经济价值。

(10)青檀林及构树林

青檀树枝的韧皮纤维为制宣纸的特需原料。安徽泾县一带制纸(宣纸)工业多兼营青檀林。构树多属野生,经人工保育成林,可剥皮加工为优质纤维,供制复写纸、蜡纸、绝缘纸、棉纸等,并可与棉纱混纺为人造棉。

(11)棕榈林

主要产品棕皮及其加工品广泛用于工农业生产、交通运输及日常生活各方面。

(12)蒲葵林

主要生产葵叶,用于制成圆扇和织扇并加工成各种工艺扇品。

(13)八角林

果实可作调味香料,也可加工提取茴香油,供食品工业用。

(14)樟树林

大多数种类的枝、叶、树皮、果实、树干都可提取樟脑油、芳樟油、黄樟油、山苍子油等,用途广泛。

(15)花椒林

主产品果实含有芳香油,可作食品调味香料或加工榨取椒油供食用或工业用。

4.生产药材为主的经济林

(1)肉桂林

中国广西南部栽培。树皮、枝叶、花果、树根等均可入药,统称"桂品"。其中桂皮是医药上的珍品。

(2)杜仲林

主要产品树皮(杜仲)含有桃叶珊瑚苷,为强壮剂也是降低高血压良药。杜仲的果实、树叶、树皮均含有杜仲胶,是一种硬性橡胶,可加工提取供电工及其他工业用。

(3)厚朴林

主要产品树皮(厚朴)含有厚朴酚等成分,为行气、化痰、治喘良药。

(4)枸杞林

果实(枸杞)具有滋肝补肾、生精益气、治虚安神、祛风明目的功效。枸杞的根皮(地骨皮)、嫩叶(天精草)均为中医常用药材。

（5）槟榔林

果实加工为椰干和椰玉，可供医药上作为收敛剂和驱虫药物用。其嫩叶在中国台湾省名为"半天笋"，供食用。

5.其他经济林

1）以用叶为主要目的的茶树（叶制茶）、桑树（采叶饲桑蚕取丝）、柞树（放养柞蚕，取柞蚕丝）、樟树（放养天蚕，取天蚕丝）等。

2）以用芽为目的的香椿（萌芽更新，取食嫩芽）等。

3）以用花为目的的桂花树（花作醑糟，供食品工业用）、茉莉（花可用以熏茶，名为花茶）等。

4）以用果为目的的可可树及咖啡树等。

5）其他，如梧桐可采取萌芽条，剥取韧皮，加工制取纤维，供制绳索用；杞柳及紫穗槐可培育成矮林，割取萌芽条，供编织工业及制家具及农具用。

2.1.2 经济林总体布局

依据《中国林业发展区划》，综合考虑自然立地条件、资源分布状况和社会发展水平，按照合理区划、分类指导、突出重点的要求，着重培育五大优势特色经济林片区：东北中温亚寒带片区、西北大陆性温带片区、华北黄河中下游暖温带片区、南方丘陵山地亚热带片区和西南高原季风性亚热带片区。林农朋友可以依仗自身条件种植相应的林子。

1.东北中温亚寒带片区

范围东起长白山，西至呼伦贝尔草原、科尔沁沙地，南接燕山山脉，北以大小兴安岭为界。区内以东北平原和蒙古高原为主体，山地、沙地、林地资源丰富。行政范围涉及黑龙江、吉林、辽宁、内蒙古4个省（自治区）。气候为湿润型温带气候，年降水量由东向西自1000毫米降到400毫米，年均温-4~6℃，无霜期100~160天，生长期短。适宜栽植的主要经济林有仁用杏（山杏、大杏扁）、果用红松、榛子、秋子梨、树莓、蓝莓、山葡萄、东北红豆杉、北五味子、刺五加、食用菌、山野菜等。该区重点发展仁用杏（山杏、大杏扁）、榛子、果用红松、蓝莓和沙棘等优势特色经济林。

2.西北大陆性温带片区

范围东起浑善达克沙地，西至中国与吉尔吉斯斯坦、哈萨克斯坦的国境线，南到西昆仑山、阿尔金山、祁连山、六盘山及长城沿线，北与俄罗斯、蒙古接壤。行政范围涉及新疆、青海、甘肃、宁夏、内蒙古5个省（自治区）。本区地处我国西北部，地域辽阔，地貌呈以山地、盆地、丘陵、平原和风沙地貌相间分布的复杂格局，沙漠戈壁沙地所占比重大。气候为温带大陆性气候,干旱少雨、多风沙,由东向西年均降水量从400毫米锐减到200毫米以下;气温相差大,年均气温2~12℃,而塔里木盆地一些地方和吐鲁番盆地、银川盆地属暖温带气候。农业林业依靠高山的雪水和大河水灌溉,并形成荒漠中分散的绿洲,古老的绿洲农业又孕育了瓜果之乡的美称。适宜栽植的主要经济林有核桃、枣、仁用杏(山杏、大杏扁)、扁桃、阿月浑子、巴旦木、文冠果、葡萄、梨、苹果、杏、石榴、无花果、枸杞、沙棘、沙枣等。该区重点发展核桃、枣、仁用杏(山杏、大杏扁)、杏、石榴、枸杞、沙棘等优势特色经济林。

3.华北黄河中下游暖温带片区

范围东起渤海、黄海的海岸线,西至陇东山地,南达秦岭、伏牛山、淮河及苏北灌溉总渠,北至长城以南地区。行政范围涉及北京、天津、河北、山西、山东、辽宁、河南、安徽、江苏、陕西、甘肃、宁夏12个省(自治区、直辖市)。此区位于黄河中下游,包括黄淮海平原、黄土高原、燕山山脉、太行山、吕梁山、秦岭北坡、六盘山等地貌单元,自然条件多样。气候属暖温带气候,总的特点是春季干旱多风,夏季炎热多雨,冬季寒冷干燥。年降水量在400~950毫米,年均温度8~14℃。适宜栽植的主要经济林有核桃、枣、板栗、仁用杏(山杏、大杏扁)、柿、银杏、榛子、苹果、梨、桃、葡萄、猕猴桃、樱桃、石榴、山楂、杏、桑、无花果、花椒、杜仲、金银花、灯台树、长柄扁桃、油用牡丹、白檀、麻栎、文冠果等。该区重点发展核桃、枣、板栗、仁用杏(山杏、大杏扁)、柿、银杏、榛子、花椒、杜仲、金银花、杏、石榴、樱桃、猕猴桃、山楂、长柄扁桃、油用牡丹等优势特色经济林。

4.南方丘陵山地亚热带片区

范围东起黄海海岸线,西与云贵高原、青藏高原东南部相邻,南部以南岭南坡山麓、两广中部和福建东南沿海为界,北至秦岭山脊、伏牛山主脉南侧、淮河流域。行政范围涉及甘肃、陕西、河南、安徽、江苏、四川、重庆、湖北、浙江、贵州、湖南、江西、福建、云南、广西、广东16个省(自治区)。本区域地貌类型复杂多样,平原、盆地、丘陵、高原和山地皆有,北部和中部的地貌单元为秦岭、淮阳山地、四川盆地、长江中下游平和江南丘陵、东部沿海丘陵。气候属亚热带季风气候,最冷月平均气温在0~15℃,无霜期250~350天,年降水量一般高于1000毫米。适宜栽植的经济林主要有油茶、核桃、油桐、乌桕、柑橘、梨、杨梅、枇杷、荔枝、猕猴桃、板栗、柿、银杏、油橄榄、茶、竹笋、花椒、八角、肉桂、杜仲、厚朴、黄檗、山茱萸、金银花、灯台树、盐肤木、漆、山桐子等。该区重点发展油茶、核桃、油桐、油橄榄、板栗、柿、银杏、花椒、八角、厚朴、杜仲、金银花、杨梅、猕猴桃、香榧、山桐子等优势特色经济林。

5.西南高原季风性亚热带片区

范围包括我国的云贵高原及青藏高原东部。行政范围涉及云南、贵州、四川、西藏、甘肃、青海6个省（自治区）。本区属典型的山原地貌，地势由西向北向东南呈阶梯下降，垂直地带发育明显。气候属亚热带季风气候，年平均气温为12~18℃，年均降水量在400~1100毫米，水热资源丰富。但受错综复杂的高原地形和海拔悬殊的影响，气候垂直变化明显，类型多样。适宜栽植的主要经济林有核桃、板栗、油橄榄、花椒、草果、澳洲坚果、茶、红豆杉、灯台树、山苍子、黄檀、竹笋和食用菌等。该区重点发展核桃、油橄榄、板栗、花椒、澳洲坚果等优势特色经济林。

2.1.3 经济林种植的优势区域布局和重点任务

1.确定优势区域的依据有哪些？

其一，资源条件良好。自然条件适宜优势特色经济林发展，具有生产传统、生产基础和技术条件。其二，生产规模较大。能够集中连片种植，商品率较高，商品总量在全国占有重要份额。其三，市场区位优越。市场目标明确，流通渠道畅通，运销便捷，对产业发展带动能力强。其四，产业化基础强。具有较好的科研、生产、人才、技术、市场服务等方面基础条件，有带动能力强的龙头企业，具备创建知名品牌的基础。其五，发展环境较佳。当地政府重视，有广泛群众基础，具有保障产品质量安全和生产可持续发展的良好发展环境。

2.优势区域如何布局及有着什么样的发展方向？

（1）优势经济林

1）油茶。油茶是我国南方重要的木本粮油树种，目前栽培面积310万公顷，占木本粮油面积23.7%。主产区集中分布在湖南、江西、广西、浙江、福建、广东、湖北、贵州、安徽、云南、重庆、河南、四川和陕西14个省（区、市）的642个县（市、区）。其中，种植面积大于10万亩的县（市、区）有142个，种植面积在5万~10万亩的县（市、区）有97个，种植面积在1万~5万亩的县（市、区）有142个，种植面积小于1万亩的县（市、区）有261个。

主攻方向：按照国务院批复的《全国油茶产业发展规划（2009~2020年）》，实施分区建设，优先发展核心区；加快良种苗木繁育基地建设，加大改造现有低产林力度，加快示范工程建设，以点带面，稳妥推进；积极开展油茶产业发展相关课题研究，重点加强良种选育、低产林改造、丰产栽培技术、油茶提取及深加工技术等研究；扶持龙头企业，打造油茶市场知名品牌，推进产业化进程；加大科技推广和技术培训工作力度，提高主产区农民科技素质和专业技能。

区域布局：油茶的适宜栽培区主要为南方丘陵山地亚热带片区。按照优势区域确定的主要依据，本次规划确定湘赣浙闽低山丘陵区为油茶的核心发展区，桂粤闽南低山丘陵区、滇东南桂西高原山地坝区、川东盆地区、贵州高原区、滇北川南高原区、鄂南地区为油茶的积极发展区。在14个省（市、区）发展200个重点基地县。

发展目标：到2020年，优势区油茶面积稳定在380万公顷以上，占全国的75%以上；年产量达410万吨，占全国的80%以上。

2）核桃。核桃是我国典型的木本粮油树种，目前栽培面积380万公顷，占木本粮油面积29%。近年来，我国核桃产量和国内市场价格连续持续增长，呈现供需两旺的局势。

主攻方向：加大对现有低产劣质实生核桃资源林的改劣换优力度，筛选推广薄壳、质感好、含油率高的主栽品种，特别是选用抗旱、抗寒、避晚霜品种及油用和鲜食核桃品种；推行核桃园土、肥、水的标准化栽培管理技术，加大嫁接繁殖和大树改接换优的比重；提高机械方式采收效率和采后处理核桃仁水平，强化核桃坚果晾晒、烘干、分级等商品化处理技术和贮存技术，扩大综合加工，开发高新技术产品，提高产品的附加值，培育壮大龙头企业。

区域布局：核桃适宜栽培区包括西北大陆性温带片区、华北黄河中下游暖温带片区、南方丘陵山地亚热带片区和西南高原季风性亚热带片区4个区。按照优势区域确定的主要依据，本次规划确定上述4个片区中的太行山、吕梁山、中条山区域，秦巴山区，大别山区，云贵高原，塔里木盆地西缘等为核桃的核心产区，鲁东山区、长江中游地区、燕山东部等区域为核桃的积极发展区。在核心发展区和积极发展区中的18个省（市、区）和新疆生产建设兵团发展288个重点基地县。

发展目标：到2020年，优势区核桃面积稳定在520万公顷以上，占全国的70%以上；年产量达到850万吨，占全国的85%左右。

3）板栗。板栗是我国传统的木本粮油树种，号称铁杆庄稼。目前栽培面积187万公顷，占木本粮油面积14.2%。产量低、优质品种少、价格不稳是影响我国板栗生产的主要问题。

主攻方向：选育早熟品种、高光效、高品质及加工专用新品种，推广良种化，优化区域布局；示范推广高光效树体控制技术、提高雌花比例技术、叶分析指导施肥技术、低产栗树改造技术、环境友好型病虫草综合管理技术等；推进板栗产品综合深加工，重点解决板栗的贮藏保鲜与加工难题，提高深加工产品附加值。

区域布局：板栗适宜栽培区包括华北黄河中下游暖温带片区、南方丘陵山地亚热带片区和西南高原季风性亚热带片区3个区。按照优势区域确定的主要依据，本次规划确定上述三个片区中的燕山山区、沂蒙山区、秦岭山区、伏牛山区、大别山区为板栗的核心产区，其他地区为积极发展区。在核心产区和积极发展区中的18个省（市、区）发展125个重点基地县。

发展目标：到2020年，优势区板栗面积稳定在130万公顷以上，占全国的60%以上；年产量达到230万吨，占全国的70%以上。

4）枣。枣是我国传统的木本粮油树种，目前栽培面积136万公顷，占木本粮油面积10.4%，占世界栽培面积的98%左右。当前呈现以下发展趋势：一是在我国传统枣产区（山东、山西、河南、河北、陕西）基本保持稳定的同时，新疆、甘肃等西北产区和湖南等南方产区呈现出较快发展势头；二是在干制枣生产基本保持稳定的同时，鲜食枣生产呈现增加趋势。

主攻方向：加强品种选育工作，培育不同成熟期的制干、鲜食及加工专用新品种，搞好新品种的区域化试验；传统枣产区重点攻关研究提高品质、防止裂果、控制病害的关键栽培技术；加强鲜食枣采后储藏、保鲜等技术研究和推广，研发深加工产品，提高附加值。

区域布局：枣的适宜栽培区包括西北大陆性温带片区和华北黄河中下游暖温带片区2个区。按照优势区域确定的主要依据，本次规划确定上述两个片区中的黄河中下游流域（含河北省南部）和新疆天山以南地区为枣的核心产区，其他地区为积极发展区。在核心产区和积极发展区中的12个省（市、区）和新疆生产建设兵团发展113个重点基地县。

发展目标：到2020年，优势区枣面积稳定在140万公顷以上，占全国的75%以上；年产量达到330万吨，占全国的80%以上。

5）仁用杏（山杏、大杏扁）。仁用杏（山杏、大杏扁）是我国特有的木本粮油树种，果仁既可鲜食，又可榨油，果壳又能深度利用。目前栽培面积172万公顷，占木本粮油面积13.1%。仁用杏主要分布于东北、华北、西北的高寒、干旱山区。其中大杏扁（甜杏仁）是我国独有的仁用杏资源，近年通过品种改良，资源规模和市场需求不断扩大。

主攻方向：加强品质改良，选育薄壳、抗晚霜能力强的新品种；建立优良苗木繁育体系，积极繁育和推广无病毒苗木；调整品种结构，采用标准化生产方式，强化丰产稳产技术；提高果品采后商品化处理水平，加强果壳的深度加工加工利用，完善流通、服务体系建设。

区域布局：仁用杏（山杏、大杏扁）适生范围包括东北中温亚寒带片区和西北大陆性温带片区2个区。按照优势区域确定的主要依据，本次规划确定上述两个片区中的长城以北、内蒙古高原以南、科尔沁沙地以西、毛乌素沙地以东的区域，以及新疆南部区域为仁用杏（山杏、大杏扁）的核心发展区，其余地区为积极发展区。在核心发展区和积极发展区中的9个省（市、区）发展78个重点基地县。

发展目标：到2020年，优势区仁用杏（山杏、大杏扁）面积稳定在220万公顷以上，占全国的95%以上；年产量达到95万吨，占全国的95%以上。

(2) 特色经济林

1) 木本油料类。特色木本油料包括食用和工业用两类。其中可供食用的大多是高端膳食油，因其不饱和脂肪酸含量高、抗氧化能力强、具有预防心血管疾病等疗效而深受消费者青睐。工业用木本油料是生物质能源和化工原料的重要来源，在市场和新兴产业的拉动下，木本油料近年来呈现出面积和产量双增长的趋势，经济效益良好。但存在适生区域窄、规模小、产量低、品种良种化程度低等问题，需积极探索扩大适生区，适度扩大生产规模，以满足不断增长的市场需求。规划期内重点发展油橄榄、长柄扁桃、油用牡丹、油桐和山桐子5种特色木本油料经济林。

主攻方向：一是品种良种化。油橄榄、油用牡丹在引种筛选的基础上，通过杂交等方式尽快培育本土品种；长柄扁桃目前还是资源状态，需要筛选和培育新品种；油桐和山桐子重点选育高出油率品种，扩大人工种植规模。二是提高产量，实现规模化、标准化种植。三是解决低温压榨提高出油率问题，实现饼渣的综合利用。

区域布局。①油橄榄：适宜区主要包括以甘肃武都为中心的白龙江低山河谷区、以四川西昌为中心的金沙江干热河谷区（冬季冷凉地带）、长江三峡低山河谷区三部分。规划在四川、甘肃2省发展7个重点基地县。②长柄扁桃：广泛分布于陕西北部及内蒙古沙地，是防治沙漠化的先锋树种，规划在陕西省发展10个重点基地县。③油用牡丹：主要分布在我国山东和河南等省（区），规划在山东、河南2省发展8个重点基地县。④油桐：是我国特有经济林树种，主要分布在长江流域各省。规划在湖南、湖北、四川、贵州等4省发展14个重点基地县。⑤山桐子：是适应性强的速生树种，种子含油率高，可替代桐油，主要分布在秦岭以南地区和西南地区山地。规划在陕西和四川2省发展10个重点基地县。

2) 木本粮食类。特色木本粮食大多是我国特有的树种资源，其产品具有特殊营养和医疗保健作用而成为高端新型食品，市场前景好，具有巨大的发展空间。规划期内重点发展柿、银杏、榛子、香榧、果用红松、澳洲坚果等6种特色木本粮食经济林。

主攻方向：目标定向育种，培育高产、优质、有效成分含量高的新品种；建立优良苗木繁育体系，实现良种、壮苗；推进生产基地建设，建立并采用不同树种特殊要求的标准化生产技术；提高果品采后商品化处理和储藏水平；开展深加工和有效成分提取利用，研发新产品。

区域布局。①柿：适生范围东起辽宁的大连，向西南入山海关，沿长城西行至山西的吕梁山，经陕西宜川，甘肃的天水，沿四川的岷江南下，向西到小金，沿大雪山南下，入云南后顺元江而下到我国的南界。以黄河流域的山东、河北、河南、陕西、山西5省最多，栽培面积占全国的80%～90%。规划在北京、河北、山西等7个省（区）发展11个重点基地县。②银杏：分布范围北起辽宁省沈阳，南到广东省广州，东至台湾省南投，西抵西藏昌都地区。规划在江苏、山东2省发展5个重点基地县。③榛子：主要包括北部栽培区、中部栽培区、南部栽培区和干旱温带栽培区4个适宜栽培区。规划在辽宁、吉林、黑龙江等省发展12个重点基地县。④香榧：主要分布在浙江、安徽等省份的山区。规划在浙江省发展5个重点基地县。⑤果用红松：我国红松主要分布于长白山、完达山和小兴安岭。规划在吉林、黑龙江2省发展30个重点基地县。⑥澳洲坚果：在我国华南7省（区）均有种植，主要分布在云南。规划在云南省发展4个重点基地县。

3）特色杂果。特色杂果市场竞争优势显著，国内外需求增量大，有着较大的发展空间。近年来发展迅速，栽培面积、生产量和人均消费量都不断增加，部分产品供不应求。但同时也存在着品种退化、品质下降、上市过于集中、产业化程度低等问题。规划期内重点发展杏、山楂、石榴、猕猴桃、樱桃、杨梅、蓝莓等7种特色杂果经济林。

主攻方向：加强品种改良。传统的杏、山楂和石榴选育适于加工和鲜食的专用品种，猕猴桃、樱桃、杨梅和蓝莓重点选育耐储藏新品种。提高栽培管理技术水平，实行集约化、标准化种植和管理，提高产量和品质。适度发展樱桃、杨梅和蓝莓等适于城郊观光采摘的果园建设。建立特色浆果的低温物流体系，实现生产销售一体化。开发深加工产品，延长产业链。

区域布局。①杏：主要分布在我国的华北、西北和东北地区。规划在河北、山东、河南、新疆、宁夏5个省（区）发展13个重点基地县。②杨梅：原产中国东南各省和云贵高原，现主要分布长江以南各省。规划在浙江、湖南和贵州3省发展11个重点基地县。③猕猴桃：在我国分布范围较广，主要分布在河南、陕西、浙江和贵州较多。规划在陕西、河南、四川等5省发展9个重点基地县。④蓝莓：主要分布在我国大、小兴安岭林区，尤其是大兴安岭中部。近年来山东省产业化种植面积最大。规划在黑龙江、山东2个省发展10个重点基地县。⑤樱桃：分布范围较广，主要分布在山东、河南、河北和陕西等省。规划在河南、山东、河北等6省发展16个重点基地县。⑥山楂：主要分布在我国中东部暖温带地区。规划在山东、山西、河北、辽宁4省发展6个重点基地县。⑦石榴：我国从南到北均有分布，主要分布在山东、陕西和安徽等省。规划在陕西、安徽、山东3省发展7个重点基地县。

4）木本调料类。木本调料是我国居民日常生活的必需品，也是我国传统的出口经济林产品，至今仍畅销不衰，市场前景广阔。但在发展过程中也存在品种混乱、种植分散粗放、商品化处理能力差等问题。规划期内重点发展花椒和八角特色木本调料类经济林。

主攻方向：栽培品种良种化、良种区域化，积极选育特征有效成分含量高的新品种；实现生产过程的无公害化、规范化和标准化，提高产量和品质；强化品牌意识，加强专业市场建设；大力扶持深度加工业，提高商品附加值。

区域布局。①花椒：在我国栽培广泛，太行山区、沂蒙山区、陕北高原南缘、秦巴山区、甘肃南部、川西高原东部及云贵高原为主产区。规划建设华北、西北和西南3个优势区，在四川、甘肃、陕西、河南、山东等9个省（市）发展37个重点基地县。②八角：在我国广西、云南、广东和福建均有种植,其中广西是主产区。规划建设西南优势区,在广西壮族自治区发展17个重点基地县。

5)木本药材类。木本药材是中医药方中不可缺少的成分,也是我国传统的出口产品。如杜仲是国家二类保护植物和国家四大控制药材之一。随着国际社会对我国传统中药的认同和接受,中药材产业的发展将赢得更好的发展空间,产品市场需求将成倍增长。规划期内重点发展杜仲、厚朴、枸杞、金银花、沙棘等5种特色木本药材经济林。

主攻方向:加强新品种的选育,示范推广园艺化、集约化、规范化种植;推行GAP认证制度;提高木本药材产后加工处理和储藏水平;规范市场管理,建立可追溯的信息管理平台,确保木本药材的"地道"化。

区域布局。①杜仲:在我国的23个省(区、市)均有分布,中心栽培区包括黔东北、鄂西北、湘西北、豫西南、陕南和川东北等地区。规划建设中南和西南2个优势区,在湖北、河南、四川等5个省发展7个重点基地县。②厚朴:主要分布在我国长江流域。规划在福建、江西、湖南3个省发展4个重点基地县。③枸杞:在我国西北和华北地区分布较多。规划在内蒙古、宁夏、青海等4个省(区)发展10个重点基地县。④金银花:在我国分布广泛,北起东三省,南到广东、海南,东至山东,西到喜马拉雅山均有分布。规划在河北、山东、河南、广西等6个省发展8个重点基地县。⑤沙棘:是重要的水土保持植物,也是重要的经济林树种。在我国主要分布在三北地区,占全国总面积的90%。规划在新疆、陕西、内蒙古等5省(区)发展11个重点基地县。

2.1.4 集体发展经济林案例

1.概述

海南于2006年就启动了5万亩"万亩人工种植沉香"工程。现在,越来越多的人已经意识到种植沉香的经济价值,目前,海南种植沉香的面积在不断扩大,并形成公司化、规模化发展的格局。据介绍,每亩种植150~200株沉香树,每亩10年左右可创收20万~40万元,17年左右可创40万~100万元的高效益,前景广阔。①

沉香的学名叫琼脂,琼即海南,说明以前最好的沉香产自海南岛。沉香研究专家、兴隆药研所陈伟平教授说,我国沉香产量仅药用都远远不能满足,可以说是有价无货。长期以来由于遭遇人工乱采滥伐,海南沉香濒临灭种的危险,1987年被列为国家珍稀濒危三级保护植物,1999年又被国务院批准为国家二级重要保护野生植物。世界粮农组织也已将其列入世界濒危植物,受国际贸易公约保护。

据介绍,产地是决定沉香价格的重要因素之一,海南是我国种植沉香的一块不可多得的

---

①海南发展人工种植沉香可行性分析报告[N]. 海南农垦报,2009-6-8.

宝地。首先是气候优势,特别适合种植沉香。其次是资源优势,海南省原始森林中有野生沉香的品种。目前所有的沉香都热销各国,而且价格昂贵。2004年,科技部立项批准了"珍稀濒危药材沉香种植资源及其评价研究"课题的"十五"国家科技攻关计划。2006年下半年,"海南沉香种植、造香及加工技术研究"项目通过了海南省科技厅组织的专家评审组的成果鉴定。专家评审组认为,该项目总体研究成果达到了国家领先水平。包括成功开发了适合人工种植的沉香优良母树——"海香沉一号",总结出一套海南沉香人工栽培管理技术措施,创新了"打洞+菌药"法的人工造香技术,可使白木香树结香时间短、多结香、质量好、用工省,极大地提高了沉香的生产能力,为人工造香开辟了一条新路。沉香产品深加工综合利用,为实现沉香产业化发展进行了有益探索,开发了沉香油、沉香茶、沉香酒等新产品。

中国热带农业科学院博士生导师郑学勤教授说,现在,海南所从事的沉香开发工作,就是在如何保护本土沉香品种资源的基础上,提高对沉香的培育种植技术,加大沉香产品的研发力度,让古老名贵的海南沉香产生经济效益、社会效益。

2.南部沉香种植经验

南部农场地处海南东部境内,地理条件优越,年平均气温22.5~23.5℃,年降水量2000毫米以上,土壤为黄色砖红壤,土地资源丰富,气候条件适宜。该场于2008年6月与广州拜占庭贸易有限公司达成沉香及人工种植沉香树合作协议和利用农场现有的茶厂厂房扩建改造进行沉香产品深加工综合利用,为实现沉香人工种植、加工的产业化发展实施有益的探索,开发沉香油、沉香茶、沉香酒等新产品。

(1) 生长条件

沉香适宜气候条件是:喜高温环境,要求年平均温度在20℃以上,年降水量在1500~2000毫米比较湿润的环境下,它对土壤要求不严、不高,在酸性的砂质壤土、黄壤土和红壤土均能生长。

(2) 经济价值和发展前景

沉香树经长期演化之后,成为弱阳性树种。沉香树全身都是宝,它的树脂可制成香料,木材可制作线香,树皮可用来造纸。在医药上,沉香是极珍贵的药品。随着沉香药用及保健品用量大幅增加,近几年来市场对沉香产品的需求呈供不应求的趋势。目前国内市场上的好沉香价格已超过3000元/千克,出口创汇前景十分乐观。

(3) 栽培技术

沉香为瑞香料常绿乔木,是特有的珍贵药用植物。南俸农场也有野生分布,而且长势很好。每亩可植110株,应选择疏松、肥沃、湿润、微酸性的土壤为宜。植穴规格为长、宽、深各40厘米,苗木最好选用一两年生粗壮营养袋装苗,苗高40厘米以上。定植时,要剥袋后种植,种时要扶直压实，种后淋足定根水并盖上厚草。定植时间最宜于春季三四月雨天或雨后的阴天时种植，其时成活率最高。定植一个月左右，小苗即抽出新梢，一般在定植后两三个月便要开始施第一次肥，可用水肥或尿素兑水薄施。第一年每隔两三个月便要施一次肥，每株施复合肥2.5千克；在离植株25厘米处呈品字形在植株周围挖穴施下，施后回薄土盖实。从第二年起，每年每株在5、9月各施复合肥2.5千克即可。施肥量必须逐年增多，春季可施尿素，冬季施复合肥或牛羊粪。

沉香定植后每年抚育管理1次或2次，连续3年以上，除草、松土、扩穴，防止杂草把苗盖住；第四年起，投入的管理成本、用工便逐年减少。不要过早修剪侧枝，其主干较明显，待长到一定高度后把阴枝剪去即可。由于沉香本身能够散发辛辣气味，因此，病虫害一般较少。

(4) 结香、采收与加工

1) 结香。在正常情况下，白木香树未受伤前是不会结香的。因此，必须通过人工干预促进结香，其传统与现代方法有6种：砍伤法；半断干法；凿洞法；人工接菌结香；化学法；枯树取香法。但砍伤法较为通用，即选择5~10年生，树干直径30厘米左右的主木，在距地面1.5~2米处顺砍几刀，刀与刀间距离30~40厘米，伤口深3~4厘米。经过一段时间后，伤口附近的木质部会分泌油脂类物质，数年后逐渐变成黑棕色，这便是沉香，时间越长越好。取香后造成伤口，仍有可能继续结香。

2) 采收。采收沉香一年四季都可以进行，具体采收方法：选取凝结黑褐色或棕褐色，带有芳香性树脂的树干或树根，把结香的树干砍回来、根挖回来，然后用利刀砍去和剔除白色部分和腐朽部分，阴干。

3) 加工。把已结香的木材采回后，用具有半圆形刀口小凿和刻刀雕挖，剔除不含香脂的白色轻浮木质和腐朽木质后，留下黑色坚硬木质，然后再加工成块状，片状或小块状，放室内阴干，即为商品。

(5) 成本和收益

开荒成本每亩600元，种苗费约需1650元每亩，肥料和管理费需750元每亩每年，按投产前10年预算需17000元每亩。这样，整个非生产期一切费用约需30000元每亩。按传统方法植香后8~10年，每株可产沉香1~3千克，现按市场价为3000~10000元／千克计算，每亩种植110株，10年左右可创15万~30万元，17年左右可创30万~80万元的经济效益。以后的产值利润将随产品的成倍增长而增长，若采用目前最新的诱导菌剂通体结香技术则经济效益更加成倍增长。

(6) 按传统结香方法的可行性分析

1) 自然优势。海南是我国种植沉香的一块不可缺少的宝地，其优势：一是气候优势，年平均温度在20℃以上，年降水量在1500~2000毫米，特别适宜种植沉香；二是资源优势，海南省原始森林中有野生沉香的良种尚未开发；三是在保护本土沉香物种资源的基础上，提高对沉香的培育种植技术，加大沉香产品的研发力度，让古老名贵海南沉香产生经济效益和社会效益。

2）社会效益。人工大规模种植沉香，既符合国家林业局产业政策，又是国家星火计划项目之一。2004年科学技术部立项批准"珍稀濒危药材沉香种植资源及其评价研究"为课题的"十五"国家科技攻关计划。2006年下半年"海南沉香种植造香及加工技术研究"项目通过海南省科技厅组织的专家评审的成果鉴定。人工种植沉香既保护了我国珍稀濒危药用植物资源，又对中药、香料等现代化发展具有重要的社会意义并产生经济效益、社会效益。带动农场职工及周边乡镇农民种植沉香树，以农场为中心点，不断向周边辐射沉香种植，以沉香的栽培技术，品种的推广、加工及沉香油的提炼，形成农场一个新兴产业。同时，提炼沉香油的基地的建立，能为当地政府带来可观的税收，并将带来300~400人的就业机会，为全面推动当地经济作出贡献。

(7) 南俸沉香种植与发展规模

1）利用农场现有的茶厂厂房进行改造，达到沉香加工的标准厂要求。

2）步由广州贸易有限公司出资给农场建立80亩的沉香基地。成为推广"公司+农户"集体造林的示范林。

3）与国外客户合作，引进国外先进的炼油技术和设备，迅速建立提炼沉香油的基地，该基地既可积累提炼经验，又可供农户现场参观原生态纯植物沉香油的提炼演示过程，对推广品牌提供坚实的信誉基础。

4）在树林种植的同时，迅速组织销售队伍，制定销售计划，建设样品销售室，展示广州拜占庭有限公司第一个拳头产品（它是由"水晶香水瓶+沉香油+精美礼品盒"组成的高级香水品牌），该品牌在国外已家喻户晓，其独有的香味、精美的水晶配饰，都将成为沉香园示范区一大标志。

在实施"四步走"的同时，继续找适合的土地，作为公司的种植园，大规模种植沉香树苗，计划租用500~1000亩土地，种植约10万~20万株沉香树苗，增加公司的实力，为今后在医药界、化妆品界销售沉香制品提供雄厚的物质基础。

采取"基地+种植+委托造林"的模式，采取流转经营、委托造林的业务，诚邀加盟，共同发展，集社会各界力量，形成规模，共同开发绿色产业，共享绿色财富。

3.沉香种植结香生产经济效益介绍

一般沉香树结香一年后，因沉香树的人工结香为整棵树身均进行，所以每棵可采集20千克以上沉香。

下面以种植一亩沉香为例分析。

每亩土地最高可种植成年沉香300棵,以每亩仅种植100棵为例,每棵苗成本价5元,当年种植亩施肥约500元,人工1000元,初次投资只需成本2000元;以后只需要作非常简单地施肥和除草。

三年后平均每棵树结果1千克,每千克收购价:10元。当年可收获100千克×10元/千克=1000元。以后每年果实收获按保守估计1.5千克算,可收至第10年或更久,果实收获累计1000+1500×7=17500(元)。

第5年开始人工结香,结香期1年,以每棵树保守估计约结沉香(干货,下同)8千克(沉香树一般整棵树身均进行人工结香,胸径10厘米的沉香树产沉香干货在10千克以上),按2009年人工催香沉香市场价500元每千克(十年后沉香价格上涨幅度不得而知),500元×20千克×100棵=1000000元。

收获后树桩育苗循环发展至第11年(结香期第二个一年)共获收入17500+1000000=1001750(元),至第11年又加17500+1000000=1001750(元),11年平均每棵沉香树收入10017500×2=2003500(元)。

种植100棵沉香,11年下来最保守的估计都可以获得超过200多万元收入,还不包括可能的涨价,如造出高级数的沉香,其收入更是无法计算和想象。由此可以看出,种植沉香确实是一条致富的捷径。

目前国内沉香合格品市场成交价大致行情如下。特级品:3万元/千克以上;上等品:3000元/千克以上;一等品:1000元/千克左右;二等品:500元/千克左右。三四等品:每千克200~300元。加工沉香剔除的废木料,也能卖50~100元/千克。沉香木废料可以制成燃香、熏香,在日本及南美国家十分畅销。

4.沉香生长环境条件要求

(1) 对气温适应性

白木香喜高温环境,要求年平均温度20℃以上才能生长发育良好,最低气温在3℃,在冬季短暂的低温霜冻也能适应。气温较高,白木香生长快。如海南屯昌药材场的白木香比广东省湛江南药场的生长良好,而湛江南药场又比该省的陆丰、陆河为好。其中主要原因就是气温在起作用。

(2) 对光照的要求

白木香幼苗、幼龄期比较耐荫,不耐曝晒,对生长有利。在日照较短的高山环境,或在山腰密林中,均有其生长优势。但是荫蔽也不能过大,一般以40%~50%适宜。而到了成龄则喜光,只有充足的光照,才能正常开花结果,种子饱满精壮,也只有充足的光照条件上,才能促进结香、结高质量的香。

据调查，凡是荫蔽度大的地方，水分过于充裕，结香很慢，甚至不会结香。如广东省从化市燕塘管理区，白木香树生长四五十年，高超过10米胸径30厘米以上，虽然多次接菌种，就是不结香。

(3) 对土壤的适应性

白木香对土壤要求不严、不高，在酸性的砂质壤土、黄壤土和红壤土均能生长。白木香在野生状态下，在瘠薄的黏土、生长慢些、长势差些、而木树比水肥条件优越的要结香，香味也浓，油脂也多，还易于结香，香的质量也较佳。而在土层深厚、肥沃的条件下，木材各皮部组织疏松，分泌树脂少，结的香极少，质量也差。

(4) 对水分的要求

白木香喜润湿、耐干旱，要求年降雨1500~2000毫米，在比较湿润的环境下，白木香高、粗生长都快，而在干旱瘦瘠的坡上，长势较差，还是生存下来，在陆丰市洋镇种的白木香，种植20多年了，高不超过6米，胸径也只有20厘米生长虽然差，但香的质量好。

(5) 对海拔的要求

在我国北纬24°以南的山区、丘陵、从海拔1000米至低海拔的丘陵、平原，都有野生分布和栽培，如广东省陆河县全县8个乡镇，大部分在海拔500米以下，都有野生白木香资源，而且长势很好。多数与竹子及常绿阔叶林混生。

5.发展种植沉香的重要意义

中国加入WTO，对我国经济发展将注入新的活力，它既是机遇又是挑战。入世，给我国发展南药生产带来很大的发展空间，无论是目前还是将来，尤其是高效植物、名贵中药材，都将成为21世纪开发的热点，珍稀名贵中药材"沉香"更富有发展前景。因此，发展沉香种植，开发沉香产业资源，从沉香中研发新药和系列产品已成为我国药业应对WTO冲击的必由之路。

由于天然沉香树遭受自然灾害和人为滥砍采滥伐，野生沉香货源已日趋枯竭，市场日趋紧缺，出现供不应求的局面。随着国际沉香资源的短缺和价值的暴涨，我国的沉香也出现供不应求的局面。海南、广东、广西三地是我国野生沉香的主产地。目前的沉香产量逐年锐减，沉香货源近年来也日趋紧缺，造成价格不断上升。目前普通的沉香销售价每千克都要1000多元，上等沉香每千克要几万元，特等全沉的沉香每千克要二三十万元。且价格仍有上涨态势。因此积极发展沉香种植生产，是解决沉香资源紧缺，减少进口，扩大出口创汇的有效途径。

种植沉香是带领群众脱贫致富的可靠保证。沉香自古以来贵如黄金。根据种植沉香经济效益分析，一位个体户种植100亩15000株沉香，6年后可获相当可观的经济收入。因沉香全身是宝。种植后第二年开始就可采叶制作沉香茶,第三年开始就可收获沉香籽。沉香籽是一种高价格的药材。沉香无论是叶、皮、籽、木、根都是名贵中药材。

大力种植沉香正是开荒造林的重要措施。我们种植沉香有着得天独厚的自然环境:一是气候合适;二是土壤适应。沉香对土壤要求不高,在偏酸性的砂质壤土、黄壤土和红壤土均能生长。山脊地、坡土、园地等均可适应种植沉香。种植沉香可以净化空气,美化环境。城市街道两旁、生态文明村乡间小道、办公楼周围、居住楼庭院种植沉香树,既可美化环境,又能净化空气。置身沉香树下。因其镇静、醒脑的功效,使人心旷神怡,全身通畅。因此,大力种植沉香,既可绿化荒山,美化环境,符合建设生态环境城市的要求,又可使群众、企业增加收入,脱贫致富,以达到带领群众奔向小康的奋斗目标。

2.1.5 发展经济林项目推介案例

1.密云县蓝莓园主人巧用剩果酿酒致富

眼下正值温室蓝莓采摘季。密云县穆家峪镇水漳村圣水樱桃种植专业合作社温室里,最近每天都有游客前来采摘蓝莓。个儿大的蓝莓好卖,可品相略差的小个儿蓝莓往往成了"剩果"。如何处理这些"剩果"?蓝莓园主杨俊利想出好办法——酿蓝莓酒。[①]

为啥想到酿酒?原来,杨俊利经营过酿酒厂,对酿酒技艺很是了解。"葡萄可以酿酒,我想着蓝莓肯定也行。"2014年,眼看着游客采摘后,温室里剩下不少个头小、品相不好的蓝莓,老杨萌生了拿这些蓝莓酿酒的想法。"基本就是采用葡萄酒酿造的方式,对蓝莓果进行发酵。"首次试验酿造成功后,蓝莓酒受到了不少人的欢迎。"我2014年试着酿造了一些,很多人品尝后觉得很好,既有酒的醇香,又有蓝莓果的香味儿。所以我就想着以后可以把蓝莓酒作为园区的副产品。"

2015年,老杨加大了酿酒量,并购买了木桶,用于盛放蓝莓酒。"目前还是以游客品尝为主,下一步打算申请商标,把蓝莓酒做成园区的一个特色产品。"杨俊利介绍说,目前圣水樱桃种植专业合作社共种植蓝莓100亩,依靠温控技术,可以控制蓝莓成熟期,使其在3月底至6月底次第成熟,采摘期长达3个月。

2.浏阳精准扶贫,果树种出小村致富样本

大围山镇金钟桥村村道上,村民邓映辉几乎每天都会开着车,沿着这条最近刚铺好的油砂路去看看村里的水果种植基地。邓映辉的房子就在路边上,白墙灰瓦,院子外种着桂花树,

---

① 资料来源:《京郊日报》,2015-4-30。

院子里有花坛，田里有十几亩水果和花木，一看就是个体面的农村之家。[1]

可是谁能想到，就在十年前，邓映辉还是个光脚种地，拖着板车走在泥巴路上讨生活的贫困农民。邓映辉自己也想不到，好日子来得这么快。变化是从2008年开始的。穷怕了的金钟桥村在一次扶贫中找到了自己的方向，从一棵果树开始找到出路。

一个种田汉变身小老板

"以前村级主干道都是一段水泥一段泥巴，组里的道路更不用说了。"金钟桥村村支部书记刘章俊上任已经有8年，刚上任时，金钟桥村是个人均收入3000元的村子，连想把村级干道修好的钱都没有。

村上基本没有产业，村民要么外出打工，要么像邓映辉一样守着一亩三分地种田，拿着一年到头剩不下几个钱的收入。在邓映辉的回忆里，以前村上到处是泥巴路，下雨天车没有五六个人根本走不动。2009年，一个扶贫组进村了。在扶贫组的帮助下，金钟桥村在基础设施建设上的压力一下小了许多。"主要是靠向上争取资金。"刘章俊说，道路、电力、水利、通信等都在几年时间中逐渐改善了。

但是，仅仅靠修路一个村子就能实现富裕吗？扶贫组不这么想，金钟桥村的村民也不这么想。"要发展，光靠别人帮是站不稳的，还得自己有东西。"刘章俊说，当时扶贫组建议村上发展水果产业，村干部理解，村民却并不信服。

"村民都是很实在的，要眼见为实，看到别人做得好，才会跟着发展。"决定发展产业后，村上马上组织村干部、村民小组组长、村民代表一起外出考察学习。

邓映辉就是其中的一员，看到了才知道好，回来之后邓映辉就放弃了种水稻的习惯，带头种上了花木和水果。从最开始的罗汉松、桂花树，到后来逐渐尝试桃、枣等果树。不久，邓映辉在特色种植上尝到了甜头，成了村上第一批富起来的人之一。

路修好了，改变的是村民生活的环境，果树种好了，才真正让村民钱包鼓了。邓映辉靠着种植果树，不仅买了车，还投资农庄成了村上唯一的农庄股东——如今，他已经从以前的种田农家汉，变成了"邓老板"。

一个小组从外出型转为留守型

"有了这批先发展起来的例子，大家的积极性就高多了。"刘章俊说，为了带动产业发展积极性，村上选村民小组组长都优先选愿意做事、会做事的人，"带着村民一起做。"

先富起来的邓映辉就成了法文组的组长。法文组以前大部分人都选择外出务工，邓映辉家的变化让他们发现：在家发展或许也是个不错的选择。"首先是要让村民看到变化，接着让村

---

[1] 资料来源：浏阳网，2015-12-23。

民知道怎么去变化。"担任组长的邓映辉，要为村民答疑解惑，分析谁家种什么合适，传递种植经验。

为了让法文组和其他小组的发展方向有所区别，法文组还专门进行了几次大讨论，确定组上不仅要种水果，还要发展花木，形成自己小组的特色产业。就这样，随着加入种植的农户越来越多，法文组的村民也逐渐摆脱了以往的贫困生活。

法文组的陈君强就是在2010年看到组上的变化决定回乡发展的。陈君强说，当初外出务工也是不得已之选，"如果家里有好发展，谁会愿意单独去远方。"回乡之后他就跟着组上种起了水果和花木。

曾有外出务工经验的陈君强非常注重投入，自从回乡后，每年赚的钱又投入到种植基地的发展中，现在家里已经有了十余亩水果和上百亩花木，产业越做越大。

"现在要我走我都不会走了。"就在前两年，陈君强曾工作的企业以12万元的年薪邀请他重新回去上班，被陈君强婉言拒绝了，现在在他眼里，金钟桥村已经远比在外务工有吸引力。

法文组也从最开始的大部分人外出务工，逐渐转变为现在仅1/3人外出务工，组上不仅人气旺了起来，经济也变强了，过年时，组上一下就有7户人家购置了新车。

一个村庄从落后地走向特色路

在带动村民集体发展产业的过程中，金钟桥村除了发挥人的作用，还在2010年制定了产业扶持资金政策，"每种植一亩水果，就给予一定的奖励。"刘章俊说，有人带、有钱奖，这样的事情村民都愿意积极参加。

但是产业发展并不是一劳永逸的。水果种植逐渐成为整个大围山镇的主要产业，金钟桥村怎么保持自己的特色，成为每个村民的思考题。

从村组组织，到村民自发，每年金钟桥村村民都会外出学习，寻找新的品种。村上现在广泛种植的黄桃、冰糖枣等品种就是从外引进的。为了推广新品种，村上每年要组织数十场种植技术培训。新品种为金钟桥村带来了优势，例如冰糖枣，今年卖到了30块钱一斤，收成好时，一亩就可以产生上万元收入。

刘章俊说，这些新品种让金钟桥村区别于大围山镇普遍的桃、李、梨等水果，水果采摘时间可以从6月份持续到10月份，比常规水果的采摘期多出了2个月。而多出的时间中，正好和"中秋""国庆"旅游热点重叠，收入的增加可想而知。

"现在村民人均年收入已经达到了上万元。"刘章俊说，曾经的贫困已经远去。就像多年前村上曾修的主干道，一半水泥一半泥巴，还负债了上百万。而今，村上自筹上百万元，修建的长4.5千米、宽5.5米的新油砂路已经完工。

一棵果树种出富裕，一条道路见证变化。接下来的金钟桥村还有很多想法，要继续开发特色产业,实现种养平衡,希望成立蔬菜种植、食品加工企业来发展集体经济,还计划沿大溪河开发护理,逐步形成景观、发展旅游。有了之前的发展经验,金钟桥村的村民都相信,这条路会越走越好。

扶贫政策,以金融方式进行产业扶贫

想要像金钟桥村这样以产业为支撑实现发展,可能会再添一份助力——浏阳精准扶贫将以金融方式进行产业扶贫。

按计划,浏阳在2016年对建档立卡贫困农户和带动贫困农户共同致富的扶贫经济组织(农业企业、农民专业合作社、家庭农场和专业大户),投放金融产业扶贫贷款规模达4000万元,以后每年新增贷款30%以上。

对全市所有建档立卡贫困农户评级授信,凡建档立卡贫困农户,经评级授信后可获得1万~5万元的小额信用贷款。扶贫经济组织落实相关风险控制措施后,并与贫困农户签订帮扶协议,可获得贷款支持。

通过农业产业化经营,扶贫经济组织通过自身信用或产业订单为联结的扶贫户担保,由农商行扩大授信额度,引导扶贫对象参与金融产业扶贫。

3.邢台县北店村满山果树,致富全村人

行走在漫山遍野的山林中,就好像进入了一个"绿色氧吧",清新的空气让人忍不住大口呼吸。慢慢爬上山顶远眺,层层水平沟种满了苹果树和板栗、核桃,到处郁郁葱葱。这里是邢台县宋家庄镇北店村,一个太行山区的小村落。群山环绕,全村仅450多人口,2014年总收入却达到1080万元,人均纯收入2.4万元,成为当地有名的富裕村。一个昔日的穷村、乱村缘何发展这样快?[①]

北店村地处太行山区,耕地稀少,人均不到一亩地。过去山里人靠天吃饭,经常"春种一片坡,秋收一小箩",日子过得紧紧巴巴。为了让贫瘠的土地养一方人,北店村从未放弃努力。

"靠山还得吃山。现实中,办法总比困难多。"村支书霍梅书告诉记者,从1993年开始,他们实施山区综合开发,在山沟里大量种植苹果、板栗、核桃等果树。既靠山吃山,又养山护山。目前,全村已经种植了1000余亩苹果园和7万多棵板栗、近2万棵核桃树,把原本荒凉的山冈全都披上了绿装。

"相比之下,苹果种植成为村里的主业。"霍梅书不无骄傲地说。在北店村,几乎每家每户都建起苹果园,多的十几亩,少的也有两三亩,正常年景,全村苹果产量可达150余万千克,按照4元钱一千克来算,仅苹果一项能收入600多万元。村民都靠种苹果树发了财。2014年,全村四

---

①资料来源:长城网,2015-7-22。

成以上农户收入达10万元以上。

4.种蓖麻加养蚕，山岭薄地每亩纯赚3000元

从部队退役之后，史晓辉回到位于鲁西北的乐陵市，被分配到市林业局工作。但他不安于现状，一直打算自己创业，想在农业上干点什么，做出点名堂来。经过多方打听考察，他了解到蓖麻耐瘠薄，好管理，而且种蓖麻投资较小。①

2014年春天，在一位朋友的介绍下，他来到乳山市，在午极镇下万口村承包了500亩山坡地种蓖麻，与出租方商定的承包价格是每亩每年400元。当年春天，他在这片瘠薄之地上播下了一粒粒蓖麻种子，10月份每亩收获了500斤蓖麻子，收入1250元。

虽然管理蓖麻没费多少工夫，但对于如此低的经济收入，史晓辉并不满意。他请来著名蓖麻育种和栽培专家、山东家祥蓖麻研究所研究员黄家祥作技术顾问。黄家祥帮他重新规划生产管理模式，把单一的蓖麻种植模式改为种蓖麻加上采蓖麻饲养蓖麻蚕的"种植+生产+饲养+加工"新模式，并建议他注册公司，成立专业合作社，为扩大生产经营规模构建一个良好的组织框架。

后来，史晓辉筹资注册成立了威海辉柯生物科技有限公司，流转土地面积扩大到2000亩，还投资200万元，建起了3000平方米的蓖麻蚕饲养车间及冷藏库；他又牵头成立了晓辉蓖麻种植专业合作社，动员附近的农户入社一起种植蓖麻。史晓辉说，2015年的运作采用的是一种新模式：公司有偿流转土地，再将土地按劳动生产能力无偿分配给社员种植；公司统一供应蓖麻种子、肥料和除草剂，统一播种，社员各自管理，公司统一收购产品。经济收入则由公司与社员（农户）按照五五分成。

蓖麻蚕1~3龄小蚕由公司繁育，3龄后分发给社员（农户），由社员采叶饲喂，蓖麻蚕作茧后，公司统一收购进行深加工。一年来的试验证明，一亩地的蓖麻在不影响蓖麻子产量的前提下，采叶可饲养四五盒蓖麻蚕。采用"种植+生产+饲养+加工"这种新模式之后，大幅度提高了经济效益，采收蓖麻子亩收入1250元；饲养蓖麻蚕四五盒，每盒收入700~800元，折合每亩收入3500元。上述种植加养殖两项，收入提升到每亩4750元。

采用"企业+基地+农户"这样的运作模式，真正实现了产业化，同时极大地调动了合作社社员们种蓖麻、养家蚕的积极性。合作社社员、午极镇下万口村村民王福强告诉农村大众报记者，他种植了16亩蓖麻，并用蓖麻叶养蚕，除了施肥、喷除草剂和雇人管理的费用，每亩纯收入3000多元。

史晓辉信心满满，打算3年内把蓖麻种植面积扩大到1万亩。

---

①资料来源：《农村大众》，2016-1-7。

5.油茶：精心"绣"出"致富花"

"邵阳县油茶产业标准化建设规模大、效果好、档次高,为全国油茶标准化基地建设树立了样板。"前不久,国家林业局科技司副司长、科技发展中心主任胡章翠,在调研邵阳县油茶标准化基地建设情况时对该县所取得的瞩目成绩赞不绝口。①

短短几年,邵阳县油茶产业依托标准化建设,不断追求卓越,实现跨越式发展,创造了一个又一个奇迹。目前,全县已建立油茶标准化示范基地2000亩,培育集中连片5000亩以上的油茶示范基地5个、集中连片1000亩以上油茶示范基地53个,发展油茶种植大户379户,组建油茶专业合作社37家,油茶生产从业人员达到35万余人。

油茶这朵"致富花",在邵阳县越开越艳。

要做就做得最好

"油茶林不是要经常除草么,怎么还长了这么多草?"在黄塘乡油茶新造林标准化示范基地,我们看到层层叠叠的梯田上,长势喜人的油茶树旁还长着丛丛青草,疑惑不解。

陪同的邵阳县油茶产业发展办公室副主任莫小勤不由哈哈大笑,解释说:"这就是标准化绿肥间种,一般选用百喜草、黑麦草、紫云英等。可别小瞧了它们的作用,到了冬天这些草枯萎了就成为绿肥,平时还是固土护坡的'守护神'呢!"

当然,最初推行油茶标准化建设时,习惯了人种天收的广大群众也十分不理解,在他们心目中,油茶是最好种的,超简单。对此,白仓镇油茶新造林标准化示范基地生产负责人吕春凤记忆犹新:"整地时挖垦深度标准50厘米以上,挖穴标准株距2.5米、行距3米、穴的长宽高70厘米,施基肥标准每穴施专用有机肥1至2千克……每一环节都有详细标准,大家嫌实施起来烦琐、耗资费力,纷纷说'没必要搞那么麻烦,又不是在绣花'。"吕春凤回答他们:"我们就是在绣花,绣一朵致富花!"

吕春凤回忆起一个小插曲。2014年3月,基地中70多岁的邓大爷家的一块地突然出现油茶幼树掉叶、枯死现象,调查结果让人哭笑不得,原来是在施肥时,邓大爷偷偷施了标准量的两倍以上,而且施肥距离近了一半。

实践证明,原来粗放式的栽培方式已远远不能适应油茶产业的长远发展。为了促使大家转变陈旧观念,尽快接受标准化栽培技术,邵阳县举办了5期油茶丰产栽培技术培训班,培训基层技术人员和群众500多人次。还免费发放《油茶栽培实用技术》《油茶实用技术博士问答》《油茶生产周年日程》《油茶丰产栽培技术表》等技术推广资料2200份(册)。专家手把手地讲解和传授、技术资料深入浅出地解说,使大家标准化意识显著增强,油茶标准化经营管理水平

---
① 资料来源:《湖南日报》,2015-9-20。

得到有效提升,为打造高品质茶油打下了坚实基础。

吃一堑,长一智。2014年10月对油茶林补植时,已对标准化栽培技术耳熟能详的邓大爷深有感触地说:"以前由于不相信标准化技术吃了大亏,现在一定要每一步都按照科学方法办事,要做就做得最好!"他还特意拿来卷尺,一丝不苟地测量着行距、株距,半点都不敢马虎。

邵阳县还创新了"清树木、清杂灌、清树枝、清萌条、挖林地、挖竹节沟、挖施肥沟、防虫、防病、合理施肥"的"四清、三挖、二防、一肥"油茶低改垦覆技术,完成油茶低产林改造14万亩。低改后产油量每亩达13.2千克,是低改前3.1千克的4.3倍。

目前,邵阳县油茶标准化栽培技术运用已蔚然成风,油茶产业标准化、规模化、机械化、精细化建设阔步走在全国前列,富民强县之路越拓越宽。

要闯就闯出"钱景"

邵阳县伤残退伍军人、黄塘乡油茶新造林标准化示范基地带头人周根生的"油茶梦"令闻者无不动容。从2009年发展1000亩油茶园起步,6年来,凭着坚韧不拔的闯劲,他历尽艰辛,将"油茶梦"越做越大,带动群众滚雪球般将油茶产业越滚越大,发展到13个乡镇场、新造1.2万亩油茶林,遍布34个村方圆数十里的30多个山头,其中有3000亩已挂果。他本人也脱胎换骨,完成了从"铁杆上访户"到"致富领路人"的完美转变。

"我是一个农民的儿子,我要抓住机遇带动群众闯出'钱景'!"他说。

为了真正让油茶产业发展壮大,让群众腰包鼓起来,邵阳县从政策规费减免、整合资金投入、争取项目建设、创建品牌重奖等方面全方位扶植,每年捆绑整合资金5000万元以上,力度空前。另外积极探索经营模式,"公司+基地+农户""大户承包"等经营模式相继出台,还引导农民成立"专业合作社",统一开发、统一管护、统一销售,发展壮大油茶基地。

周根生算了一笔经济账:标准化示范基地采取"公司+基地+农户""合作社+基地+农户"两种模式,公司、合作社与农民按六四进行收益分成,进入丰产期后按每亩产油50千克、油价每千克100元计算,农民每年每亩地可获取2000元。而且油茶是名副其实的"铁杆庄稼",一次种植,收益长达80余年。

如今,邵阳县流转至各企业主、造林大户和专业合作社的油茶林面积达20.8万亩,像周根生一样执着于"油茶梦"、将油茶产业不断发展壮大,带领群众发家致富的创业者大有人在。

在油茶深加工方面,邵阳县也成绩斐然,已培育出年产值过千万元的加工企业4家,正在兴建年加工过10万吨的加工企业1家,拥有"茶仔皇""瑞柏""宝庆桂芳"等一批油知名品牌。2015年3月，又落户总投资8亿元的全国最大油茶产业示范园——邵阳国家油茶产业示范园，将打造集交易、物流、科研、加工、博览、旅游观光等于一体，年茶籽交易量在100万吨以上、茶油大宗商品交易超100亿元的油茶产业"航母"。

坚持走油茶标准化建设道路，朝着《邵阳县80万亩油茶产业发展总体规划》描绘的宏伟蓝图昂然挺进，邵阳县一路拼搏，一路收获，先后捧得"全国油茶基地示范县""中国茶油之都""中国油茶之乡""'邵阳茶油'国家地理标志证明商标""'邵阳茶油'国家地理标志产品保护"等五个"国字号"品牌，自2010年以来连续5年跻身"湖南省油茶生产先进县"行列。

耕耘硕果满枝，未来任重道远。"我们不仅要把油茶做成一项产业，还要打造成一道靓丽的风景！"县委书记蒋伟说。

结合生态养殖、休闲旅游等新兴项目，做活油茶产业文章，走立体发展、多元发展之路，实现油茶金色梦想已指日可待。

6.荒山种植核桃致富不是梦

35亩荒山种核桃，致富曾是奢望；山多路远、资源匮乏，想要发家致富十分困难。王国明的家乡朝天区，恰好两样都占了。 和贫穷斗争，耗尽了王国明半辈子的心力。2015年，王国明已经55岁，自家承包有37亩土地。十几年前，只有嘉陵江滩边那2亩地可以种种油菜、玉米、小麦或水稻，其余35亩全是山地，种不了庄稼，索性荒着。全家扑在2亩地上，却要在每年开春四处借贷。[1]

其实，自家山上并不是啥都不产，那几株说不清年岁的核桃树每年还能换个油盐酱醋的开销。"每年结了核桃，我老汉就背到街上卖掉。"王云伟说，小时候最盼望的就是核桃树结果的季节，因为那个时候母亲总会在他的碗里多埋几个荷包蛋。

1999年，朝天区被纳入第一批退耕还林区域。朝天区林业和园林局局长王全发回忆，当时农户听说退耕可以领补贴，争先恐后前来领树苗。

2000年，18岁的王云伟和父亲领了每亩每年210元的补贴后兴奋不已。一个春季下来，35亩山地种满了核桃树。王国明盘算：照山上那几棵老核桃树的产量推算，三年里，自家就可以盖上楼房，还有钱给儿子娶上媳妇。

没想到，由于品种落后等因素，他们的核桃林成了村里的笑话。到2005年，王国明父子在核桃林的投入超过5万元，累计卖出的核桃却不过1万元。"还不如不种呢，别人栽几棵松树就跑出去打工赚钱了。"面对王云伟的抱怨，王国明内心也十分焦灼。

拿着第一轮退耕还林补贴，王国明家不再挨饿。然而，过上好日子还只能是个奢望。

---

[1]资料来源：371种养致富网，2015-3-10。

一个区的产业选择：全域种植核桃，改变"山青人不富"

退耕还林工作启动后，生态效益很快凸显。朝天区林业和园林局给出的数据显示：截至2006年，全区新增林业用地12.2万亩，森林覆盖率提高了5个百分点达到59.3%；退耕还林地泥沙流失量较1999年减少30%，360平方千米水土流失区得到彻底治理。全区累计创建省级生态乡镇13个，打造了一批绿色小康村、绿色小康户，2012年，朝天区还获得了"全国生态文明先进县区"等多项荣誉。

然而，一大矛盾显得更为突出：一边是退耕还林"稳得住、不反弹"的要求，一边则是广大农户脱贫致富的渴望。面对着"山青人不富"的状况，区林业和园林局开展了多次低产林提质增效改造，全区还林地中有5.2万亩改成了在朝天有着悠久种植历史的核桃。该局产业办主任孙亮做过统计，这些核桃林涉及3.9万户退耕农民共15.7万人，占全区农户总数的77%、农业人口的83%。孙亮还牵头做了一次全区摸底调查：当地旧有的核桃品种老化，种植10年后才能进入丰产期；进入丰产期的核桃坐果率极低，一半果子落在地上；核桃林下空间利用率低，农户在种植初期收益率极低。王国明父子正是其中代表。"核桃的特点是前期投入太大。根据不同的品种，核桃从种植到丰产可能需要三到五年或者更长的时间。"王全发说，这期间，必须靠发展林下种养来增加农户收益。

一个产品的升级走向：提高核桃质量，促农脱贫致富

首先进行的是改良品种。朝天区建立起区、乡、村、组四级技术服务网络，对农户定期开展技术培训。当地制定了栽培技术规程，探索出方块模型芽接技术，选育出3个省级优良品种，完成4.2万亩核桃林良种改造，使得全区良种化率达70%，投产期缩短到6年，单株产量由6千克增加到12千克。为增加种植初期收益，当地在核桃林下推行"林+药""林+菜""林+禽"的工作随之在全区展开，鼓励农户利用林下空间，种植中药材、蔬菜，养殖山羊、鸡。朝天区林果科研所还推出主治核桃落果的技术，在种植面积几乎没有改变的情况下，当地核桃年产量从3600吨增加到5500吨。在确保核桃质量方面，朝天区又首创核桃产品质量安全追溯体系，实现"产地准出、市场准入、实时监控"的区、乡、村三级农产品质量安全监管网络全覆盖。2006年，王国明父子决定再赌一次，拿出3万元，完成65亩核桃林的改造，还买来30只山羊和500只鸡。2012年，核桃结出"金元宝"的日子终于到来。当年丰产期，30亩核桃林产出核桃6000千克，以当时的收购价每千克16元算，收入9万多元。此后，王国明父子每年种植核桃的收入都在10万元以上。陕西农户也前来"取经"。王氏父子成了朝天区的种植大户，产生巨大带动效应。截至2014年底，朝天区核桃种植规模已达35.5万亩、875万株，建成万亩基地乡镇12个、千亩核桃专业村110个、百亩核桃生产大户600户，实现产值13亿元。

7.利州：深加工助农增收近4.5亿元

2015年3月6日，广元市利州区大石工业园区，天湟山核桃食品有限公司的生产线上，一盒盒核桃饮品被装箱入库。第二天，它们将被摆上广元、成都等各大超市货架。该公司总经理彭经平介绍，目前公司日产核桃制品超过100吨，春节复工后，生产线更是处于满负荷运转状态。"酒香不怕巷子深，是好东西就能卖得出去。"彭经平的话中充满自信。

筑巢引凤校企合作攻破核桃深加工技术

这家企业，自信从何而来？广元市利州区林业和园林局局长陶传章认为，要让一个小小的核桃卖出效益，就应该重视科技和质量，发展深加工，延长产业链，做出特色和品牌。"利州区在这方面提供了一系列支持。"

"整个利州区的核桃龙头企业的自信就来自于这里。"陶传章拿出一份两年前的文件。这份利州区2013年3月出台的文件，将核桃产业列为特色优势产业之一。文件明确，凡对核桃科技研究有重大贡献，均论功行赏。

不仅如此，为突破核桃加工的技术性难题，早在2008年，利州区就已与中国科学院成都生物研究所等机构合作，组建了多个研发小组。2014年5月，校企合作结出硕果：中科院成都生物研究所和利州区某核桃加工企业所申报的"一种母乳化核桃乳及其制备方法"发明创造获得国家专利。

长期研究核桃繁殖的四川农业大学教授肖千文说，仅是此前利州方面研发的"独特母乳化核桃乳制备方法"，就能让核桃乳产品中多项指标等于或高于母乳成分。

多年筑巢引凤让利州区核桃龙头企业获益颇大——目前，已形成4个核桃制品品牌与50多个系列产品。

规模+品牌，森林食品基地降低风险确保增收

有了过硬的技术，如何降低生产前端风险，顺利打开后端销路同样不可轻视。规模+品牌，这是利州区给的出路。"在当地，农户出售刚采收的核桃约40元每千克，每亩最高产量200千克，能卖8000元。但是种植核桃投入太高，很难很快看得见收益。"省林业厅产业处处长童伟说，这样的支出，只有一定经济实力的经营主体才能承担。"有了规模，则有利于降低种植风险。"

要品牌，是为了打开销路。2013年，天湟山核桃食品有限公司所在的核桃种植基地被省林业厅认定为森林食品基地。"这个称号很珍贵，要求很高，四川每年也就认定40个，总面积不到10万亩。"省林业厅科技处处长周古鹏介绍，拿到认证让该公司核桃饮品大受欢迎，目前已进驻广元本地90%的超市，并成功进军成都市场。"一吨核桃饮品售价为1.2万元，需要160千克核桃，成本2400元，抛开其他加工成本，能赚1800元。"天湟山核桃食品有限公司董事长王少勇介绍，"利州区共产1.4万吨核桃，大概能增加4亿元以上的利润。"

更为关键的是，自当地开展核桃加工以来，核桃售价"翻筋斗"似地往上涨，2008年核桃只卖8元每千克，如今价格已经增了4倍。仅此一项，利州区当地农户增收近4.5亿元。

2.1.6 经济林参考资料

1.书目

[1]肖辉.北方常见果树水肥管理及生理病害防治[M].天津：天津科技翻译出版公司，2009.

[2]王立新.经济林栽培[M].北京：中国林业出版社，2003.

[3]王立新，王法格.50种经济林果丰产栽培技术[M].北京：中国农业出版社，2014.

[4]刘加云.枣庄市主要经济林树种无公害生产技术规程[M].北京：中国林业出版社，2015.

2.网站

1) 经济林科技网 http://www.jjlkj.org。

2) 中国经济林信息网 http//jjlxx.forestry.gov.cn。

2.2 种苗种植

目前，我国绿化苗木种植行业的生产经营存在一定的区域性，不同区域所经营的优势品种存在差异，苗木的跨区域销售以"新、特、奇、优"特色品种为主。从全国范围来看，绿化苗木行业内的竞争主要体现在以同一产销区域内的企业竞争为主。我国绿化苗木种植业的发展存在区域不平衡，不同省份之间由于起步时间不同产业化发展水平、规模有较大差异，目前，我国形成了绿化苗木种植业的四大主要产销中心：一是以浙江、江苏为主要生产区域，其主要市场为长江三角洲地区；二是以河南、山东为主要生产区域，其主要市场为北京、天津地区；三是以广东、福建为主要生产区域，其主要市场为珠江三角洲地区；四是以四川、江西、云南为主要生产区域，其主要市场为西南地区。[①]

2.2.1 种苗简介

种苗就是指种子播种发芽后，一般生长到2对真叶，以长到丰满盘为标准，到适合移植到其他环境生长幼小植株。一二年生花卉种苗是指种子在穴盘中发芽后，一般生长到一个月左右，以长到丰满盘为标准，到适合移植到其他容器中生长这一阶段的苗子。

种苗一般有单茎植物，还有嫁接类植物，就是指嫁接后育出的种苗成形，还有通过组织培养形成的种苗。

种子、种苗和植物材料都应获得有机认证。在没有有机种子、种苗的情况下可选用未

---

① 资料来源：http://news.yuanlin.com/detail/20141016/198056.htm。

经禁用物质处理过的常规种子或种苗。所选择的作物种类及品种应适应当地的土壤和气候特点，对病虫害有抗性。在品种的选择上要充分考虑基因多样性。不允许使用任何通过基因工程获得的种子、花粉或种苗等。

2.2.2 种苗分类

种苗的分类非常广泛，常见的有下面几种。

1）花卉类种苗：红掌、凤梨、白掌、蔓绿绒、龙血树、也门铁、竹芋、合果芋等。

2）苗木类种苗：落叶乔木、常绿乔木、观花乔木、落叶灌木、常绿灌木、观花灌木、棕榈科种苗、名贵苗木等。

3）蔬菜类种苗：包菜、花菜、白菜、芹菜等。

4）水生类种苗：荷花苗、芦苇苗、荷花种植、芦苇种植、香蒲苗、茭白苗、水葱泽泻、睡莲水竹等。

5）药材类种苗：丹参、白术、桔梗、白芷、红花、菊花、生地、黄芪、黄芩、玄参、花粉。

种苗是优质花卉生产的基础，种苗生产对花卉产业的生产发展、装饰应用、经济效益都有举足轻重的作用。花卉种苗生产的纯度、质量、数量及生产性辅料的使用，都将直接影响花卉生产的产量、质量、效益、环保，以及可持续发展等一系列问题。在许多情况下花卉种苗生产状况直接影响花卉的装饰美化效果和产业的经济效益。花卉种苗生产的规模和技术水平在一定程度上反映了整个国家或地区花卉产业的发展水平。

2.2.3 未来的趋势

1）加快花卉新品种选育。运用现代育种技术生产花卉的杂种优势的F1代"杂交种子"；保优提纯生产"自交种子"；研究人工种子等。

2）育苗技术现代化。组培苗和容器育苗等现代化育苗设施在花卉生产中广泛应用，大大扩展了花卉种苗生产的规模。在生产作业中，实现田间作业的自动化，利用电脑环控自动化温室调节温度、湿度、光照等生长条件。

3）运作市场化和社会化。

4）品牌国际化。

2.2.4 种苗培育例子

1. 小树苗敲开致富门

宁夏民惠农林科技有限公司是一家集生态经济林种植、苗木培育和销售、示范种植、林业技术服务为一体的现代化农林公司，成立于2009年。2011年时，公司从外省引进10亩美国竹柳扦插苗试种，当年成活率达90%以上。2012年，通过平茬苗剪截成扦插苗自繁自育的技术，使美国竹柳种植面积增加到300亩。并依托苗木合作社优势，建立"公司+合作社+农户"三位一体模式，带领农民共同致富。截至目前，公司下设17个农林专业合作社，社员达400余户，美国竹柳种植面积达2200余亩。同时，公司还为孤寡病残困难户免费提供树苗、地膜、化肥，帮他们走出生活困境。[1]

穆义秀是原州区三营镇新三营村村民，多年来一直从事肉食加工生意，商品销往宁夏、河南等地。一次，给客户何文江送货时，了解到何文江近几年通过种植美国竹柳获得很大收益，52岁的穆义秀心里就有了打算。2014年4月，穆义秀在原州区头营镇穆滩村以每亩260元，租了15.5亩土地，一次性投入17.5万元，开始种植美国竹柳，同时，还雇用8人给树苗抹芽、放水。现在，树苗已长到3米多高。"2015年3月，就可以出售了，除去成本，预计可以纯收入20多万元。"穆义秀笑着说，"如果收益和自己算的差不多，还想再种10亩。"

虽然是冬季，但在通往头营镇、三营镇、黄铎堡镇的公路两旁，成片的美国竹柳迸发着蓬勃向上的气息，预示着百姓的生活更加有奔头。

2. 抱团种树苗致富

2015年1月16日，甘肃省宁县春荣丽景苗木栽植农民专业合作社理事长宋升印，在山地油松苗圃查看定植油松苗林越冬生长情况。[2]

2012年6月，宋升印注册资金1000万元，登记成立了"宁县春荣丽景苗木栽植农民专业合作社"，带领村民发展优质苗木致富。经过近3年发展，目前合作社有社员512户、优质苗林生产基地1.5421万亩，有油松、雪松、樟子松、侧柏、国槐、垂柳等苗木32种，已向北京、河北、内蒙古、青海、山西等地出售各类苗木600万余株，实现经济收入1200万余元。

2.2.5 苗木书籍网站推荐

1. 书目

[1]吴志明.园林苗木生产与园林绿地养护[M].重庆：西南师范大学出版社，2009.

---

[1]资料来源：《扬子晚报》，2015-2-10。

[2]资料来源：《中国绿色时报》，2015-1-27。

[2]魏岩.园林苗木生产与经营[M].北京:科学出版社,2012.

[3]魏坤峰.大型苗木移植与盐碱地绿化[M].北京:中国林业出版社,2015.

2.网站

1)今日苗木网http://www.cx987.cn。

2)第一苗木站http://www.miaomuzhan.com。

3)中国苗木网http://www.miaomu.com。

4)苗木网http://www.597mm.com。

2.3 花卉种植

中国拥有独特的气候、地形、环境条件,花卉资源异常丰富,悠久的花卉栽培历史积累了丰厚的花卉文化底蕴,花卉生产正逐渐向规模化、专业化方向发展,国内花卉消费市场空间巨大,而且,中国政府部门和花卉相关行业组织均高度重视和支持花卉产业的发展,出台并执行了一系列有利于花卉生产和贸易的政策。在这种有利环境下,中国的花卉产业发展具有良好的前景。

2.3.1 花卉行业简介

狭义的花卉是指有观赏价值的草本植物,如凤仙、菊花、一串红、鸡冠花等;广义的花卉除有观赏价值的草本植物外,还包括草本或木本的地被植物、花灌木、开花乔木及盆景等,如麦冬类、景天类、丛生福禄考等地被植物,梅花、桃花、月季、山茶等乔木及花灌木等。

此外,分布于南方地区的高大乔木和灌木,移至北方寒冷地区,只能做温室盆栽观赏,如白兰、印度橡皮树,以及棕榈植物等也被列入广义花卉之内。

根据国家统计局制定的《国民经济行业分类与代码》,花卉行业包括花卉的种植(A0122)和其他园艺作物的种植(A0123),详见表2.1。花卉行业主要产品包括两类:花卉的种植和其他园艺作物的种植。

表2.1 花卉行业产品种类

花卉行业	主要内容	主要品种
花卉的种植	各种鲜花和鲜花蓓蕾的种植。	切花切叶(鲜花、鲜切叶、鲜切枝);种子用花卉;食用与药用花卉;种苗用花卉;种球用花卉;干燥花等
其他园艺作物的种植	盆栽观赏花木、工艺盆景等;用于装饰等目的的植物的种植等的种植	盆栽植物类(盆栽植物、盆景、花坛植物);观赏苗木;工业及其他用途花卉;草坪等

2.3.2 花卉种植的环境条件

从自己的实际情况出发，先考察自己当地的地理环境是不是适合种植花卉，以及适合种植什么花卉，还有看当地什么花卉比较热销，前提条件充足了再考虑花卉基地，不要盲目。

日常生活中要栽培花卉，就要选择适合栽培花卉的环境条件，因为花卉的生长发育与环境条件有着至关重要的关系。要想把栽培的花卉培育得枝繁叶茂、花香醉人，就要熟悉花卉不同的生态习性，更要为花卉挑选适合的生长环境条件，要做到温度、光照、水分、土壤、肥料、防病、防虫害一个都不能少。

2.3.3 栽培花卉技术

温度要适合花卉生长发育的范围，温度过低过高都会造成花卉生长发育不良，甚至不能开花结果或枯萎。例如，在湖南一带，要培育热带花卉或本地的花卉，就必须在冬季做好防冻工作，室温不可低于12℃。要是培育热带花卉，室内温度就要在5～10℃。种植抗寒花卉不需要防寒，像梅花、蜡梅等就不怕霜寒。光照是花卉必备生长条件之一。不同花卉对光照有不一样的要求。有的花喜阴（如吊兰），而有的花喜阳（如太阳花、牡丹），有的花阴阳都喜欢（如月季）。所以根据花的不同习性，喜阴的就必须放阴处，而喜阳的就必须要光照。

水分也是花卉进行光合作用的必备条件之一，土壤中的营养需要水分的溶解才有利于花卉吸收。盆栽的花卉必须经常浇水，而种在土壤的花卉两到三天浇一次即可。要是在高温时节，水分蒸发快，那就必须早晚各浇一次，但高温时节不可在中午太阳光下浇水。到了秋后，浇水可适量减少，可在上午进行。而到了冬季可一个多星期浇一次，但在中午进行为好。

土壤是适合花卉生长的基础条件之一。黄泥土壤跟黏泥土壤都不太适合种植花卉。

对于盆栽的花卉必须选用土壤疏松的土质，这样对排水和根的透气性都比较好，更利于花卉对营养的吸收。

肥料有两种，一种是有机肥，另一种是无机肥。施肥也有两种，一种是底肥，另一种是追肥。当使用栽植或换盆的时候要用底肥，在生长中时可用化肥或有机肥追肥。施肥的时候肥料要腐熟，不要在花开后再施，也不要直接浇在叶片和根茎上，追肥必须要稀释。

在花卉中常见的虫害有红色蜘蛛和蚜虫。要注意通风，增加空气湿度。花卉有病害时，会有真菌、病毒、细菌和蚊虫所引起的病害。当病害发生以后就要隔离治疗，防止蔓延其他花卉。

2.3.4 花卉行业发展环境分析

花卉行业主要监管体制包括"三司一会",即农业部种植业管理司、国家林业局植树造林司、住房和城乡建设部城市建设司和中国花卉协会(见表2.2)。

表2.2 花卉行业主要监管体制

监管机构	监管定位	主要职责
农业部种植业管理司	我国花卉行业的主管部门,侧重行业总体	花卉行业的行政管理;研究提出花卉行业发展战略,指导花卉行业结构和布局的调整;起草有关花卉行业的法律、法规、规章,组织拟定花卉行业有关标准和技术规范,主管花卉行业植物检疫工作,并监督实施等
国家林业局植树造林司	我国花卉行业的主管部门,侧重林木方面	组织拟定全国林业花卉建设方面的方针、政策、法规、规程、标准并监督执行;指导商品林(包括用材林、经济林、竹林)、花卉的建设;指导林木种苗工作和林木种苗基地建设与管理;指导各类林业(含花卉)基地建设;指导中国花卉协会、林业花卉协会的工作
住房和城乡建设部城市建设司	我国园林绿化工程业务方面的主管部门	研究拟定城市建设和市政公用事业的发展战略、中长期规划、改革措施、规章;指导城市供水节水、燃气、热力、市政设施、公共客运、园林、市容和环卫工作;指导城市规划区的绿化工作;指导城市规划区内生物多样性工作等
中国花卉协会	全国性的花卉行业自律组织	目前已经建立了月季、茶花、兰花、桂花、荷花、杜鹃花、牡丹芍药、梅花蜡梅、蕨类植物、零售业、盆栽植物十一个分会,以及花卉产业化促进委员会和花文化委员会两个专业委员会

为了促进我国花卉产业发展,从国家到地方出台了一系列的花卉产业发展规划(见表2.3),为花卉行业发展指明了方向,推动了我国花卉产业快速健康发展。

表2.3 花卉行业主要发展规划

发布等级	发展规划	发布时间	主要内容
国家级发展规划	《全国花卉产业发展规划》	2012年6月	提出了我国花卉产业发展的指导思想、基本原则、发展目标、发展战略和建设重点，是未来10年我国花卉产业发展的重要指导性文件
	《全国林木种苗发展规划》	2010年11月	旨在大幅度提升我国林木种子基地供种能力和造林良种使用率，为现代林业建设提供"数量充足、质量优良、品种对路、结构合理"的林木种苗
	《生物产业发展"十二五"规划》	2010年7月	生物农业被提到了第一位，加快农业科技创新部分明确提到了加快农业生物育种创新和推广应用，开发具有重要应用价值和自主知识产权的生物新品种，做大做强现代种业
主要省市发展规划	《云南省花卉产业发展规划》	2003年12月	该规划分近期（2007年）、中期（2010年）和长期（2020年）三个时段提出云南花卉产业发展思路、目标、重点和区域布局，以及实现目标的对策措施
	《昆明市生物资源产业"十二五"发展规划》	2010年9月	对昆明市花卉产业提出的总体目标：用10年时间，建立起优势明显、特点突出、功能完善、运行高效的昆明花卉产业体系；重点建成花卉产业五大支柱，即国际特优花卉生产基地、国际花卉贸易物流港、国际花卉种子工程中心（含种子、种苗、种球）、国际花卉产业技术研发博览园、国际花卉产业管理与综合服务平台；使昆明市成为主掌云南、引领全国、驱动亚洲、影响全球的国际花都
	《广西花卉产业"十二五"发展规划》	2011年7月	明确把花卉产业列为广西农业产业"十二五"发展规划"339工程"中9个百亿元优先重点发展产业之一，计划在5年内，建成4个花卉产业片区、8大花卉特色园区，使全区花卉产业的规模、质量、效益达到我国南方花卉强省水平，成为中国—东盟国际花卉展示、贸易集散中心
	《广东省花卉产业"十二五"发展规划》	2011年8月	明确在"十二五"期间，广东将充分利用区位自然条件，加速发展在全国具有领先优势的盆栽植物、热带和亚热带观赏苗木、花卉种苗以及冬春季的鲜切花产业，进一步优化品种结构，并继续壮大佛山陈村花卉世界、广州芳村花卉博览园、中山南方绿博园、翁源兰花专业镇等新老园区，通过园区集群式发展，加固广东花卉业在全国的影响力。到"十二五"末，实现全省花卉种植面积6.7万公顷，销售额150亿元，出口创汇1.2亿美元的目标
	《辽宁省林业产业振兴规划》	2010年2月	该规划对林木培育业、种苗花卉业、经济林及果材林培育业、森林中药材培育业、森林食品培育业、野生动物驯养繁殖业、木质及非木质加工业和森林生态旅游业均提出了相关规划和要求
	《山东省苗木花卉产业振兴规划》	2010年8月	该规划提出，大力发展具有地方特色、高附加值的苗木花卉，形成特色基地，培育具有较大影响力的区域品牌、产品品牌和企业品牌，形成"一县一类、一镇一种、一村一品"的特色产业格局

2.3.5 花卉行业产业链分析

花卉产业链是指花卉经济活动中的各产业依据前、后向的关联关系组成的产业链。这种产业链模式：花卉产品和生产技术研发→花卉技术、花卉肥料和花卉农药提供→花卉种植→花卉产品加工→花卉产品销售。

2.3.6 花卉行业发展状况分析

截至2012年，我国花卉企业共有4.3万家，从业人员463万人，而花卉行业销售收入为1207.7亿元，企业平均销售收入仅为280万元，从业人员人均创收为2.6万元。花卉行业整体处于比较低的水平，亟须通过产业集聚提高花卉企业的经营规模和经营效益。

如何抵御经济周期的波动、开拓国内和国际市场，如何推动行业发展促进花农增收，成为国内花卉产业发展的主要问题，花卉产业发展模式亟须转变。具体内容详见前瞻产业研究院发布的《2014~2018年中国花卉行业产销需求与投资预测分析报告》。

2.3.7 花卉行业知名企业

1.国际花卉行业领先企业

1）荷兰好莱仕鲜花公司（Holex Flower）。

2）荷兰安祖公司（Anthura BV）。

3）美国博尔园艺公司（Ball Horticultural）。

4）日本河野大花蕙兰育种株式会社（Kawano Mericlone）。

2.中国花卉行业领先企业

1）昆明斗南花卉有限公司。

2）云南丽都花卉发展有限公司。

3）云南玉溪明珠花卉股份有限公司。

4）昆明锦苑花卉产业有限责任公司。

5）武汉林业集团有限公司。

6）山东东方花卉有限责任公司。

7）沭阳县苏北花卉有限公司。

8）中国连城兰花有限公司。

9）广东陈村花卉世界有限公司。

10）浙江滕头园林股份有限公司。

2.3.8 花卉种植典型案例

1.林下开出金银花，农民不怕没钱花

广西忻城县是典型的喀斯特石漠化地区，有"九分石头一分土"之称，如忻城县的北更乡，曾被许多中外专家认定为"不具备人类生存条件的地方"。多年来，忻城县孜孜不倦地探索和实践，通过退耕还林、石漠化治理和集体林权制度改革，引导农民在石漠化地区发展"桑树+金银花""任豆+金银花"等林下经济模式，走出了一条社会经济得发展、石漠化得治理、生态安全得保护、农民收入得增加的成功之路。

解放思想，树立典型

"九山半水半分田，养猪种谷不赚钱。山多石多耕地少，媳妇不愿来落脚。"这首凄凉的小曲真实地反映了忻城人生活的无奈，也是禁锢当地农民解放思想的枷锁。面对喀斯特地区恶劣的生存环境，县委、县政府决定以解放农民思想，树立石漠化地区也能脱贫致富的意识为突破口，通过请有关专家讲课、进村入户讲解政策、印发宣传资料、张贴标语等形式广泛宣传，让农民群众认识到实施退耕还林和石漠化治理，结合林下种植金银花是摆脱贫困的有效途径，是遏制穷山恶水、发家致富的有效方法。同时每年县财政投入50万元以上用于种苗的补助、建立多个典型样板片，让农民群众看见真实的致富路，树立农民发展林下种植金银花的信心。忻城县红渡镇三合村宁上屯是广西石漠化试点工程、国家退耕还林工程选定示范点之一，多年来种下1200多亩任豆、桑树，建成了千亩绿色长廊，同时在任豆、桑树树下套种了400多亩金银花，农民户均收入3000元。创造出一个以短养长的好模式，被称为"石头上面种杂优"。在示范点的影响和带动下，村民们纷纷进行林下种金银花，种植面积一年比一年多。

分山到户，热情高涨

忻城县属石山地区，很多石山是集体山，多年来一直没有分山到户，产权不明晰。山上树木少，无人管护，石漠化程度较高。自全面开展集体林权制度改革以来，农户分到了林地，有了产权、经营权、收益权，发展林下经济热情高涨，他们纷纷到自己的林地上植树造林，并在林下套种金银花。忻城县及时出台政策，投入资金扶持解决农民的种植林木和金银花苗木问题。截至2011年上半年，全县石山造林面积5350亩，其中林下种植金银花面积3650亩，同比增长11%。其中，分山到户的北更乡，现今林下种植金银花2300亩，是多年林下种植金银花面积的50%。

政策扶持，技术支撑

忻城县人民政府出台了《金银花生产奖励办法》，不断提高广大群众种植金银花的积

极性。为了解决制约金银花产业发展的技术"瓶颈"难题，忻城县先后编制了《金银花培育技术规程》等7个金银花地方标准。同时邀请广西农业职业技术学院、广西大学和忻城县科技局的专家展开金银花主要病虫害种类调查、攻关防治技术研究、金银花花期调节研究等，极大提高了花农种植金银花的经济效益。通过对品种选育，进行早、中、晚熟品种搭配延长花期，提高了金银花产量和质量。林业、科技、农业、扶贫等单位派出技术员、聘请技术专家，重点对乡镇村干部及示范户进行金银花种植技术强化培训，并在种植－管护－摘花－加工中全程对花农们指导，几年来，举办村以上农村培训班813期，培训农民5万多人次，全县金银花种植户中有85%以上的农民基本掌握了科学种植技术。

加工产品，产销两旺

为了提高金银花附加值，扩大销路，推动金银花产业持续发展，忻城县科技局组织考察研究鲜金银花产品加工项目，引进了一套加工设备及相应的生产工艺技术，试产成功且产品质量、产量均达到了设计要求，后又引进3台设备，分别在北更乡、遂意乡、红渡镇创办了3个加工厂，逐步解决了全县金银花产品加工问题。该工艺技术处于中国领先水平，经脱水加工的金银花产品质量上乘，具有金银花新鲜时的色泽和香味。2010年，金银花脱水加工生产线已增加到5条，日处理鲜花能力达15吨。脱水金银花是制药和花茶的优质原料，产品俏销国内外，市场前景更加广阔。

建立地标，打造品牌

忻城县积极申请金银花原产地保护，2007年获得了国家地理标志产品保护，为忻城县地理标志产品保护提供了配套的技术标准，为忻城县培育、保护和开发忻城地方特色品牌，规范忻城金银花的标准化生产方面迈出了新的一步。忻城县积极开发生产"八寨"牌金银花茶、金银花露等相关产品，打出了自己的品牌，并通过举办金银花节，吸引区内外客商前来考察、洽谈合作，提高了知名度，进一步拓宽了销路。

绿了荒山，富了农民

经过几年的努力培养，忻城县的金银花产业已基本形成，成为广西的"金银花之乡"。目前，全县种植金银花总面积10.6万亩，金银花干花产量达800多吨、产值5000万元。全县林下种植金银花面积1.3万亩，金银花干花产量90多吨、产值540万元。种植户年均收入1700元，山区大部分农户依靠种植金银花甩掉了贫困的帽子。曾被联合国粮食署官员称为"不适宜人类居住的地方"的北更乡，林下种植金银花4700亩，年产鲜花16.45吨，产值达19多万元。农民都说"林下开出金银花，再也不怕没钱花"。忻城县森林覆盖率由2000年的30.6%，增长到2010年的56.2%。农民高兴地唱道："任豆树下金银花，治了环境又发家，先摘花来后收树，石头山上能致富。"

2.龙山花木盆景年销售1800万,成农民致富新路

2016年12月10日,从龙山县花木盆景研究协会了解到,协会现建有苗木基地833亩,年销售收入1800余万元,为当地农民铺就致富新路。盆景研究会于2013年被省科协评为全省先进专业协会,理事长梁小波、副理事长魏义仲多次被县政府评为"科技致富带头人"称号,张太春等10户会员被评为"双文明户"。[①]

龙山县花木盆景研究协会由县农业局高级农艺师刘功艾等五人发起,始建于1988年10月。盆景研究协会一班人针对此种情况,组建了三套班子针对盆景开发进科普宣传,形成生产发展销售倍增的格局。

近三年,盆景研究会主要采取以下三种方式对会员和农户进行科普宣传和技术服务,第一,成立了科普服务站,实行"三卡"服务,即会员和农户登记卡、技术服务个性卡、会员和农户信息反馈卡。第二,举办培训班,每年举办四次培训班,分别由张太春、罗元主授课。在培训方式上采取课堂传授和现场讲解相结合,从而使会员和农户学有所获,达到事半功倍的效果。第三,利用盆景科普示范基地向会员和农户传授盆景生产技术。由于花木盆景品种类别繁多,造型千姿百态,是一门颇深的学问,请专家和农户到基地现场授课和演示。随着花木盆景市场的波动,在充分挖掘本土资源的基础上,从四川、重庆等省(市)引进了罗汉松、榕树、黑松等40余个品种,繁育近600万株。从重庆、四川等省(市)引进了金弹子葫芦果、灯笼果、血红果枝条进行嫁接,嫁接成功后果实累累,景象夺人眼帘。为使该项嫁接技术被会员掌握,盆景研究会采取走出去请专家进来示范基地传教。2013年5月底,组织了18名技术骨干赴成都、重庆学习考察,吸收先进盆景制作新技术,此外,利用盆景科普示范基地进行嫁接演示教学。经过考察、实践和理论学习,百分之九十的会员掌握了盆选、育桩、栽桩、嫁接、造型、修剪、养护防病、命名、几架新技术。

3.花木上绽放农民致富梦

来到桂竹帽镇红豆花木场,只见8个花卉大棚比肩而立,颇为壮观;棚内红蜻蜓、山茶花、石斛兰、四方竹等几十种苗木抽绿吐翠,青翠欲滴。"2014年年底我到浙江金华参加全国苗木交易会,没想到带去参展的红蜻蜓一下子就被抢购一空,2015年的销路也不用愁了。"花木场场主汤耀坤望着满园春色,喜形于色。

汤耀坤原是村里的贫困户,如今成了全县的特色种养大户。"当时我家人口多、劳力少,家里仅靠种几分地维持生计,多亏政府引导扶持我种植兰花,才有了今天的好日子。"想当初汤耀坤很是感慨。1998年,在政府的引导扶持下,汤耀坤建起了桂竹兰园,主要依托当地山林资源培育野生兰花,妻子则养殖甲鱼。通过多年努力,夫妻俩闯出了一条种养致富路,北京、上海、

[①] 资料来源:走遍乡村,2016-2-9。

浙江等地的客商纷纷慕名前来订购他们的兰花和甲鱼。

起步后，汤耀坤走了一条特色发展之路，以乡土花卉苗木打市场。2014年4月，他注册成立了寻乌红豆花木场，在原有兰花品种为主的基础上，试验选育各种当地野生花卉苗木，开发出了红蜻蜓、山茶花、石斛兰、四方竹等60多个特色乡土花卉苗木新品种。如今，他已培育花卉苗木40余万株，总产值预计400余万元。"这些红蜻蜓、山茶花都是我从附近山上栽植过来的新品种，外面的市场上很难见到。常言道，物以稀为贵，种花也要讲究特色，这样才能在竞争激烈的市场中另辟蹊径。"

已脱贫致富的汤耀坤没有忘记政府的支持和乡亲的恩情，希望带动村民共同发展花卉苗木产业。他的想法跟该镇党委政府培养能人带动群众脱贫致富的计划不谋而合。该镇制定了支持花卉苗木、黄姜、葛根等特色产业发展的优惠政策，利用定点帮扶和产业扶持资金，鼓励一批能人发展特色种养，逐步形成"合作社+基地+农户"的现代农业发展模式，增强贫困户自身"造血"功能。如今已有10余户农户跟着汤耀坤栽培花卉苗木，他还计划在当地党委政府的支持下，增设花卉繁育大棚12个，打造一个面积达80亩的现代化花木基地，带领更多贫困户走上花木种植的致富路。

2.3.9 花卉种植实用书目和网站推介

1.书籍

[1]王文和.园林绿化技术工人职业技能培训教材·花卉栽培与管理[M].北京：化学工业出版社，2005.

[2]车代弟，倪沛，张兴.时尚花卉的种植与管理[M].哈尔滨：黑龙江科学技术出版社，2004.

[3]陈功楷，王立新.园林花木栽培、养护与应用[M].北京：中国农业出版社，2013.

[4]智利红，杨治国.花卉生产与经营[M].北京：高等教育出版社，2015.

[5]陈功楷，王立新.园林花木栽培、养护与应用[M].北京：中国农业出版社，2013.

[6]韦茂兔，沈福泉.花木病虫害防治图册[M].杭州：浙江科学技术出版社，2007.

[7]林焰.园林花木景观应用图册——灌木分册[M].北京：机械工业出版社，2014.

[8]林焰.园林花木景观应用图册——乔木分册[M].北京：机械工业出版社，2014.

[9]林焰.园林花木景观应用图册——草本分册[M].北京：机械工业出版社，2014.

[10]林焰.园林花木景观应用图册——棕竹藤分册[M].北京：机械工业出版社，2014.

2.网站

1）护花网 http://www.aihuhua.com。
2）中国花卉网 http://www.china-flower.com。
3）全球花木网 http://www.huamu.cn。
4）中国花木网http://www.cx987.cn。
5）花木信息网http://www.312168.com。

2.4 用材林种植

我国木材对外依存度接近50%，木材安全形势严峻；现有用材林中可采面积仅占13%，可采蓄积仅占23%，可利用资源少，大径材林木和珍贵用材树种更少，木材供需的结构性矛盾十分突出。

2.4.1 用材林简介

以生产木材为主要目的的林种。可分为一般用材林和专用用材林两种。前者指培育大径通用材种（主要是锯材）为主的森林；后者指专门培育某一材种的用材林，包括坑木林、纤维造纸林、胶合板材林等。

用材林以培育和提供木材或竹材为主要目的的森林，是林业中种类多、数量大、分布普遍、材质好，用途广的主要林种之一。可分为一般用材林和专用用材林两种。培育用材林总的目标是速生、丰产和优质。速生是缩短培育规定材种的年限；丰产指提高单位面积上的木材蓄积量和生长量；优质主要包括对干形（通直度、尖削度）、节疤（数量、大小）及材性（木材物理—力学特性、纤维素含量和特性）等方面的要求。集约经营用材林有可能缩短培育年限的一半，但仅在部分条件较好、生产潜力较大的林地上采用。对这部分集约经营的森林（以人工林为主）称为速生丰产用材林。经营速生丰产林的业务称为高产林业或种植园式林业。

用材林是以生产木材或竹材为主要经营目的的乔木林、竹林、疏林，主要有短轮伐期工业原料用材林、速生丰产用材林、一般用材林。其分布一般集中于中高山或深山区，多为原始林或次生林。用材林是森林采伐、森林加工工业发展的可靠保证和重要的木材、竹材供应基地。按其经营目的或用途不同。分为一般用树林，纤维用材林，人造板和纸浆用材林，锯材、坑木、枕木、矿柱和电柱等用材林。衡量用材林林分质量高低的重要指标有单位面积上立木蓄积量和出材率、材质、经济价值等。在中国，组成用材林的优势树种为针叶树的落叶松、云杉、冷杉、华山松、柏木、樟子松、油松、马尾松、云南松、杉木等，阔叶树中的樟木、楠木、水曲柳、胡桃楸、黄波罗、栎类、桦木、杨树、杂木等。

2.4.2 用材林树种选择原则

1.选择速生树种原则

选择用材的树种生长速度越快，相同时间内生产的木材量要多，出材时间相对较短，资金回笼自然快。此类树种如桃金娘科桉属植物、枫香、秋枫等。

2.选择材质好的树种

材质好的树种用途相对较广，以制作家具或某些特殊用材为主，但生长周期相对长些。此类树种如樟科的香樟、楠木、润楠等，杉科的杉木、云杉等，红豆杉、檀木等。

3.耐粗放管理和耐病虫害

此类树种主要便于管理，一次性栽植就可以到收获，只要不是有特殊要求的树种，大多都可耐粗放管理，且不容易患病虫害。

4.适应地方气候的树种

主要是根据各个地方的不同，包括海拔等，选择适应于当地气候的树种，也就是说被选择的树种应以本地植物为主，在本地植物中来选择适宜的用材植物。

2.4.3 人工商品用材林

人工商品用材林是以生产木材、薪炭及其他工业原料为主要经营目标的森林、林木和林地。它包括短轮伐期工业原料用材林、速生丰产用材林和一般用材林。

短轮伐期工业原料用材林是以生产纸浆及特殊工业用木质原料为目的，按照工业项目管理，采取集约经营、定向培育的森林、林木和林地。速生丰产用材林是通过使用良种壮苗和实施集约经营，缩短培育周期，获取最大经济效益，林分生长指标达到相应树种速生丰产林高价（行业）和地方标准的森林。一般用材林是以生产一般生产用材为主要目的的森林、林木和林地。

1.短轮伐期工业原料用材林经营

发展短轮伐期工业用材林是林业发展的客观需要，在一定程度上既可缓解国内木材供需矛盾，又可达到改善生态环境、保护国土生态安全的目的。

短轮伐期工业用原材料用材林包括纸浆原料林和人造纤维原料林。培育短轮伐期工业原料用材林，立地条件应满足造林地树种的适地适树要求，造林地应选择在交通便利，距离工业园区较近的地段。交通便利，距离较近，不仅便于经营管理，而且会降低经营成本。一般认为，以工业园区为中心，50千米为适宜发展区域。就运输而增加的原材料成本来讲，每增加运距20千米，原材料成本将会增加10%以上。

2. 速生丰产用材林经营

速生丰产用材林是培育一切人工用材林的共同目标。速生主要指林木以较快的速度生长，与树种特性及林木生长环境相关。丰产泛指单位面积的木材产量或生产力水平，既与林木生长速度相关，又与林分组成结构、密度、立地相关，更需以林木培育目标来衡量。从起源来看，人工林与天然林均可形成速生丰产林。从用途与功能看，具备速生与丰产特性的林分一般具有多样化的功能及使用用途。商品林及生态林均可为速生丰产林，人工林中的用材林、防护林、经济林、特种用途林及四旁植树亦可由速生丰产林组成。

我国速生丰产林的设计用途是木材原料，为人工林，定位是速生丰产用材林，可谓是狭义的速生丰产林。现有人工林的90%左右是为工业用材而营建的，通常具有速生、丰产的特性，可见，人工林的主体是狭义的速生丰产林，即速生丰产用材林。速生丰产林是指在自然条件和社会经济条件优越的城区，在生产力较高的林地上，通过选择经济价值较高的速生树种，采取高度集约经营，能够在较短期间内达到成林标准并获得较高产量的人工用材林。在人工林体系中，速生丰产用材林很自然地成为速生丰产林与人工用材林的交集。

树木的速生丰产首先取决于立地与树种的自然潜力，同时还与人工栽培技术水平紧密相关。对于不同生态区域、不同造林树种、不同培育水平而言，树木的生长过程与生长量各有差异。因此，速生丰产林具有相对性和动态性，其量化的表达存在一个数量范围，超过这个数量范围的下限才能算作速生丰产林。目前我国已经按地区、主要树种、材种目标制定了一批速生丰产标准。国家与地方速生丰产林标准的制订为我国速生丰产林的营建及数量与质量的评估提供了明确的指南。

3. 一般用材林经营

一般用材林按培育目的划分，可分为大径木林和中小径木林。通过集约经营，最终获得一定数量的大径材、中小径材和林副产品。一般应满足下面的几个要求。

在满足适地适树、适种源的条件下，与当地经济发展相结合，培育当地市场短缺材种的人工用材林。统筹兼顾、既要考虑当前经济发展的需要，又要兼顾当地经济发展的长远利益。

树种选择不仅要求具备丰产性，还应具备优质性。一般要求树干通直、圆满、分枝细小、自然整枝性好、抗逆性强。培育集成材，胶合板用材，不仅要求径级大，而且需要树干通直，结疤要少；矿柱材则要求顺纹抗压极限强度大；家具材则要求材质致密，纹理美观；大径材则要求材质坚韧、纹理通直、不易变形、容易加工、耐腐抗蛀。

适时进行抚育间伐，改善林分生长环境。抚育间伐一般适用下层抚育法，保留木选择应用五级法。在经营条件较好的地区，可采取单柱定向培育，在第一次抚育间伐时，确定出保留木和辅助木及砍伐木。

在立地条件较好的林地实行林粮间作、林药间作、林菜间作，复合经营，发展林地经济。利用山体或平原的垂直带间和水平带间气候、土壤、地貌的变化，配置最适宜的种植层次，以取得最大的经济生产力。

以用材为主，兼顾生态效益。通过营造混交林和幼林抚育、抚育间伐有目的地保留阔叶树种，形成人工诱导的针阔混交林。在适宜的林分的林冠下栽植耐荫的针叶树种，形成异龄复层混交林。

2.4.4 天然次生林

天然林是陆地生态系统的主体，它不仅具有改善生态环境和气候的巨大功能，同时也为人们的生活提供必不可少的森林产品。因此保护好森林资源，合理经营利用天然林资源是我们解决国土平安、生态环境建设的必然选择。天然次生林是原始林由于长期反复干扰，遭受了严重的破坏，发生树种更替，在次生裸地上形成的次生森林群落。

2.4.5 商品林抚育

1.商品林透光抚育

透光抚育是幼林抚育期结束至郁闭成林前，解决种间竞争，保证目的树种不受其他乔、灌木压抑的抚育。[1]

抚育方法主要有以下几种。

（1）全面透光抚育

经营的目的树种分布均匀，对需透光的林分普遍进行抚育，适用于人工林、天然林。

（2）团（块）状透光抚育

适用于经营的目的树种及灌丛分布不均，且在同一林分内各块郁闭度相差悬殊的人工或天然幼龄林。对幼龄林郁闭度大于0.8，或幼龄林上层林分郁闭度0.6的地块，可在原经营小班内单独区划透光抚育作业区，面积不少于0.06公顷。

（3）带状透光抚育

在林分郁闭前于造林带内、郁闭后以带间为主并兼顾带内透光抚育，适用于人工林。

（4）上方透光抚育

主要经营的目的树种处于上层林木较高的林冠下，需伐除或部分伐除上方林木，解放下层

---

[1]资料来源：李晓明.林分的科学改造方法[J].企业文化，2013（2）.

目的树种,适于复层异龄林、人天混交林。

(5) 单株透光抚育

根据目的树种单株生长的高度及其轮生校的数量,确定需要透光抚育的单株,进行单株抚育,适用于高生长分化明显的针叶幼龄林和人天混交林。

2.商品林生长抚育

生长抚育一般从Ⅱ龄级开始,主要是调整林分密度和结构,为保留木创造适宜的营养空间,保证林木生长快,干形好,优质高产。

(1) 下层抚育

砍除下层被压木,保留优良木,增大保留木营养面积,适用于纯林。

(2) 上层抚育

伐除妨碍培育木生长的上层木,并保留不影响培育木生长的有益木,适用于复层异龄林、人天混交林。

(3) 综合抚育

林木分布于林冠层的各部位,伐除有害木,保留有益木,培育优良木。对纯林及针叶林宜实行下层兼顾上层抚育,混交林宜实行上层兼顾下层抚育。此法适用于混交林、复层异龄林。

(4) "机械"抚育

采取隔行、隔株或行株并隔等"机械"方法抚育,适用于林分密度较大,分布均匀,分化不明显的人工林。

(5) 定株抚育

先确定需培育的保留木,依不同生长发育阶段,按照培育目的,伐除一定范围内有碍保留木生长发育的林木,为保留木生长创造良好的生态环境,适用于培育大径材和母树林的林分。

3.商品林特种抚育

特种抚育是针对林分的特殊需要和在特定立地条件下而采取的特殊经营措施,方法包括有林地排水、卫生伐和修校抚育。

(1) 有林地排水

郁闭度大于0.4的中龄林或幼树公顷株数在3000株以上、间歇性积水、林木生长量低的天然林及水湿地筑埂造林的人工林应排水。

(2) 卫生伐

遭受病虫鼠害、火灾、雪压、风折等自然灾害的林分要进行卫生伐。

(3) 修校抚育

适用于天然整校不良的针叶树和定向培育的林木。

4.低产林分改造

低产林分是对那些没有达到主要经营目标的林分的统称。低产林既存在于人工林中,也存在与次生林中。无论是商品林还是公益林都有低价值林的问题。低产林分布广、起源多样,涉及的树种多,其经营好与坏,直接关系生态环境建设和社会的稳定与发展,因此地产林改造已成为我国森林经营工作中的一项重要任务。对于低产低价值次生林,单靠抚育采伐措施往往难以达到向速生、优质、丰产、林分转化的目的,要根本改变此类林分状况,只有采用综合的改造技术措施。

林分改造是在密度小、经济价值低劣或有严重病虫害没有培育前途的林分中进行的经营措施。其目的在于调整林分结构、增大林分密度、提高林分经济价值和林地的利用率。

(1) 林分改造的对象

确定林分改造对象时,要综合考虑当地的经济条件、林分特征和演替趋势。同一树种组成的林分在不同的经济条件下,有可能在一个地区需要改造,而在另一个地区不需要改造;就是在一个地区由于林分所处的立地条件不同,虽然现阶段林分组成相同,但其演替趋向不一定相同。

具体确定林分改造对象主要有以下几种类型。

1) 灌丛(有特殊经营目的除外,如用作养蚕的柞丛和用于编织业的柳丛)。

2) 疏林地。

3) 生长衰退无培育前途的多代萌生林。

4) 由经济价值低劣的树种组成的林分。

5) 天然更新不良,地产的残破近熟林。

6) 遭受严重火灾及病虫害的残破林分。

林分改造应遵循的原则是,改灌丛为乔林;改疏林为密林;改低产的萌芽林为实生林;改低产、低值的阔叶林为高产、高值的阔叶林或针叶林。

(2) 林分改造的技术措施

林分改造主要采取采伐和造林的方法。林分改造的采伐面积,一般依据需要的林分边界为准,其强度大小取决于林分状况和进行改造的要求。造林方法与一般造林相似,关键在于选择适宜的树种。

我国各地区在次生林改造的实践中采用和创造了不少的方法。归纳起来有以下几种。

1) 全面改造和块状改造。这两种方法都是在林地山保留少数小径级的珍贵树种,将其他林木全部伐掉的一项造林技术措施。此法适用于地势平坦或植被恢复快不易引起水土流失的地方。

全面改造的最大面积为10公顷以下。块状改造的面积在5公顷以下，呈品字形排列，块间距为树高1~2倍为宜。如栽植的树种较耐荫，块状地可小些；如栽植树种为阳性，块就可以大些。栽植密度为2500~4400株/公顷为宜。

2) 林冠下造林。适用于改造密闭度在0.3以下的低价值林分。在领馆下用耐荫树种的苗木或种子进行栽植或直播造林。随着林冠下幼林的成长，待幼树不需要上层林冠庇护时，即伐去上层林冠，形成由耐荫树种组成的纯林。黑龙江省牡丹江林区在稀疏的蒙古栎林下（郁闭度控制在0.3~0.4）栽植红松，造林后10年一次（个别分两次）将上层林冠的栎树全部伐除，形成红松针叶林纯林，收到明显的效果。栽植密度一般为2000~2500株/公顷。在阴坡或阴冷湿度大的地方，也可以栽植阴性树种如云杉等。经验证明，林冠下栽植阳性树种会完全失败。

3) 群团状改造。这种方式适用于小面积林中空地，或主要树种呈群团状分布，平均郁闭度又在0.5以下的林分。主要技术措施实在林间空地上栽植针叶树，使形成团状针阔混交林。在选择树种时，应以林间空地的大小和立地条件而异。一般林间空地小于3~5倍树高时宜用中性或阴性树种，林间空地大于树高5倍以上可选用阳性树种。

4) 带状改造。这种改造方式实在被改造的林地山间隔一定距离呈带状的伐除带上的全部乔灌木，然后秋季整地春季造林。待幼苗在林墙保护带的庇护下成长起来后根据幼树对环境的需要逐次将保留带上的林木全部伐除，最终形成针阔混交林或针叶纯林。

5) 综合改造。这种方法适用于特别杂乱的残破林分，即林木的大小不一、好坏不等、高矮不齐、疏密不均、年龄相差悬殊的复层异龄林。具体措施是，伐除生长衰退的和无培育前途的林木，尽量保留目的树种的优良中、小径木，在林冠下或林中空地栽植珍贵树种。进行综合改造时，根据辽宁省的试验，要做到"五看"，即看直径、看树种、看树干、看树冠、看疏密。

2.4.6 用材林典型案例

1.赣县江口镇樟木新村靠蜡芯致富，小物件做成大产业

走进赣县江口镇樟木新村，刚入村口，映入眼帘的便是广场上一处标志性建筑：一根红色蜡芯状柱子，而该广场也名"蜡芯广场"；再放眼望去，看到的则是村内一排排堆放整齐的雪白蜡芯和来往装运的货车。不难看出，小小蜡芯在这个村庄已占据举足轻重的地位。[①]

"一开始是村里人挑着箩筐走街串巷叫卖，小有名气后，外乡人骑着自行车来收购，再后来周边县市的人会骑着摩托车来收，现在是各个省市的人开着货车来拉货了。"钟海燕描述着樟木蜡芯产业的变化。

如今，樟木新村在传统的蜡芯制作基础上延长产业链，由原来的灯芯草种植、手工制作蜡

---

① 资料来源：《江西晨报》，2013-7-20。

芯到开办工厂加工,再到兴起越来越多的蜡烛生产厂。

39岁的毕家锋是樟木新村的蜡烛生产大户,2006年,他从原来的蜡芯加工转为蜡烛生产,早在2010年的总产值达80多万元,年纯收入达12万元。

"建了生产车间,引进现代化设备和技术,农户从事蜡芯半成品加工,蜡烛厂收购蜡芯,然后按照'上蜡—打底—盖红—点头—包装—装箱—出厂'的顺序生产,形成了一条蜡烛生产的流水线,生产效率大大提高。"毕家锋说。

现在,樟木蜡烛不仅占领了周边县市市场,还远销广东、福建、四川和湖南等地,樟木新村成华南地区最大的蜡芯产业集散地。

据丁克梁介绍,樟木新村的蜡芯生产年产值达700万元,加上带动起来的蜡烛生产加工产业则达到1600余万元。

2.泸州金丝楠木"扎根"合江,拓展村民致富之路

金丝楠木是我国特有的一种木材坚硬、质地温润、经久耐用、极其珍贵的树种,也是国家二级保护植物,早在明代时就广泛使用于宫廷建筑中。由于人们的砍伐利用,这一资源已经变得非常稀少,但是在合江县甘雨镇桩子村,金丝楠木得到了大力发展和种植,这也极有可能成为当地村民的发家致富之路。[1]

走进桩子村金丝楠木苗木专业合作社的大门,路两边、山坡上都是种好的金丝楠木,笔直的树干仿佛是在诉说着它们的与众不同。据了解,现在合作社已成功地培育出80万株金丝楠木苗,种植面积达200亩,合作社共有成员230人,他们都是附近的村民,把地承包给合作社的同时也可以在这里干活儿挣钱,程帮书就是其中之一。

程帮书告诉笔者,不仅有承包费,在合作社干活儿每个月还有稳定的收入,一定程度上可以减轻家里的开销,又可以兼顾家里的事情,对她来说是一举多得,比以前在家种地划算多了。

浦崇华是桩子村金丝楠木苗木专业合作社的负责人,对于带领村民种植楠木,共同致富的事情,他也说出了自己的想法。浦崇华说:"基于一种就是说要富就大家富,我也需要他们帮扶我,我只是给他们领一个头而已。"据浦崇华介绍,虽然金丝楠木利润空间大、经济价值高,但是没有合法的程序也不能随意地栽种和销售。

致富之路任重而道远,现在合作社已经和其他几个村社签订了种植协议,下半年就可以将树苗供应给其他村民,到那时金丝楠木的种植面积将达到2000亩。而对于合作社未来的发展规划,浦崇华心中早已有了打算。

浦崇华说:"我下一步的打算是苗子三五年以后,它有几厘米了我们就可以拉出去搞绿化

---

[1]资料来源:四川在线,2014-10-30。

苗，这个绿化苗它的经济价值现在是800元左右，如果还隔三五年它的经济价值肯定就还要高一些，从市场行情来看这个绿化苗是比较贵的，这个珍楠。苗子长高了以后我们就可以搞林下养殖，养点土鸡土鸭，增加合作社的收入。再下一步我们就要发展更多的成员，带动更多的农民成员致富、多挣钱。"

正如浦崇华所说的那样，合作社的收入增多，那么村民的腰包就会慢慢地鼓起来。我们也相信，在浦崇华的带领下，在村民们的共同努力中，当桩子村的漫山遍野都长满金丝楠木之时，也就是村民实现致富之日。

3. 20万亩杉树托起"致富梦"

山清水秀是乳源洛阳镇的真实写照。然而，最为壮观景象是该镇种植的杉树。在该镇坪溪田螺坑、富塘等村庄采访时，看到了杉树生长良好景观。连绵不断的山地上长着亭亭玉立的杉树，在微风的吹拂下，泛起千层绿浪。[①]

该镇镇委书记华跃介绍，全镇12个行政村，林业用地面积约29万公顷。因为洛阳镇山多地少，如何靠山吃山，那就因地制宜耕山种杉树，既符合自然的地理环境，又符合村情民意，更有良好的经济效益和社会效益。目前种植杉树的山坡地超20万亩。洛阳镇共有2200多农户，几乎家家户户都种了杉树。种杉树成为农民走向富裕的康庄大道。

村民潘顺强喜悦地说出了种杉树的益处：10多年前种了10多亩杉树，在前年卖了4万多元。见到成效后，他种杉树的劲头越来越大，每年不断扩大种植面积，至今，他家种植杉树的面积已达1000多亩，到可砍伐时，可卖到几百万的价钱。"若要富，种杉树。"潘顺强自豪地说。

华跃说："种杉树不仅可以造林绿化，涵养水源，还有很多种经济效益。"该镇境内有小水电站173座。要保障发电水源，造林种树为最佳选择。经过多年的实践，该镇形成了"以电养林、以林蓄水、以水发电"的路子。实现了政府常抓、部门常管、农民常种和种管结合，防护联合、效益综合的目标。等到全镇20万亩杉树出售时，收入将过亿，富裕之路越走越宽，生活越过越好。

2.4.7 用材林种植经营资料推荐

[1]丁贵杰，周志春，王章荣.马尾松纸浆用材林培育与利用[M].北京：中国林业出版社，2006.

[2]杨章旗，谌红辉，谭健晖，冯源恒马尾松工业用材林培育技术[M].北京：中国林业出版社，2015.

[3]国家林业局.低产用材林改造技术规程（LY/T 1560-1999）[M].北京：中国标准出版社，2000.

---

① 资料来源：《韶关日报》，2014-7-21。

第 3 章 林产品经营加工致富

第3章 林产品经营加工致富

随着市场对林产品需求量增加，我国的木家具、人造板等林产品产量的大幅度增长，使中国原木、锯材和木质家具等进口和胶合板出口有明显增长。但受各种问题的影响，中国木质家具等出口受到很大冲击，中国木质家具实物量出口有所下滑，"调结构、促内销、保增长"仍将成为今后的政策主线之一。"十三五"规划中，国家将会采取积极的财政政策，将加快制定一些有利于产业发展的税收、金融等方面的政策。因此，任何时候来讲，中国木材加工业来都是机遇与挑战并存的。房地产发展对于木材加工业来说非常重要，房地产发展的好坏也影响到了中国的木材加工业。而且中央加大三农的扶持力度，使农民增加收入，因而广大农村的建房住房是中国木家具的重要销售空间。上述这些对我国木材加工业产品销售来说是很大的机遇。但是，企业受劳动力成本、原材料价格和汇率不断上升的影响较大，加上物流运输成本增加等因素仍然存在，而且我们国家的原材料价格相对于非洲东南亚国家较高，以后出口形势仍相当严峻，企业面对的是机遇与困难同在，因此我们必须有充足的准备和积极的应对。

相对于木质林产品来讲，非木质林产品的路子就要宽一些。世界粮农组织的报告称，无论是发达国家还是发展中国家，对非木质林产品资源的开发和利用都有利于增加其国家或地区森林的综合效益，如经济效益、社会效益和生态效益等。因此世界各国必须对非木质林产品资源进行保护并科学合理的开发利用。目前我国的非木质林产品产量是世界上最大的，而且历史上我国一直对非木质林产品进行了不同程度的开发利用。尽管我国对非木质林产品的开发利用较早，但目前我国非木质林产品开发利用在很大程度上存在不规范，非木质林产品资源量快速下降，部分珍稀物种濒临灭绝，如兰科植物、新疆雪莲等。而我国的非木质林产品在林农朋友致富中还需要发展的主要有精加工业和深加工业。在全国范围内对应用前景广阔的非木质林产品进行初步筛选，然后对其进行化学成分进行分析研究，提取有效成分并进一步分离提纯，并在此基础上，建立一批有先进技术水平和一定规模的非木质林产品生产加工及销售的企业，使生产经营管理和产销监管链管理的各个环节衔接起来，最终成为社会经济的重要支柱产业之一。这是实现非木质林产品发展的重要道路。

非木质林产品的资源分布和利用图可参考李超等所著的论文《我国非木质林产品资源现状及其分类体系的研究》。其他详细信息可以参阅中国林产品交易网（http://www.linjiaowang.com）。

3.1 林产品简介

林产品：指林木产品、林副产品、林区农产品、苗木花卉、木制品、木工艺品、竹藤制品、艺术品、森林食品、林化工产品，以及与森林资源相关的产品，包括林木产品、林副产品、林区农产品、苗木花卉、木制品、木工艺品、竹藤制品、艺术品、森林食品、林化工产品等。

林产品以其天然、绿色、环保等优势，成为健康产业的主流，特别是在食品、医药、保健等领域被广泛应用，被越来越多的人所追求。

近年来，随着科学技术的发展，林产品的精深加工、衍生产品日趋增多，已经成为林区广大职工再就业、致富的主要途径。

3.2 非木质林产品

3.2.1 非木质林产品定义

现在非木质林产品成为林商品流通环节中一个重要的成分，而且分量越来越重。其定义有多种：国际粮农组织（FAO）给出的定义是从森林中或任何类似用途的土地上生产的所有可更新及有形的产品（木材、薪材、木炭、石料、水及旅游资源不包括在内）。按照FAO的定义，非木材林产品包括对木材以外源于森林或森林树种的各式各样动、植物资源的总称。主要是果类、菌、竹、笋、山菜类、林化产品、茶、咖啡类、竹藤软木类、调料药材补品类和苗木类。彼得（1994）定义的林产品是除木材外来自森林（包括天然林和人工林）的生物资源，包括水果、坚果、树脂树胶、药材、香料、野生动物及其产品、燃料、观赏植物。

3.2.2 非物质林产品的分类

1）竹藤、软木及其他纤维类产品，包括叶、茎纤维、绒毛、树皮纤维等。

2）可食用产品。其中，植物类有：①水果，②坚果，③食用菌类产品，④山野菜类，包括可食用茎、叶、花、根、笋、块茎等，⑤木本油料产品，⑥调料产品，⑦饮料，包括茶、咖啡、树汁饮料；动物类有：①蜂蜜，②可人工驯化饲养的动物、鸟类和食用昆虫。

3）药用动植物产品及化妆品，包括香料。

4）植物提取物等林化产品，如松香、栲胶、紫胶、单宁、植物芳香油、燃料。

5）苗木花卉，包括草坪。

6）其他有经济价值的动植物产品。

3.2.3 非木质林产品的重要意义

非木质林产品的加工和贸易有着重要意义，其对于促进社区发展，保护生态环境，促进林业经济可持续发展起到了很好的支持。它的重要性主要有六点。

1）它是人们生活的重要组成部分，比如食品、药材、保健品、建材、旅游。热带种类繁多，非洲干旱、半干旱地带可食植物800多种，印度、泰国150多种。WHO估计80%利用非木质林产品的人是出于健康目的。

2）在地方经济发展中发挥重要作用，增加税收和出口创汇。根据FAO统计，1996年中草药贸易额14亿美元，1997年全球非木质林产品贸易额90亿美元。欧洲市场最大，占全球贸易额的一半，亚洲36%。1998年美国中草药市场3.97亿美元。印尼、马来西亚藤类年出口超过3亿美元。20世纪50年代，印度的年出口额250万美元，90年代5亿美元。1990~1991年，占全国出口的13%。；2002年10亿美元，占林产品出口额70%。热带非木质产值大大超过木材产品，其税收是木材产品的2~3倍。

3）对林区周边家庭生活和就业有重要影响，对大批依赖林产品谋生的农村、林区、山区人口、妇女、土著、外来人口或无地阶层来说，能自由获取非木质林产品是十分关键的，是其生活之源。满足日常生活、就业和收入，对农村经济发展都起到决定作用。印度贫困山区90%的人口依赖其生存，提供了5亿人次的就业机会，提供部分农村家庭50%~60%的收入。

4）为解决需求变化条件下林区资源危机和经济危困具有现实意义。

5）实现森林可持续经营的重要指标。非木质林产品许多种类在国内外市场上具有较高价值，可创造显著的经济效益，其开发可推动传统林业、农业和森工经营变革，使农林等土地利用发挥更强的功能，提高现有森林的经济价值和多种附加效益，缓解木材过伐压力，使可持续林业经营更易于推广。

6）对生物多样性保护有重大影响。

3.3 林产品流通

在林产品流通中仍然可以找到致富的机会。下面大致了解一下林产品流通：林产品在不同的部门、区域转移的过程，包括商流、物流、服务流、信息流。

1）商流是指林产品在交换过程中，作为交易物的所有权的转移过程。其核心是商业合约。商流涉及：① 交易者的主体（独立的法人地位）；② 交易的方式；③ 交易合约；④ 商流渠道。

2）物流是指商品在商流过程支配下从生产者向消费者所进行的实物性转移。

3）服务流是指随着商流和物流而产生的服务流动过程。

4）信息流是指随着商流和物流而产生的信息流动过程。

3.4 林产品市场

林产品市场是林产品商品交换的环境和条件的总和。

1. 中国林产品市场的特点

1）供给约束；

2）产品供给的地域性（木材运输及其成本问题）；

3）需求的多样性和广泛性；

4）林产品的标准化程度低（树种、生产区域不同，质量、规格不同）。

2. 林产品的市场规模与市场结构

（1）林产品的市场规模

林产品市场规模是在一定的时期和空间范围内，构成市场各因素的充足和完满程度。描述林产品市场规模的主要指标如下。

1）交换产品的数量和品种；

2）市场的辐射范围；

3）投入的货币资金数量（交易者投放的交易资金，市场基础设施建设资金）；

4）交易者的数量。

（2）林产品的市场结构

林产品的市场结构是指林产品交换活动中各要素之间数量比例关系和联系方式。其形式有：

1）主体的所有制结构；

2）林产品的客体结构；

3）市场的行业结构；

4）林产品市场的时间结构（现货和期货）；

5）林产品市场的空间结构。

（3）中国几大林产品（木材）消费市场

1）广东省：用于生产家具为主，主要在东莞、顺德和深圳等地。

2）华东地区：用于生产地板为主，大量进口阔叶材，原木消费量占全国进口原木的1/3。

（4）人造板的木材消费情况

1）浙江省：胶合板，以国产材为主。

2）江苏省：80%为杨木，20%为进口材。

3）河北省：人造板，以国产材为主。

4）山东省：胶合板，以进口木材和国产杨木为主。

3.5 林产品国际贸易

3.5.1 林产品国际贸易的作用

林产品国际贸易是指林产品的进出口贸易、林业技术贸易及木材技术贸易。改革开放后,林产品国际贸易出现了新的形式。

1)开放性的木材、林产品进口贸易:到国外投资营造人工林或开发森林资源以获取木材和其他林产品的进口。

2)开发性的木材、林产品出口贸易:引进技术或资金,营造人工林或开发森林资源,从中取得木材和林产品并且用于出口。

3.5.2 木材贸易状况

1.木材贸易规模

世界原木产量呈缓慢增长趋势,原木出口呈下降趋势,经过加工的半成品、成品的出口量则呈增长趋势。其原因分析如下。

1)国家限制原木出口,鼓励加工产品出口。

2)木材加工技术发展和消费结构变化。

热带森林产品产量增长缓慢,热带原木、锯材、人造板出口量下降。其原因分析如下。

1)发展中生产国国内消费量上升。

2)环境重视引起采伐量下降。

3)出口从原木向锯材及价值更高的产品转化。

4)亚洲需求明显减少,尤其是日本。

2.世界木材市场分析

(1) 俄罗斯林产品市场

主要出口品种:原木、锯材、纸浆和纸。

贸易对象:东欧各国,日本、荷兰、中国。

(2) 加拿大产品市场

主要出口品种:纸浆、针叶、锯材及新闻纸的最大出口国。

贸易对象:美国。

(3) 东南亚地区林产品市场

20世纪50~70年代初,东南亚是热带阔叶树主要出口地,贸易结构以原木为主。20世纪70年代中期开始,采取限制原木出口政策。

(4) 其他地区的林产品市场

南美洲的智利、巴西，主要出口原木、锯材、纸浆和胶合板。欧洲也是林产品进出口大市场。

3. 木材贸易的流向

木材贸易的流向，主要取决于三个因素。

1）森林资源的分布状况；
2）价格差异，低价区与高价区差别很大；
3）工业发达国家和发展中国家出口木材的目的不同。

①森林资源富有但经济不发达国家：摆脱贫困，提高经济实力。②森林资源贫乏的发展中国家：补充木材、林产品不足，促进经济发展。③工业发达国家：促进林产品国际贸易的繁荣。

3.5.3 我国林产品贸易战略选择

1.我国林产品贸易状况

(1) 贸易发展稳定，出口增速放缓

据海关统计数据显示，2011年全国林产品进出口总值为1204.5亿美元，再创历史同期新高。其中，出口550.8亿美元；进口653.7亿美元，贸易逆差102.9亿美元。进口以原木、锯材、纸浆与废纸、木片等木质林产品为主；出口以家具、纸及其制品、木制品、胶合板、纤维板等产品为主。

林产品出口增幅放缓的主要原因是占出口比重大的家具和纸、纸板及纸制品出口增幅明显下降。

2002~2011年中国木材供给与进出口量见表3.1。

表3.1 中国木材供给与进出口量　　　　　　　　　　单位：万立方米

年份	全国木材市场总供给量	进口折合	国产商品材	出口折合
2011	50003.99	22375.12	8145.92	8580
2010	43188.80	19325.55	8089.60	7410.61
2009	42234.49	18436.62	7068.29	6473.18
2008	37131.58	15524.30	7068.30	5833.94
2007	38273.80	15520.69	6976.60	6888.49
2006	33709.96	12822.46	6611.80	6248.70
2005	32597.75	12146.88	5560.30	900.37
2004	30669.02	10903.94	5197.30	3941.58
2003	22413.00	9758.93	4758.90	2151.84
2002	18787.15	9445.88	4436.10	1058.53

(2) 市场结构转变，新兴市场受宠

欧美传统市场林产品市场需求减弱，新兴市场国家林产品贸易增势良好。美国、日本、英国、德国是中国林产品最主要的出口市场。欧美林产品市场需求下降，且贸易摩擦有所增加。我国林产品贸易出口受阻。美国和日本，以及欧盟频繁以反倾销、技术性贸易壁垒等手段阻碍中国林产品的出口。

新兴市场在我国林产品贸易格局中越来越重要。对巴西林产品进出口额为24.2亿美元，增长12%；对印度进出口额10.8亿美元，增长15%；对南非进出口额7.1亿美元，增长61%；对俄罗斯进出口额57.6亿美元，增长52%。

2.我国林产品国际贸易对策

实施进口市场多元化战略。保持原有传统进口区域的进口，加强对新的进口市场非洲和拉美等地区市场的开拓，避免由于进口市场过于集中造成木材产业安全形势恶化。

重视出口市场构建。把木制品和其他林产品，诸如林业机械、林化产品乃至花卉、松香、桐油、竹类产品置于统一体。

建立国际木材合法性联合认定体系。木材合法性来源问题是制约我国原木进口的壁垒之一，为了获取进口木材的合法性证明，我国林业主管部门可以和主要的木材资源出口国，建立国际木材合法性联合认定体系。

用市场换技术，用空间换时间。一是引进资本和技术，改进和提升产业结构，所谓"用市场换技术""用空间换时间"；二是在引进技术和资本的同时，引入先进的制度，所谓"用产权换体制"。

3.6 林产品加工参考书籍

[1]彭彪,施能浦,丁湖广.林副产品加工新技术与营销[M].北京：金盾出版社，2012.

[2]胡忠惠.盆栽果树实用生产技术[M].天津：天

津科技翻译出版公司，2010.

[3]潘标志.福建森林非木质资源开发与利用[M].北京：中国林业出版社，2015.

[4]国家林业局.中国森林认证：非木质林产品经营（LY/T 2273-2014）[M].北京：中国标准出版社，2014.

[5]中国标准化委员会.中国森林认证：非木质林产品认证审核导则（LY/T 2274-2014）[M].中国质检出版社，2014.

3.7 林产品加工案例

1.龙江林产品鼓起百姓钱袋子

瑞雪给龙江大地披上了美丽的银装，万物处在一片寒冷的静美之中；而海林、东宁等很多地方却还是一片忙碌的景象……①

11月下旬已过了木耳交易的高峰。在海林市农产品综合交易大市场内看到，运送木耳、松子的车辆还是不少，各物流公司的车辆进进出出。在永发山产品店门前，几名搬运工正往一辆卡车上装木耳。店内，正给木耳过秤的王萍说，木耳卖价比往年高，收购价都在30元每斤左右，批发价至少也得在40元。"前几天刚运往天津一车，正在装车的这车货运往广西和云南。"交易大市场的工作人员讲，收购木耳的客商来自全国各地，淡季木耳的日交易量在七八万斤左右，旺季时日交易量在30万斤左右，交易额在1000万元左右。

海林市食用菌产业领导小组办公室副主任冯龙讲，大石头村有40多户农户由大田改种木耳了，纯收益都在五六万元，是种植玉米纯收入的十几倍。

在海林市森宝慧源有限公司的几十栋灵芝栽培大棚里，粉红色的灵芝长得个个饱满。公司的负责人李宝慧说，一个大棚能长出600多斤灵芝，能出200斤孢子粉，一斤孢子粉售价在1000元左右，一个大棚一年纯收入就在十万元左右。开始种植灵芝的蔬菜村的农民朱占福掂着手里厚厚的人民币，乐得合不上嘴。

在海林富源菌业有限公司的种植基地，十几栋大棚里的各种蘑菇长势不错，上面挂着水珠。正在棚里采摘蘑菇的永安村村民李晓华说，"这里四季都产蘑菇，收入比较稳定。自己在这里已经干一年多了，月收入3000多元。"眼下，海林正在筹建海林市食用菌产业园，建成后的产业园将成为全国最大的鲜蘑出口地，可安置农民5000人就业。

海林市在发展林产品的同时，不断延伸其产业链条。在北味集团的一个生产车间内，工人们正在生产"菌衡营养"黑木耳饮液。这种饮液是选用黑木耳、枸杞、人参及生物原料，运用高精度提纯技术研发出的产品，具有润肠、补气、降血脂的作用，填补了目前国内市场的空白。

海林通过多种形式发展食用菌让农民口袋殷实起来，截至目前，海林市食用菌生产总量已完成17亿袋（盘），年产值实现51亿元，拉动农民人均纯增收实现1.2万元。依靠林产品，林场职工的收入也是芝麻开花节节高。

而在"中国黑木耳第一县"的东宁，该县生产规模12亿袋，黑木耳产量5.5万吨，占全国总产1/6，产值达30多亿元。东宁黑木耳刚刚获得"全国农产品地理标志示范样板"称号，其产业化

---

①资料来源：《黑龙江日报》，2015-12-4。

技术创新项目也已顺利入围"省长特别奖"。东宁农田正在成为盛产"黑金"的神奇在生产黑木耳液体菌种的东宁黑尊生物科技有限公司自动化液体菌种发酵罐车间内,几名技术人员正在密切关注酵罐内的温度,菌种的变化情况。副总经理吴庆义告诉记者,目前,公司菌包订单已达到了2000万袋。大肚川镇的一个农民就订了60万袋菌种。

黑尊生物科技有限公司改变了手工制菌种的复杂程序,实现了木耳生态生长的质的飞跃,而绥阳佰盛食用菌有限公司则让木耳成了四季都能采摘的产品。走进该公司的全自动吊袋栽培温室。几名工人们正在采摘试种的吊袋木耳,这些木耳像一串串黑色的珍珠,挂在半空,泛出饱满的黑色光泽。近看,这些木耳耳小、肉厚、色正、形好。据管理人员介绍,全自动智能吊袋栽培温室,由计算机控制中心自动操控,采用计算机和传感器技术,全程智能化自动监测棚内温度、湿度等环境参数,只需手指轻点键盘和按钮,黑木耳生长所需的温、光、水、气就都在短时间内达到要求,大大缩短了黑木耳成熟的周期,实现黑木耳一年四季不间断生产,在保证质量的同时提升了产量。

东宁县委书记孙吉舜讲,眼下,东宁正在着力创新发展黑木耳的标准化、集约化、科技化、园区化、工厂化和组织化的"六化"生产模式,拉动林下经济的全方位发展,打造农民增收致富的产业集群,构建林产品生产、加工、综合利用逐级增值的产业发展格局,在产品研发、包装和市场流通上实行整体推进,全力打造林业特色品牌。

2.老河口市"林产品"加工助农民致富

2013年9月2日,在老河口市鄡阳办事处太山村看到,梨农们正忙着采摘沙梨,前来收购沙梨的外地车辆排成了长队,林果产业已成为当地农民增收致富的"摇钱树"。

近年来,老河口市林业部门坚持以生态为基础,以提高林业经济效益和增加农民收入为目标,大力实施速生丰产林、低产林改造等林业生态工程,发展特色林产业。目前已形成了6万亩花椒、13万亩梨桃、8万亩杨树三大高效经济林业,年实现林业产值4.2亿元。

老河口市林业部门大力实施林产品加工工程,延长林产业链,增加林产品附加值。该市以湖北现代林业老河口森林食品科技产业园为平台,大力招商引资和培植民营林产企业,提高林产业科技含量,增加林产品附加值。近两年来,通过招商引资引进了湖北香园食品公司、仙仙果品公司、春雨苗木果品合作社等龙头企业,年加工转化林产品和农副产品15万吨,年实现产值35亿元。在龙头企业的带动下,该市鲜果实现了现采现销,2万多吨沙区桃产品产地收购价较上年提升了近一倍,农民年增收2600万元,沙区梨产品产销两旺,农民年增收2300万元。

为促进农民增收,在每年林果生产期,老河口市林业部门都组织专业技术骨干,组成技术服务队,帮助农民做好病虫防治、平衡施肥、树木修剪、果品套袋等重大技术环节培训。近来,该市林业部门先后培训农民4万多人次,发放技术资料2.7万多份。

3.非木质林产品采集

为林业生态保护与林业产业发展提供新引擎,维护生态安全,"十二五"以来,锦屏县依托丰富的资源大力发展非木质林产品,非木质林产品发展后劲十足。

目前,该县非木质林产品基地面积已达45.7592万亩,其中生长期面积12.197万亩,初产期面积9.8214万亩,盛产期面积18.6394万亩,衰老期面积5.1018万亩。按类别分:干果板栗0.0735万亩,桃、柑橘等水果8.123万亩,松脂、油桐等林化产品9.15万亩,山核桃、油茶等木本油料20.5万亩,钩藤、太子参等药用植物(含香料)5.5792万亩,红豆杉、银杏等珍稀濒危植物1.984万亩。这些品种繁多,资源类别丰富的非木质林产品成为该县独具特色的林业生物资源与生产基地。

4.2014年我国林产品产值达4万多亿,成为农民致富新增长点

2015年国家级林业重点展会发布会在京召开,国家林业局发展规划与资金管理司副司长孙建在会上表示,从2001年到2014年,全国林业总产值保持了年均22%的增速,2014年我国林产品产值达4万多亿元。[①]

孙建强调,林业在对提高农民收入、满足社会多样化需求等方面发挥了巨大作用。从2001年到2014年,全国林业总产值保持了年均22%的增速,2014年,林业第二产业和第三产业比重已达66%,产业质量不断提升。林业产业惠及农民4.5亿人,已成为农民增收致富新的增长点。

为进一步活跃全国林产品市场,扩大消费,促进林业产业转型升级,国家林业局与有关省份联合举办5个林产品交易博览会,分别是第12届中国林产品交易会、第8届中国义乌国际森林产品博览会、第11届海峡两岸林业博览会暨投资贸易洽谈会、第2届中国(赣州)家具产业博览会和第12届中国——东盟博览会林产品及木制品展。孙建表示,这些博览会既是全国优质林业产品的展示平台,也是林业企业和企业、林业企业和广大消费者的互动平台,在提高林产品质量、档次、科技含量、品牌和附加值等方面将发挥引领示范作用。

5.竹编致富

2005年10月20日,云南省芒市轩岗乡竹美竹产业专业合作社的人员农闲时间进行竹编。该乡充分发挥丰富的竹子资源,积极发展竹编业务,使竹编成为当地傣族人致富的新路子,仅竹美竹产业专业合作社每年竹编收入就达12万元以上。[②]

灾后重建不仅要让村民住上好房子,还要让大家过上好日子。为拓宽村民就业渠道,结合当地近3万亩竹林资源,雨城区观化乡因地制宜引导村民发展竹编产业。如今,全乡已成立一家

---

①资料来源:http://sd.china.com.cn/a/2015/hbny_0424/222597.html,2015-4-24。

②资料来源:《光明日报》,2015-10-22。

手工作坊式竹片加工厂。"4·20"芦山强烈地震后,该乡结合贫困村灾后重建产业项目,积极组织村民学习竹编工艺技术,延长林竹产业链,助农增收致富。①

---

① 资料来源:四川新闻网,http://ya.newssc.org/system/20150713/001688950.htm。

第 4 章 林下经济致富

第4章 林下经济致富

林下经济是当下最火热的致富方式之一,大体来说,林下经济是以林地资源为依托,以科学技术为支撑,充分利用林下土地资源和林荫空间,在林冠下开展农、林、牧等多种项目的复合经营。它使林地成为生态保护带和综合经济带,能变林业资源优势为经济优势,使林地的长、中、短期效益有机结合,极大地增加林地附加值。林下经济作物种植包括林药、林菜、林菌、林草、林粮等多种形式。发展林下经济需要认识到以下几点。[①]

首先,林下经济发展的前提就是护林造林。森林为林下种植养殖提供合理的空间、适宜的小气候及养分原料,只有以大面积的森林资源作为依托,林下种养才能得到更丰富的供给。这不但调动了农民管护林区的积极性,农民补树(种树)的自觉性也大大加强。

其次,林业资源丰富,农民在生产实践中开辟多种形式的增收路径。利用林果、林虫、树叶等养鸡养羊,粪便还可以做肥料;利用林木的天然环境种药养菌;利用林中杂生的芒藤等搞编织;利用林木涵养的水源养鱼;等等。这种立体发展的生态经济模式,已经成为西南山区经济发展的样板。

最后,林下经济属于绿色循环、可持续发展的经济模式。在利用林业资源创造价值的过程中,科学利用生物生长相辅相成的生态循环系统,以林养农、以林济工,以农哺林,以工富林,而且林业资源属于可再生可循环利用资源,经济效益、社会效益和环境效益达到高度统一。

在发展林下经济的同时,由这种模式带来的附加环境效益还可以创造更高的经济价值。不少省市利用天然的林区风景和良好的生态环境发展起旅游、农家乐、森林公园等,又吸引了资本的投入。

搞活林下经济可将保护生态的政策制约变为经济发展的优势,是今后林区经济发展的一个方向。需要指出的是,目前不少地区发展林下经济的配套设施还不健全,如山区道路还不完善、信息畅通还无保障等。因此,各级地方政府还应该采取措施,为大力发展林下经济着力配套各项政策措施及基础建设。

林下经济产业是以深入贯彻落实科学发展观为指导,以充分维护生态安全为前提,以促

---

① 秦玉红. 林下经济产业现状及发展重点[J]. 中国农业信息,2013(21).

进农民增收为目的的一种新型经济产业。林下经济产业可以大幅度提高林地利用效率和林业综合效益，充分利用林地资源优势和林荫空间优势。大力发展林下经济产业，使其规模化、产业化、集约化发展，还可以高效可持续地增加农民收入，形成林业新的经济增长点。

林下经济产业以其资源利用率高、可持续发展性强、经济收入种类多、涉及流通销售面广等特点十分符合我国当下林业经济发展的态势，也十分适合我国农户进行投入发展，一旦得以良性发展可以有效地实现森林资源科学利用、环境保护可持续、农民收入大幅增长的多赢局面。

4.1 林下经济简述

林下经济是指以林地资源和森林生态环境为依托发展起来的林下种植业、养殖业、采集业和森林旅游业，既包括林下产业，也包括林中产业，还包括林上产业。科学经营林地，充分利用林下土地资源和林荫优势从事林下种植、养殖等立体复合生产经营，从而使农林牧各业实现资源共享、优势互补、循环相生、协调发展的生态农业模式。

发展林下经济是巩固集体林权制度改革成果、促进绿色增长的迫切需要，是提高林地产出、增加农民收入的有效途径，目前已经取得明显成效。要认真总结经验，科学谋划，加强引导，积极扶持，进一步加快发展步伐，确保农民不砍树也能致富，实现生态受保护、农民得实惠的改革目标。

林下经济投入少、见效快、易操作、潜力大。发展林下经济，对缩短林业经济周期，增加林业附加值，促进林业可持续发展，开辟农民增收渠道，发展循环经济，巩固生态建设成果，都具有重要意义。可以这么说，发展林下经济让大地增绿、农民增收、企业增效、财政增源。十年树木是林业生产的基本特征。相对漫长的林木生产周期，对林业发展及对林改后农民发家致富是一个重要的制约因素。只有让林地早点下"金蛋"，才能更好地促进林业生态建设及产业发展，才能更好地以良好的经济效益巩固林改成果，在兴林中富民，在富民中兴林。

发展林下经济是个系统工程，林草、林药、林牧、林禽等形式多样、内容复杂，最重要的是科学选择具体操作的突破口。

首先要加强部门沟通与合作，注重规划引导。没有合作，单凭林业一家之力，说发展好林下经济，只能是纸上谈兵；没有规划，要想发展好林下经济，也只能是瞎子摸象。因此，必须将发展林下经济与林业产业化建设、农业产业结构调整、推进循环经济、扶贫开发和社会主义新农村建设等内容融合在一起。

其次是创新发展模式，提高经济效益。一是大力发展林下种植。充分利用丰富的林下资源发展种植业，因地制宜开发林果、林草、林花、林菜、林菌、林药等产业。例如说林花产业，现在人们生活水平提高了，大家不仅满足于吃，还在追求高品质的生活，对环境的要求越来越高。花卉、园艺、苗木就派上用场了，而且卖价好。在林下种植耐阴性的花卉和观赏植物，发展前景是很广阔的。二是大力发展林下养殖。充分利用林下空间发展立体养殖，大力发展林禽、林畜、林蜂等产业。三是大力发展森林旅游。充分发挥山清水秀、空气清新、生态良好的优势，合理利用森林景观、自然环境和林下产品资源，发展旅游观光、休闲度假、康复疗养等产业，大力发展森林旅游。四是大力发展林下产品经营加工，拉长林下经济产业链，发挥集群作用，提高经济效益。

再次是拓宽融资渠道，加大资金投入。规范森林资源资产评估，建立林权交易中心和林产品专业市场，大力开展林权抵押贷款，推进森林保险，拓宽融资渠道，支持林下经济发展。按照性质不变、渠道多样、捆绑使用的原则，发展林下经济与农业综合开发、经济结构调整、畜牧养殖、扶贫开发、科技推广等项目，在资金使用上完全可以有机结合起来。

然后是加强技术服务，提高产品质量。积极搭建企业、农民与高校、科研院所、技术推广单位之间的合作平台；积极引进和推广适宜林间种植、养殖的新品种、新技术，加快科技成果转化步伐，建立林下产品产前、产中、产后的技术服务体系。严格实行标准化生产，确保林下经济产品质量。

最后是建立销售网络，培育龙头企业。集中力量，引进和培育有实力、讲诚信、影响力大、辐射力强的企业，并通过龙头企业辐射带动，采取"龙头企业+基地+大户+农户"等模式，引导农户组建林业专业合作社组织，建立市场销售网络。抓紧建设一批规模超1000亩的连片林下经济示范基地。

林下经济生产相对分散、利益主体较多，积极组建各类专业合作社、行业协会、中介服务机构，加强社会化服务体系建设，提高经营者适应市场的能力，才能更快更好地提高林下经济产业化、组织化程度。

1.因地制宜，科学规划

我国土地面积辽阔，自然条件迥异，资源禀赋不同，林产品市场需求也千变万化，发展林下经济必须因地制宜，科学规划。各级林业干部要深入基层，摸清林情，了解民意，在充分调查研究的基础上，根据当地自然条件、林地资源状况、经济发展水平、市场需求等情况，科学制定林下经济发展规划，并争取纳入当地经济社会发展总体规划。要结合实际，突出特色，科学确定发展林下经济的种类与规模，允许发展模式多样化，防止搞"一刀切"，避免盲目跟进、一哄而上。要坚持生态优先，科学利用并严格保护森林资源，确保产业发展与生态建设良性互动，绝不能因发展经济而牺牲生态。

2. 完善政策，积极扶持

各地要积极争取财政部门支持，设立林下经济发展专项资金，帮助农民解决水电路等基础设施落后问题。要大力培育主导产业和龙头企业，推进规模化、产业化、标准化经营。要通过财政投入、受益者和损坏者出资等方式，多渠道筹集生态公益林补偿资金，尽快提高补偿标准，调动农民管护生态公益林的积极性。要努力争取金融机构支持，充分发挥财政贴息政策的带动和引导作用，积极开办林权抵押贷款、农民小额信用贷款和农民联保贷款等业务，解决农民发展林下经济融资难的问题。要积极争取税务部门支持，比照农业生产者销售自产农产品，对林下经济产品免征增值税。有关林业发展资金和建设项目，要加大对林下经济的支持力度。

3. 强化服务，引导合作

各级林业部门要加强对林下经济工作的指导和服务，为农民提供全方位的科技服务与技术培训，帮助解决资金、技术、生产、销售等问题。要积极培育适宜林下种植、林下养殖的新品种和好品种，不断提高林产品产量和质量，为社会提供丰富的绿色健康的林产品。要重点研发林产品采集加工新技术、新工艺，延长林下经济产业链，提升产业素质和产品附加值，增加农民收入。要加强农民林业专业合作社建设，引导农民开展合作经营，提高林下经济的组织化水平、抗风险能力和市场竞争力。要建立信息发布平台，完善各种咨询渠道，及时提供政策法律、市场信息等咨询服务，为农民发展林下经济创造良好条件。

4. 树立典型，示范带动

各地要抓好试点示范，善于发现、认真总结、广泛宣传发展林下经济的先进典型，及时推广他们的好经验、好做法，充分发挥典型引路、示范带动的作用，推动林下经济全面发展。要通过新闻媒体、宣传手册、技术培训等多种形式，大力宣传发展林下经济的重大意义、政策措施和实用技术，做到政策深入人心，技术熟练掌握，信息及时了解，充分调动农民发展林下经济的积极性，形成全面推动林下经济发展的浓厚氛围。

4.2 林下经济的概念

在各地的发展实践中，人们对林下经济的理解也多有不同，目前关于林下经济的概念尚未有科学准确的定义。有研究者认为，林下经济，就是一种充分利用林下自然条件，选择适合林下生长的动植物和微生物（菌类）种类，进行合理种植、养殖的循环经济；有研究者认为，所谓林下经济就是充分利用林下土资源和林荫优势，从事林下养殖、种植等立体复合生产经营，从而使农、林、牧各业实现资源共享、优势互补、循环相生、协调发展的生态农业模式；有人认为，林下经济是以林地资源为依托，以科技为支撑，充分利用林下自然条件，选择适合林下生长的微生物（菌类）和动植物种类，进行合理种植、养殖的生态系统；还有人认为，林下产业开发是以林业生态经济理论为指导，遵循自然生物生态系统和能量流动规律，以林地、林木资源为依托，合理利用林下土地资源和空间环境条件，多层次、多时序配置组合，按照规模化、产业化、市场化组织开展的林下经济活动。

对林下经济的概念有不同的定义，一方面是因为用一段简短的文字来概括我国蓬勃发展、类型多样的林下经济很难；另一方面是因为这一新兴学科发展处于初始阶段。尽管如此，对上述定义加以分析就可以发现，它们在文字上的表述虽然不同，但其本质并无明显的区别。它们实际上代表了各地区的实践者在发展中对林下经济的不同见解，也正是这些不同的认识，促进了林下经济内容的进一步丰富。

综上所述，林下经济是以生态学、经济学和系统工程为基本理论，充分利用林下自然条件，借助林地的生态环境，在林冠下选择适合林下生长的动植物和微生物（菌类）种类，进行合理种植、养殖的生产与经营系统。

4.3 林下经济系统的含义

林下经济系统是一个多组分、多层次、多生物种群、多功能、多目标的综合性开放式人工生态经济系统。可以从理论和实践两方面来认识：理论上，它是对生态学、经济学及工程学等学科的创造性运用和充实；实践上，它是一种拓展产业的体系，集农林牧渔游于一体，实现了产业间经济互补、物质能量的多层互用和系统潜在生态优势的发挥。

林下经济涉及林业、农业、渔业、牧业、副业、旅游业等，根据各自的研究与发展区域，以产业的结合形式为标准，我国的林下经济系统划分为农林间作、林牧业经营、林禽业经营、农林牧经营、农林渔经营、多用途森林经营、森林旅游经营七种系统类型。

林下经济系统发端于农业、林业两大国民基础产业，理论上受多种学科指导，可望取得更高的生态、经济和社会效益；在解决资源利用和环境保护、生态及经济的矛盾，工业、农业效益差别悬殊及实施粮食、林业基本国策等方面起到有益的推动作用。让林下产业保持社会平均利润，这是稳定农业的关键所在。人类农业、林业生产的悠久历史和各种经验技术都可方便地移植到林下经济系统中去，使其具有实践可行性，这些优势决定林下经济系统有极大的推广价值，理应成为农业、林业进一步发展和社会主义新农村建设的一种新思路和模式。

此外，林下经济系统的作用在于努力使农业和林业相互结合、相互利用、相互制约，要想弄清农业和林业之间的相互制约的关系，需要有更宽的知识面和对整个农村系统的了解，同时也需要对林下经济系统实践者更加全面地培训。随着对林下经济系统研究的不断深入，会出现许多需要解答的问题，对林下经济系统的认识也不断深化，林下经济系统的结构和模式也将会日臻完善。

4.4 林下经济的内涵

林下经济不同于农林复合生产,具有丰富的生产与科学内涵。产业互补、生态优势、应用优势是林下经济内涵的主要表现。

1.产业互补

传统的农业是单一的种植业生产,保留自然经济的特性,其产业十分低下,与工、比无法比拟,在现代社会中,也不可能分享到社会平均利润。只有在农业产业链接上,与养殖业、加工业和服务业形成一体化经营后,在市场经济条件下,才能实现农业对社会平均利润的共享。可以说,林下经济就是这种产业链延伸的一种实例。

林下经济有助于减轻林业产业的压力,优化环境。就我国而言,林业由于经营周期长,抚育成本高,连续投资三四十年后才可有直接经济效益,加上我国很多贫困地区交通闭塞,教育落后,发展林业全靠"政府输血",林业对市场应变力极差,造成林业发展停滞甚至减退。正因如此,由农户发展单一林业基本是不可能的,我国农村的低集约化、各家各户分散经营的状态也不利于全民参与发展林业。

发展林下经济可以实现以短(农业)养长(林业),以林护农。林木或果木到达成熟期,只要管理得当,其比较利益将大大高于单纯的农、林业。对黄淮海平原豫北地区果园、果粮、农田防护林、农田、林地的十多年的经济效益和综合效益进行了研究,总体情况是:果园最佳,果粮间作都优于农田和林地,综合效益则是果粮最佳,农田防护林优于单纯的果园和林业,生态、社会、经济效益显著。

与单纯的农业、林业相比,林下经济有生态和经济的综合优势。农业和林业都是经济基础产业,既为人类创造最基本的生活资料和生存环境,又为社会的文明和发展提供最初始的推动力,生产初级产物,即循环和流动的物质。农业为人类提供粮食,而林业保障生态环境,两者缺一不可。我国农业和林业历来都靠政府财政补贴,自身不能解决效益低下、生长周期长、市场适应力差的问题。种种原因造成近几年不少土地抛荒不种的扭曲现象和林业发展的长期停滞,当然这些趋势主要还受经济利益的诱导影响。而林下经济可利用农、林业各自优势,达到取长补短、增产增值、经济发展和改善环境等综合效果,这正是现代全人类所追求和倡导的,所以林下经济具有广泛的应用价值和广阔的发展前景。

2.生态优势

与普通生态系统一样,林下经济的系统由生物和环境构成,环境决定生物的种类结构和生存条件,生物反过来也影响环境,同时生物与生物之间也存在复杂的相互作用,或是有利,或是有害。林下经济在人为干预下,发挥了生物间的有利作用,配置林木有利于改善自然环境条件,为作物生长创造良好的小气候。它架构于多种类、多行业的基础之上,依据生态学的营养级、生态位理论,合理组织系统结构,从而达到理想的功能和效益。

林下经济系统的多层次、多用途的结构,符合生态系统特定的物质循环、能量流动、信息传递及节约资源、提高效率、保护环境等生态和环境要求。实践中,生产者从自然、经济、社会的某些因子出发,选择生物组分来构建生产系统。如考虑土地缺乏肥力,选用豆科树种与农作物搭配,可以固氮改善地力,掌握好树的数量和布局方式,不会对农作物造成大的负面影响;在北方多风沙地区,配置农田防护林和林网,其中的林木系统在很大程度上改良了自然环境,可以涵养水源,促成局部保温保湿的稳定气候,使系统的抗逆性加强,农作物获得这样的保障,相对于"靠天吃饭"来说,是一种巨大的进步。

在干旱缺水的地区,林下经济可发挥其生态优势,林木系统的林冠可以截留降水,枯枝落叶层及活的地被层可使降水渗入土层,减少表面径流和土壤冲刷,增加土壤湿度。有研究表明,黄淮海平原营建农田林网、林粮间作系统,可使系统内土壤湿度比无林网农田对照高8%~10%,降低尘埃20%~60%,系统形成良好的小气候和自净化功能,具有较高的动力和水文效应;果粮复合模式光能利用率比周边种植模式高13%。林下经济对环境质量也有一定的调控作用,林下经济系统大气中CO_2浓度平均比单一的农业系统低,对N_2O具有一定的吸收作用。

一般认为,林下经济的目的在于持续稳定的生产力和保护生态环境,而不是破坏性扩大自然资源,这符合当前提倡的持续发展的环境保护战略,因而将林下经济在农业生产实践中大力推广具有积极的现实意义。

3.应用优势

由于林下经济发展的需要,人们将重新确定遗传改良、选育、栽植和加工利用等方面的新目标,这些对林业的发展是极为有利的。我国林下经济研究中关于这些方面的报道还很少。不同地区哪些植物相互搭配可组成最佳的生产结构,值得人们进一步研究,以充分发挥地区资源优势,探讨具有可持续性的土地利用方式。

林下经济发端于农、林业两大国民基础产业,理论上受多种学科指导,可望实现更好的生态、经济和社会效益;在解决资源利用和环境保护、生态和经济的矛盾,以及工、农产业效益差别悬殊及实施粮食、林业基本国策等方面起到有益的推动作用。

林下经济在农业、林业和牧业、渔业间形成产业互补,使农业分享到其他产业的社会平均利润,这是稳定农业的关键所在。人类农、林业生产的悠久历史和各种经验技术都可方便地移植到复合系统中去,使其具有实践可行性,这些优势决定农林复合系统有极大的推广价值,在全球可持续发展战略要求的今天和未来,理应成为农、林业进一步发展的一种新思路和模式。

不可否定，农、林作物间存在竞争等不良影响，林下经济系统种群互作已成为现代林下经济系统研究的核心内容之一。一个优化的复合结构模式必须使系统各种群具有广泛的生态位分化，在结构设计时，要充分减少种群复合经营的负互作，提高正互作，并从时、空、量、序四个方面进行系统调控，促进模式优化与系统的持续稳定。从某种意义上讲，林下经济的作用在于努力使农业和林业相互结合、相互利用、相互制约，要想弄清农业和林业之间的相互制约的关系，需要有更宽的知识面和对整个农村系统的了解，同时也需要对林下经济的实践者开展更加全面的培训。随着对林下经济研究的不断深入，会出现许多需要解答的问题，而人们对林下经济的认识也不断深化，林下经济的结构和模式也将会日臻完善。

4.5 林下经济的特征

林下经济的特征主要包括生态特征、生产特征、经济特征等。

4.5.1 生态特征

林下经济的生态特征主要包括复合结构、耐荫性、共生性、半野生性等。

1.复合结构

林下经济的结构是系统内的构成要素及这些要素在空间和时间上的配置。一般可分为物种结构、空间结构、时间结构、营养结构四种结构。这四种结构的合理性与协调性是能否充分发挥不同种类生物组合种群的共生效能，优化林下经济模式、提高林下经济效益的关键，所以合理调控林下复合结构，是林下经济发展的核心问题。

(1) 物种结构

物种结构是指林下复合系统中生物物种的组成、数量及其彼此之间的关系。物种的多样性是林下经济的重要特征之一。适合林下经济经营的主要物种一般包括乔木（经济林）、灌木、农作物、牧草、食用菌和禽畜等。理想的物种结构能利用资源并适应环境，可借助于系统内部物种的共生互补生产出最多的物质和多样的产品。对比单一的林业系统，可以在同等物质和能量输入的条件下，借助结构内部的协调能力达到增产的效果。确定物种结构需要掌握物种之间的竞争与互补关系，以达到不同物种间的最佳组合。

(2) 空间结构

空间结构是指林下复合系统各物种之间或同一物种不同个体在空间上的分布。可分为垂直结构和水平结构。一般由物种搭配的层次、株行距和密度决定。垂直结构即复合系统的立体层次结构，它包括地上空间、地下空间结构。一般来说，垂直高度越大，空间容量越大，层次越多，资源利用效率则越高。但并不表示高度具有无限性，会受生物因子、环境因子和社会因子的限制。水平结构是指复合系统中各物种的平面布局，种植型系统由株行距决定。水平结构又可以分为周边种植型、巷式间作型、团状间作型等。其中，周边种植型是农田防护林网的主要结构模式，巷式间作是林（果）作的常见模式、团状间作类型类似于团状混交等。

(3) 时间结构

时间结构是指林下复合系统中各物种的生长发育和生物量的积累和资源环境协调吻合的状况。由于任何状态（资源）因子都有年循环、季循环和日循环等时间节律，任何生物都有特定的生长发育周期，时间结构就是利用资源因子变化的节律性和生物生长发育的周期性关系，并使外部投入的物质和能量密切配合生物的生长发育，充分利用自然资源和社会资源，使得复合系统的物质生产持续、稳定、有序和高效地进行。根据系统中物种所共处的时间长短可分为短期间作型、长期间作型等形式。

短期复合型一般是以林为主的林下复合系统。在林木幼年期或未郁闭前，林下可种植作物，但林冠郁闭后，由于林下光照减弱，不能继续种植作物。

长期复合型是以农为主的林下复合系统，在物种配置时，充分考虑各物种的生物习性，一般采用疏林结构模式，充分发挥各物种的正作用，达到相互间"共生互补"的目的。

(4) 营养结构

营养结构就是生物间通过营养关系连接起来的多种链状和网状结构。生态系统中的营养结构是物质循环和能量转化的基础，主要是指食物链和食物网。营养物质不断地被生产者吸收，在日光能的作用下，形成植物有机体，植物有机体又被草食动物所食，草食动物又被肉食动物所食，这些生产者和消费者死亡后又可以被真菌、细菌等分解者分解，这些环节形成有机的链锁关系。多种食物链相互交织、相互连接而形成食物网。林下复合系统可以通过建立合理的营养结构，减少营养的耗损，提高物质和能量转化率，从而提高系统的生产力和经济效益。

2. 耐荫性

由于生长环境的影响，林下经济中所选择的作物一般具有耐荫性。耐荫性是指植物在弱光照条件下的生活能力，是植物为适应低光量子密度，维持自身系统平衡，保持生命活动正常进行而产生的一系列变化。它是由植物的遗传特性和植物对外部光环境变化的适应性两方面决定的，是一种复合性状，是植物的一项重要性状。耐荫植物之所以能在庇荫条件下正常生长，是因为它们具有低的光补偿点和呼吸消耗，在弱光下具有高的量子羧化效率。这样可以使它们在较低的光照强度下，有较高的光合物质积累。

3. 共生性

由于林下复合系统至少由两种物种组成，自然界的任何生物都不可能离开其他生物而独立，生物种群之间大多数都存在着共生、互生和抗生的关系，生物种群的协调共存是充分利用自然资源的基础，其中，生物种群之间的共生、互生是生物之间互相促进、相互防护的重要机制，因此，共生性是林下经济的生态特征之一。比如，利用豆科植物种群的生物固氮作用可以给其他种群提供有益的土壤肥力，促进植物群落的生长与繁殖。应用乔木和灌木给一些耐荫植物提供适宜的生长环境，可以改良土壤结构和提高土壤肥力，以改善植物的生长环境。

4.半野生性

林下复合系统是按照人的意愿设计和建设的人工生态经济系统，不但受自然环境的影响，还受人为因素影响，因此具有半野生性。林下经济不仅涉及农学、林学，还涉及植物学、动物学、生态学、地理学、社会学、经济学、系统科学、环境学、生态经济学、可持续发展理论、市场经济理论等诸多学科，它是多种学科的有机综合。由于林下经济产业是一种人工生态系统，有其整体的结构和功能，在其组成成分之间有物质与能量的交流和经济效益上的联系，还要充分考虑系统内各要素之间在功能上和数量上的相互依存和相互制约的关系，人们经营的目标不仅要注意某一成分的变化，更要注意成分间的动态联系，保持和加强系统内各要素的互利共生、协调发展的关系，要把取得系统的整体效益作为系统管理的重要目的。林下经济注重各物种生物学、生态学特性的统一，具备很强的生态稳定性；木本植物与作物结合延长了土地的循环周期，具备时间的稳定性。由于林下产业是一种复合的人工生态系统，在组合处理上要求有更高的技术。

4.5.2 生产特征

1.劳动密集型产业

劳动密集型产业是指进行生产主要依靠大量使用劳动力，而对技术和设备的依赖程度低的产业。扩大农民就业，促进再就业，关系农村改革发展稳定的大局，关系人民生活水平的提高，关系国家的长治久安，不仅是重大的经济问题，也是重大的政治问题。我国农村剩余劳动力多，已成为制约农村经济发展和农民增收的突出问题。因此，发展具有比较优势的林下经济等劳动密集型产业，是加快转移农村剩余劳动力的重大战略选择。

劳动密集型产业是一个相对范畴，在不同的社会经济发展阶段上有不同的标准。从我国情况看，目前，林下经济作为劳动密集型产业有以下三个特点。

(1) 不可替代性

在当前技术水平下，林下经济的相当部分劳动仍然无法被技术取代，即使能取代，对于资本短缺而劳动成本相对低廉的广大农村来说，使用技术的成本往往高于使用劳动的成本，特别是为了满足农、林产品市场上多样化和个性化的消费需求，必须保留或采用人工作业。

(2) 发展的阶段性

林下经济作为劳动密集型产业仍将伴随着我国农林经济发展的全过程，林下经济的发生与发展，有其经济的原因，也有社会的原因，林下经济成为一种产业，是市场发展的选择，也将经历兴起、发展、高潮、衰落阶段，我国的农业和林业产业化工业经过30年的改革开放，取得了巨大的成就，但总体还处于从现代化初期向中期的过渡阶段，劳动力仍呈现出典型的"无限供给"的特征，劳动密集型农业产业对经济增长的贡献和潜能尚未完全释放出来，因此，林下经济这种以劳动密集型产业为主导的发展阶段还要持续较长的时期。

(3) 存在的广泛性

林下经济作为一种劳动密集型的产业涉及一、三产业和多种所有制，覆盖城乡两大地域，遍布山林和原野，发展的形态日益丰富，惠及农村千家万户。因此，发展劳动密集型的林下经济产业是我国国情的客观要求，是促进农村就业和农民增收的重要途径。

2.技术密集型产业

林下经济是在农林复合经营基础上发展起来的新兴产业，在林下经营过程中，大量使用新技术，引进新品种，依靠科技支撑，是林下经济得以迅速发展的一个重要原因。林下经济将劳动者、生产工具和劳动对象有机结合起来，运用相应的科学理论和科技知识及智慧进行科学管理，以达到降低生产成本，提高农、林业的产出量或降低单位产品的生产要素使用量，即提高农、林业效益的目的；同时，林下经济是技术密集型产业，农、林业的技术创新成果能以最快的速度进入林下经济生产过程并实现产业化，高新技术的应用，使得现代林下经济具有很高的生产率、土地生产率和商品率；现代林下经济又是高效益的产业化的农、林业和市场化农、林业，它强调生产经营的集约化、专业化、商品化，实现种养加、产供销、贸工农一体化，由此产生的效益和利润，为新农村建设提供资金支持。

3.依托林业资源

林下经济充分合理利用林地、植物资源，通过对林业资源的利用和改造，开展农林生产，利用良好的生态环境，发展生态旅游、餐饮服务，实现了生态、经济、社会效益的增长，丰富了林业和农业生产的内容。

4.产品与市场对接

林下经济所生产的产品和提供的服务紧贴市场，以市场的需求定位产品。迎合当今社会人们崇尚绿色、崇尚健康、崇尚自然的消费观念，以市场为导向，充分利用自然的生态环境条件，生产绿色、无污染、原汁原味的"土特"产品，形成生产产品和市场完全对接，为市场提供了所需的产品和服务。

5.生产专业化

林下经济以提高林特产品商品率为目的，依托绿色，突出特色，着力做好"专"的文章。有的以林药业为主，有的以生态旅游为主，有的以绿色食品餐饮为主，有的以专业养殖为主，使林下经济的主导产品专业化进一步明显，提高了产品和服务在市场的竞争力，从而实现林下经济的最佳效益。

6.经营主体多元化

林下经济的经营者不仅包括具有一定经济实力的农民，也有农场干部职工、下岗工人和林业科技人员。经营主体的多元化使投资主体形成多元化，从而拓宽了林业投资渠道，达到了全社会办林业的目的。同时，社会各界通过投资林业分享到林业带来的效益。

4.5.3 经济特征

1.生态—循环—立体型经济

循环经济即物质闭环流动型经济，是指在人、自然资源和科学技术的大系统内，在资源投入、企业生产、产品消费及其废弃的全过程中，把传统的依赖资源消耗的线性增长的经济，转变为依靠生态型资源循环来发展的经济。它是以资源的高效利用和循环利用为目标，以"减量化、再利用、资源化"为原则，以物质闭路循环和能量梯次使用为特征，按照自然生态系统物质循环和能量流动方式运行的经济模式。循环经济是追求更大经济效益、更少资源消耗、更低环境污染和更多劳动就业的先进经济模式，它是保护环境的经济。

林下经济是一种循环经济，是一种环境友好型林业产业，具有可观的经济效益，是林业产业化新的经济增长点。北京林业是典型的现代城市林业，其林业产业是服务北京、依托城市的产业，其定位在精品高档、出口创汇和生态环保。利用首都资源优势发展林下经济可以有利于促进农、林、牧各业相互促进、协调发展，有效带动加工、运输、物流、信息、服务等相关产业发展，吸纳农村剩余劳动力就业，促进农业生产和区域经济更快更好发展。

2.以林为主的农林畜复合共赢经济

林下经济系统是一个包括种、养、加工系统的庞大体系，其整体功能和效益的发挥依赖于各种专门技术的投入。先进的技术能使系统的物种组成、结构更趋优化，循环转化率更高，系统的效益最佳，保持经济的持续增长，生态环境也得以改善。

林下经济的兴起，进一步加快了林业产业从单纯利用林产资源转向林产资源和林地资源结合利用转变，形成多维立体产业经济结构，它比单一经营能更有效地改善生态环境，实现生态系统的良性循环。同时，复种指数的提高相当于使有限的林地资源"扩宽拉长"，提高综合效益，进而实现生态、经济、社会效益多赢。

农、林、牧是生物性的物质生产部门，受自然生态环境的影响比较大，例如洪涝灾、干旱、风沙、冰雹、水灾、病虫害等，在田间广阔的地域上进行生产，自然灾害难以避免。然而林下经济的各种物种和牲畜，抵御各种自然灾害的能力是不同的，根据当地经常可能出现的自然灾害，合理配置各种作物的比例，有利于减少自然灾害带来的损失。

市场的需求和市场的价格对农、林、牧生产结构的影响也是很大的。林下经济系统通过发展多元化的复合经济，实行了产业多样化、产品多样化、结构系列化，并且积极发展加工工业，分散市场风险，只有这样才能在市场竞争中立于不败之地。

3.以短补长的可持续富民经济

林下经济是指在同一土地经营单位上，把林业、农业、牧业、副业等有机结合在一起而形成的具有多种群、多层次、多效益、高产出特点的复合生产系统。从经济上看，相对于林业生产来讲，这种生产系统收益高、见效快、投资回收期短，可以起到以短养长、以耕代抚的作用，提高劳力、财力和肥力的利用率。

传统的农业是单一的种植业生产，保留自然经济的特性，其产业十分低下，与工业无法比拟，在现代社会中，也不可能分享到社会平均利润。林下经济系统最大的特点是对土地多方面的、可持续性的利用，这显然是其他土地利用方式无法比拟的。在林下经济系统中，部分林业用地可提供给农业和畜牧业经营使用，同时森林用地以外的其他土地也被用来造林，以便提供用材林、薪炭林和其他林副产品，这使得有些地区在保护森林方面的压力有所减轻，避免了侵占或毁坏森林的事件发生。一般来讲，林业的主要目的是获取用材，而林下经济系统强调的是多用途树种，如粮食树、果树、饲料树、土壤改良树等具有很高经济价值和生态效益的树种；对于那些具有特殊根系分布、产生很多地被物和其他特性的树种在林下经济系统中得到充分利用；对于那些曾被认为对森林有害的灌木也将得到进一步开发利用。这样能更好地获得物种多样性所带来的经济效益。因此，只有在农业产业链接上，养殖业、加工业和服务业形成一体化经营后，在市场经济条件下，才能实现农业对社会平均利润的共享。可以说，林下经济就是这种产业链延伸的一种实例。

例如，林下经济中的林草模式，种草的收益完全可以保证林木成材之前幼林所需的抚育管理费用，并可实现营利。与纯林相比，有效地解决了生产周期长、投入大、见效慢的问题。林草复合经营模式的经济效益远远高于普通农作物。林草间作中草的收益可有效解决林木采伐前期的幼林抚育费用，克服了纯林营林过程中周期长、投入大、见效慢的局限性，体现了以草养林、以林护草、林草互补、长短结合的优越性。

所谓长期效益与短期效益是指林下经济中各物种生产周期的长、短及在生产周期中所获得的效益的时间是有差异的。农作物的生产周期，一般为一年，当然，还有生产周期更短的，如食用菌、蔬菜等。畜牧业的生产周期差别很大，大牲畜两三年，家畜中羊为两年、猪不到一年，家禽为几个月。以取毛为对象的羊、兔一年里收获一两次。林木的生产周期长，但效益周期的差别就很大，除用材林外，防护林和经济林虽然周期长，但在几年以后就能年年有收益，如防护效益和经济效益等，防护林周期越长，防护效益越大，这种效益体现在被防护的农业和畜牧业的效益之中。

在确定林下经济的规模、结构和布局时，必须考虑到长期效益作物和短期效益作物的匹配。做到以短养长，长短结合。为解决温饱可优先发展短平快项目，但也应该积极安排中长期效益的项目，促使农村经济的持续发展。

4.资源利用率高的多产业结构模式

同一地块上存在于农林各个组成部分之间的三种经济关系特性，即增补性、互助性和竞争性。林下经济系统经济效益的中心议题是寻求一种平衡，即单一农业经营由于林业或草畜业的介入而造成的经济损失与木材及其他产品增加而带来的经济所得之间的平衡。某一地区的光、热、水、气等资源一般是固定的，林下经济发展立体结构（空间上和时间上），可最大限度地利用光、热、水、土地等资源，可以使这些资源分层利用，提高系统的总产出。

发展林下经济有助于开发多种资源，生产多种产品，发展地方经济。林下经济系统，既可产出农产品、林产品，还可产出牧产品、旅游产品、清洁能源产品等用多产业结构模式替代了林业或农业的单一生产结构的传统模式，实现了农村产业结构的调整，增加了农民的经济收入，加快了农民的脱贫致富步伐，有力地促进了地方经济的发展。并且产业和产品的多样性，可以增强在市场经济中的竞争力和供需关系上的适应性，减少经营上的风险。在开展林下经济工作中，在确保生态效益的前提下，可以开发利用林木、植物、动物、菌类、能源（沼气）等资源，还可有意识地配置不同的林下经济，实现多资源开发利用，提高资源综合利用率，还可以形成各种独具特色的旅游景观资源，吸引广大的城市居民前来观光旅游，让具有"朝阳产业"美誉的生态旅游业在林区蓬勃发展。

由于自然资源在数量上和可利用量上都是有限的，对自然资源的浪费和不合理利用，都将导致或加深某些资源的紧缺。优化的生态系统应满足资源节约利用的原则。因此，如何在同一地块上有效地配置农林资源，从而获取最大的经济利益，构成了林下经济评价的基本内容。

5.外部性较强的林业经济形态

农业是人们利用太阳能、依靠生物的生长发育来获取产品的社会物质生产部门。农业除了具有提供食物、工业原料等功能外，还具有其他经济、社会和环境等方面的非商品产出功能，具有联合生产、外部性和公共产品等特征。随着社会经济的发展，农业的食物安全功能、环境功能等更加突现其重要性。农业的非商品产出功能并不直接反映在市场中的生产和消费的效应,即农业生产的外部性特征。

农业生产周期长,资金周转慢,技术进步滞后,较强地依赖于自然环境,农业发展反过来又影响或改变自然、生态环境。我国农业经营往往以农户及小农场为主,单位规模较小,因此农业私人成本或收益与社会成本或收益与其他产业的差距较大;再加上农产品一般来说数量大、价值低、易腐烂,运费相对高,储存损耗大,农产品价值实现的难度大,使农业在交换中往往处于极为不利的地位,农产品市场供求波动所造成的危害远远超过其他商品。这些特征使农业在生产经营过程中容易被迫接受外部成本或流失外部收益,农业与外部性因素关系十分密切。

农业的正外部性、公共物品特性及可能引起的成本提高,单纯靠市场机制无法推动其稳定发展,必须通过政府行为调整。经济学理论认为,公共部门对外部效应矫正的主要方法有税收调整、发放补贴、政府规制。其中,政府规制主要是针对负外部性的,不适于具有正外部性的农业。税收是实现外部效应内在化的传统手段,即对具有负外部效应的产品征收相当于其外部边际成本数量的税收,对具有正外部性的产品或产业通过税收减免的方式来降低其生产或消费的私人边际成本。近年来,我国农业实行免交农业税政策,税收减免方式对农民的激励作用不大。补贴也是实现正外部效应内在化的传统手段。提高政府对农业相关领域的投资力度和补贴,重点加大对农业科学研究、农业基础设施、农业环境保护与资源循环利用等的投资或补贴。通过政府增加农业科学研究的投资,引导农业科研单位将研究重点转向农业,促进农业科技进步,提高农业综合生产力水平;通过政府支撑农业基础设施建设、环境保护等项目投资或补贴,降低农业生产者成本,提高农产品价格竞争力和利润水平等措施,激励农业的发展。

不同的农业发展模式在不同方面会产生不同的外部性。林业作为大农业的一种生产方式,同样具有较强的外部性。林业生态系统是人类赖以生存的环境基础,为人类提供着巨大的经济、环境与社会效益。经济价值,主要表现为林地、林木资源的价值;生态价值,目前国际社会对林业生态价值的关注主要集中在林业的水文服务价值、森林景观或美化环境价值、生物多样性保护和碳储存价值等方面,具体来说主要包括涵养水源、保育土壤、净化环境、固碳与制氧价值、森林防护价值、森林生物多样性价值等方面的价值;社会价值,包括提供就业机会、促进相关产业发展、改善投资环境等。

正因为如此,林下经济系统的建立与发展,单靠生产者本身是很难实现的:如在收益方面,林下经济强调生态与经济的协调发展,而生态效益不是马上就能见效,生产者往往只顾眼前的经济利益,而忽略生态效益,使整个系统受到破坏;在资金方面,要建立持续稳定的生态系统,初期的资金及其他物质投入较多,但近期的收益却很少,对于收入低微的生产者来说是很困难的；在技术方面，林下经济的建立需要更为复杂的管理知识及技术措施。

此外，林下经济带来的环境效益是多方面的，其范围往往会超出系统所在地的局限，如在小流域治理中常常发生上游治理、下游受益的情况。因此，对治理地区的支持与补助实际上是对他们贡献的应有补偿。要建立这种持续稳定的生产系统，国家和地方政府在发展初期必须给生产者以资金、技术以及政策方面的支持和优惠。但是，仅有政府政策的支持也是不够的，还必须开展教育和培训，必须有生产者的参与。结构类型的选择必须基于当地人熟悉的物种及生产结构。采取"长、中、短"相结合的方法，使投资者既获得了眼前利益，又保证了长期的生态效益。

6.环境友好型经济

林下空气新鲜、清洁卫生，林下环境以其贴近自然的生产方式，使林下产品具有较高的绿色、环保、自然、无公害指数，已成为生态产业的重要组成部分。另外，林下养殖把畜禽养殖由村内转移到林间，可改变人畜混居的传统生产、生活方式，可有效减少病菌传染，改善居住环境，美化村容村貌，对不断提高农民生活质量、建设社会主义新农村将起到重要的促进作用。

4.6 发展林下经济的战略意义

所谓林下经济是指充分利用现有的林地资源和林荫优势，从事林下种植、养殖等立体经营模式，使农林牧业实现资源共享、优势互补、相辅相成、共同发展、多态经营。其具有投资周期短、投资少、易操作、预期利润高的特征，因而发展林下经济是林业实现近期得利、长期得林，以短养长、长短协调的良性循环的必然选择。林下经济是借助林地的生态环境，利用林地资源，在林冠下开展林、农、牧等多种项目的复合经营。当前，林下经济正在迅速发展，已成为一种发展热潮和经济现象，是协调长期与短期矛盾、生态与经济关系、国家与农民利益的一件大事，具有巩固集体林权制度改革、促进农民就业增收、加快林业经济结构调整、实现绿色增长的重大战略意义。

1.发展林下经济是巩固集体林权制度改革成果的重要措施

大力发展林下经济，充分利用林地资源，建立林下种、养、采集加工和森林景观利用相结合的经营模式，把单一木材生产模式引向复合林业，有利于林地尽快产生效益，有利于农民增加收入，提高林地综合利用率和产出率，提高农民的育林、护林积极性，稳定农村林地家庭承包经营制度，促进林业结构调整，更好地保护生态建设成果，全面巩固集体林权制度改革成果。

2.发展林下经济是促进农民就业增收的重要手段

传统农作物单产增加的空间十分有限，依靠传统种养业大幅度提高农民收入几乎不可能，在这种情况下，发展林下经济利用闲置林地把农村的一些多种经营项目转移到林下，在不新增占地的情况下，为农民开辟出了一个新的增收渠道。同时，林下经济品种多、见效快、就业广，广大农民群众易于接受，有利于资源优势转化为经济优势，是农村新的经济增长点，是山区、林区扶贫开发最有效的切入点，是农民脱贫致富的战略选择。

3.发展林下经济是加快林业经济结构调整的必然要求

加快经济结构调整是转变经济发展方式的战略选择。通过发展林下养殖业和种植业，提高单位面积土地产出，可以使林业产业从单纯利用林产资源转向林产资源和林地资源结合利用，起到近期得利、长期得林、远近结合、以短补长、协调发展的产业化效应，使林业综合效益得到不断提高。发展林下经济还可为社会提供丰富的可再生资源和产品，延伸林业产业链，加快农村林业经济结构调整，促进林业可持续发展。

4.发展林下经济是实现绿色增长的有效途径

绿色、低碳已成为产业发展的一大潮流，在当前低碳经济形势下，更加强调的是绿色增长、绿色就业、绿色外贸、绿色致富和绿色城镇化，林下经济发展对实现低碳可持续发展具有重要意义。林下经济产业发展顺应了这一潮流。林下经济属于典型的绿色循环、低碳的经济模式。发展林下经济提高了农民经营森林的动力，增加了森林蓄积量，提高了林地利用率和产出率；林下经济生产的是绿色产品，增加的是绿色GDP，实现的是绿色增长。在利用林下资源创造价值的过程中，科学利用生物生长相辅相成的生态循环系统，以使经济效益、社会效益和环境效益达到统一。

4.7 发展林下经济的相关理论基础

林下经济是以生态系统的形式而存在的，但同时也是生产经营的对象，具有经济系统的特性。因此，科学的林下经济发展模式必须充分考虑一个地区的气象、水文、土壤、地形地貌、人口规模、经济状况等生态经济因素，遵循生态经济学的规律与原理，才能达到生态与经济的协调发展，实现"可持续发展"。

1.生态容量原理

生态容量是指在某一特定环境或生态系统的结构与功能不致受害的情况下，所能消化的污染物的最大负荷量。它体现的是自然环境或生态系统具有的调节和自净能力，还包括可容纳生物的种类、数量，以及各种生活或行为方式的程度等。一旦系统内活动和污染物排放超出生态系统的自净能力，环境就会被污染，生态就会被破坏。因此在发展林下经济时，首先要选择适宜在林下种养的品种，使其能够自然融入林下生态体系，减少人为干预产生的消极影响，降低对系统造成深度伤害的风险。其次要在科学论证和反复试验的基础上，摸索不同林下种养模式的最佳发展规模,不能为了追求经济效益而盲目扩大生产规模。生态容量原理告诉我们只有在生态系统可承受范围内适度发展,才能协调兼顾生态效益与经济效益。因此如何确定某一特定森林系统内林下经济的发展规模与程度,是一个十分关键的问题,也是目前阻碍我国林下产业全面发展的重要原因之一。

2.生态位原理

生态位是指在生态系统和群落中,一个物种与其他物种生态位相关联的特定时间、空间和功能地位。生态位这一概念既表示生存空间的特性,也包括生活在其中的生物的特性,如能量来源、活动时间、行为及种间关系等。生态位概念不仅指生存空间,它主要强调生物有机体本身在其群落中的机能作用和地位,特别是与其他物种的营养关系。因此在进行林下经济的设计与经营时,必须考虑每个物种在生态系统中都是其特定的不可替代的维系生态系统物质、能量、信息的循环、传递等功能和系统动态平衡作用所不可缺少的一部分;也应考虑当地所处的地理位置、各类生物所处的特定生态位特点。在林下种养品种的选择上,要充分认识这一点,避免与生境中原有生物的生态位发生严重重叠,导致恶性竞争。在功能结构上,合理配置不同的生物物种,使之占据和利用各自合适的生态位,为系统的动态平衡发挥最大作用。在空间结构上,充分利用林下空间,形成上层是乔木层,中间是灌木层,下边是草本和动物,地下是微生物的复合结构,同时通过人为的科学干预开拓潜在的生态位,进一步提高生态系统生物多样性和稳定性。在时间结构上,由于任何生物都有不同的生长周期,其对林下系统中的光照、水分、养分等资源因素的利用上产生生态位的分离,这是林下经济能够产生经济效益的重要原因。所以要合理安排生产时间,科学选择种养品种。

3.市场经济原理

市场经济里,市场会透过产品和服务的供给和需求产生复杂的相互作用,进而达成自我组织的效果。一般来说,商品的价格受供求关系影响,沿着自身价值上下波动。因此遵循市场经济供求关系,在充分考虑本地区特点的前提下,选择一两种供需缺口较大、价格较高的产品在林下重点发展,形成规模经济,同时根据循环经济原理适当发展一些能够产生闭合效应的动植物作为合理补充,在保护生态系统稳定、提高生物多样性的同时,充分利用林下资源以求获得最大的经济效益。

4.循环经济原理

循环经济是指模仿大自然的整体、协同、循环和自适应功能去规划、组织和管理人类社会的生产、消费、流通、还原和调控活动的简称,是一类融自生、共生和竞争经济为一体、具有高效的资源代谢过程、完整的系统耦合结构的网络型、进化型复合生态经济。循环经济是由生态经济学派生的,是生态经济学最主要的理念和技术措施之一。传统经济是"资源—产品—废弃物"的单向线性过程,创造的财富越多,消耗的资源和产生的废弃物就越多,对环境资源的负面影响也就越大。循环经济则以尽可能小的资源消耗和环境成本,获得尽可能大的经济和社会效益,从而使经济系统与自然生态系统的物质循环过程相互和谐,促进资源永续利用。因此,在进行林下经济模式选择时,要深入了解当地的气候、水文、土壤、主要动植物种类等基本自然情况,要选择适合林下生长的动植物和微生物(菌类)种类,进行合理种植和养殖。切忌为了单纯追求经济利益而盲目种养不符合实际情况或与生态系统结构相抵触的动植物,这样要么会造成重大的经济损失,要么会严重破坏生态环境,得不偿失。在物种搭配上,要遵循循环经济思想,使处于不同生态位的动植物在生存斗争中因不断竞争边缘生态位而在时间和空间上高效利用,物质和能量的传递与吸收更为顺畅和高效,形成无废无污的、具有可持续发展能力的人工经济生态系统。比如,人们利用过去栽植的生态林发展林业产业,把森林抚育和采伐的剩余物制作菌棒的培养基质,废弃的菌棒和畜禽粪便经消毒处理后作为林木、饲料桑、牧草和药材的有机肥。桑葚每年采摘,桑叶被加工成饲料喂养禽类,鸡粪给林追肥,施用有机肥后的饲料桑蛋白质显著增加,以此喂养家禽,其蛋肉的品质和产量明显提高,生态链在这一系列过程中环环相扣、紧密连接。

5.生态经济协调发展原理

生态效益与经济效益之间的关系分为同步性和背离性。同步性是指生态效益随着经济效益的增加而增加,反之亦然。背离性是指经济效益增加,生态效益下降或者生态效益增加,经济效益下降。人类的一切活动都是在生态系统和经济系统中完成的,因此发展林下经济不可避免要涉及生态经济效益问题,如何能够在生态环境约束下达到最佳生产规模,使生态经济协调发展,是需要长期研究的问题。但是在规划设计工作中,要时刻树立生态经济协调发展的思想,将其应用到我们发展林下经济的各个环节中,力求同时获得经济和生态的正效益。因此,根据生态经济协调发展原理,林下经济的设计与经营工作应结合当地的自然地理、社会经济条件,并认真研究生态系统容量及区位优势的基础上,通过科学选择种养产品、合理布置间作模式、种养结合等来调节控制生态系统,促进生态和经济两方面的良性循环和可持续发展。

4.8 发展林下经济的支持体系

国家林业局制定的《全国集体林地林下经济发展规划纲要(2014—2020年)》(以下简称《规划纲要》)于2015年1月印发实施。《规划纲要》对林下种植、林下养殖、相关产品采集加工和森林景观利用进行了总体布局,提出力争到2020年实现林下经济产值和农民林业综合收入稳定增长,全国发展林下种植面积约1800万公顷,实现林下经济总产值1.5万亿元的目标。

《规划纲要》提出,要打造一批各具特色的林下经济示范基地,实施品牌战略;重点扶持一批林下经济龙头企业,形成"龙头企业+专业合作组织+基地+农户"的生产经营格局;到2020

年末参与林下经济的农民人数达到1.6亿人，来自林下经济人均年收入达到800元，培育出一批高素质的技术管理人才。要建设较为完善的林下产品市场流通体系，积极发展农超对接、电子商务、物流配送等现代化流通方式；初步建立产品质量安全体系，保障林下经济产品消费安全，无公害、绿色和有机产品认定比率提高；建立林下经济产品标准和检测体系，确保产品符合相关法律法规要求，提高生态原产地认定面积，进一步提高林下经济产品质量。《规划纲要》要求，各地必须从我国国情和林情出发，严格执行法律法规，继续深化集体林权制度改革、完善政策、拓宽融资渠道、加强科技支持、强化服务，以确保林下经济健康有序发展。

1.示范基地建设

我国各地自然条件差异较大，不同类型的林下经济产品一定要按照其生态习性选择适宜的种植地区，才能取得较好的经济效益。根据各地自然立地条件及发展现状，计划新增1183个不同类型的国家级林下经济示范基地，特别是在技术、资金和项目上对规模大、效益好、管理规范的林下经济示范基地给予重点扶持。通过"公司+合作组织+基地+农户""公司+基地+农户"等模式，与农民结成更紧密的利益共同体，让农民更多地分享产业化经营成果。1183个基地建设示范项目分布于东北和内蒙古片区（196个）、华北片区（126）、东部及沿海片区（287个）、中部片区（245个）、西南片区（175个）和西北片区（154个）。

2.龙头企业培育

培育林下经济生产经营的龙头企业涉及面广、吸纳就业能力强、劳动技术密集，在服务"三农"、壮大县域经济、促进就业、保障国家粮油安全等方面发挥重要作用，是促进农民就业增收的重要途径和建设社会主义新农村的重要支撑。龙头企业的培育要依托各地优势资源及特色产业，大力发展林下经济生产经营。引导龙头企业向产区延伸，促进林下经济产品就地加工转化；同时引导具有一定规模的企业通过兼并、重组、参股、联合等方式，整合资源要素，发展成为规模化、集团化、整体竞争力强的龙头企业。支持龙头企业与上下游企业组成战略联盟，实现优势互补、做大做强；提升企业的技术研发能力和装备水平，大力发展林下经济产品精深加工，延伸林下经济产业链。

培育龙头企业以提高我国林下经济产品加工业的创新能力和整体技术水平为目标，结合我国林下经济发展现状及区域特色，分领域、分品种、分区域重点支持建设重点扶持300个从事林下经济的省级龙头企业。鼓励企业采用精深加工技术、传统工艺的现代化技术与装备，有效推行良好农业规范（GAP）、良好操作规范（GMP）、危害分析与关键控制点（HACCP）、ISO9001等质量安全管理技术体系，推广龙头企业标准化生产技术。300个龙头企业分布于东北和内蒙古片区（40个）、华北片区（30个）、东部及沿海片区（70个）、中部片区（60个）、西南片区（50个）和西北片区（50个）。

3.市场流通体系建设

运用现代高新技术，采取现代组织方式，以解决林下经济产品生产、销售过程中涉及市场和信息、中介组织和龙头企业、科技推广和应用、产品加工、包装和经营等过程中所涉及的系列问题。建设全国性、区域性林下经济产品市场，形成完整、高效的市场体系；构建现代物流配送网络，形成高效、快捷的林下经济产品物流体系。以有效联结产销关系为重点，加强林下经济产品流通基础设施建设，创新产品流通模式，进一步减少流通环节，降低流通成本，建立完善高效、畅通、安全、有序的林下经济产品流通体系。

健全林下经济产品市场和服务体系，支持重点区域实施产品批发市场升级改造等工程，提升市场产品集散能力。着力构建一批林下经济产品专业流通市场，加强其在商品集散、价格调节、信息传播、科技交流、会展贸易等方面的作用。强化信息体系建设，引导生产和消费。加强部门协作，健全覆盖生产、流通、消费的农产品信息网络，及时发布蔬菜等鲜活农产品供求、质量、价格等信息，完善市场监测、预警和信息发布机制。发展冷链设施，开展集中配送。同时积极推动产地批发市场建设，发挥其在带动生产，保障供应中的骨干作用。积极培育农产品流通主体。扶持发展多种类型的农民合作组织，增强农民组织起来进入市场、获取市场信息、参与市场谈判和市场竞争的能力；鼓励个体运销户和农村经纪人向企业化、公司化、集团化方向发展，鼓励农民创办运销组织，发展民间经纪人队伍。拟培育300个林下经济产品专业化市场和建设30个林下经济产品信息网站，实现农超对接、电子商务、物流配送等现代化流通方式。300个交易市场分布于东北和内蒙古片区(40个)、华北片区(20个)、东部及沿海片区(70个)、中部片区(60个)、西南片区(60个)和西北片区(50个)。

4.产品质量安全体系建设

农产品质量安全是关系到农业发展、农民增收、广大人民身体健康的大事，目前，食品安全已经引起全社会的空前关注。加强农产品质量安全体系建设，已成为维护我国农民和农业企业权益、扩大农产品出口和抵御国外农产品对国内产业冲击的当务之急。加强林下经济产品质量安全体系建设，就是要促使林下经济产品实现高质量的生产，获得更高的经济效益，保障林下经济产品消费安全，促使林下经济从以追求产量为主到追求最佳质量和高经济效益方向转变，真正推动林下经济健康有序发展。

开展林下经济产品原产地保护，制定林下经济产品生产标准和检测体系，确保产品质量安全。重点对供应大中城市基地产品全面实施认证。优先将林下经济示范基地的产品纳入无公害产品认证管理范围，对新规划的建设面积，要将无公害农产品产地认定作为项目建设和示范创建活动实施的前置条件，终端产品要通过产品认证。规划期末，建立以国家(林业局)省地县四级工作机构为主要环节，以数据快速采集、信息即时查询、认证管理和技术信息服务为主要功能的全国无公害林下经济产品信息管理体系。

5.社会化服务体系建设

支持农民林业专业合作组织建设,提高农民发展林下经济的组织化水平和抗风险能力。鼓励相关专业协会建设,充分发挥其政策咨询、信息服务、科技推广、行业自律等作用。加快社会化中介服务机构建设,为广大农民和林业生成经营者提供方便快捷的服务。加强社会化服务组织建设,确保林下经济取得预期成效,实现"生态受保护,农民得实惠"的目标。

重点扶持673个从事林下经济的农民林业专业合作组织,带动农民发展林下经济,提高抗风险能力,并建设相关专业协会,发挥中介服务功能。充分发挥龙头企业和农民林业合作组织、科研院校的带动作用,努力实施林下经济农民培训工程,大力开展绿色证书培训,建立农民科技书屋,多渠道、多层次、多形式培育新型农民,提高农民科学种养水平和转移就业能力,培养一大批有文化、懂技术、会经营的林下经济新型科技农民,全面提高农民科技文化素质,为社会主义新农村建设提供强有力的人才支撑。林下经济农民培训体系由中央省市三级构成,原则上,每年适时组织两次培训。673个合作组织分布于东北和内蒙古片区(128个)、华北片区(75个)、东部及沿海片区(168个)、中部片区(143个)、西南片区(90个)和西北片区(69个)。

4.9 林下经济模式

纵观全国林下经济发展,产业开发模式种类繁多,主要有以下几种。

4.9.1 林菌模式

林菌模式是指充分利用林下空气湿度大、氧气充足、光照强度低、昼夜温差大的条件种植食用菌。林菌模式是在地上栽植乔木,树下种植菌菇的双层立体栽培模式。树下种菌菇使土壤湿度增加,菌菇覆盖的保湿反光膜,通过反光,增强树冠内膛光照,促进树木增长;菌菇废料是树木适宜的上等有机肥,二者互惠互利,实现植物链的良性循环。

林菌间作的优势:①不占用耕地,充分利用现有林地资源;②基础设施标准低,资金投入较少,相对于传统设施农业,林地食用菌对基础设施的要求较低,种植户在基础设施上的一次性投入较少;③生长期短,投资回收快,食用菌生产周期从菌棒投放到收获完毕一般不超过3个月,部分品种生长周期甚至只有一个半月,生产期短,降低了投资风险,加快了农民增收致富的步伐;④林菌间作,促进林木生长,食用菌生长需要喷洒适量的水,大面积的食用菌生产有力地延缓了水分的蒸发,使林木生长对水的需求有了保障,从而促进林木生长。

4.9.2 林禽模式

林禽模式是指在林下透光性、空气流通性好、湿度较低的环境条件下,放养或圈养鸡、鸭、鹅等。

发展林下养禽是充分利用林下土地资源,发展种养殖产业,实现林牧优势互补、资源共享、经济共赢的复合经营模式,是促进地方经济发展,开辟农民增收渠道,改善生态环境的有益途径。林禽模式主要是在林下养殖柴鸡。林下为柴鸡提供生存环境,鸡食昆虫,不需再喂任何添加剂,鸡蛋产量比普通鸡蛋高出15%~50%,同时,鸡粪还可以为树木提供肥料,实现了林"养"鸡、鸡"育"林。

4.9.3 林草模式

林草模式是指在郁闭度0.7以下的林地,种植不同种类的优质牧草,如苜蓿、黑麦草、鲁梅克斯等。

在此模式中,草本植物可作为纽带,使系统成为自给自足的经济型生态系统。草本植物所发挥的功能主要在于:增加地表覆盖率,有效抑制幼龄林地的水土流失和扬沙起尘;改善树木生长环境,降低盛夏地表温度,减少病虫害发生,提高林木的成活率;地表部分割后可直接作为树木的绿肥;地下根系改善土壤的理化性质,更有利于保水、保肥;作为饲草供给草食家畜,家畜粪便直接还于林地,提高了土壤肥力;林地土壤有机质含量逐步提高,同时降低了化肥的施用量,减少了对环境的污染。

4.9.4 林畜模式

林畜模式是指在生长四年以上、造林密度小、林下活动空间大的林地,放养或圈养牛、羊、兔等。

林畜模式是林草模式的延伸,也可以称为林—草—畜模式,即林下种植牧草发展养殖业,同时,养殖牲畜所产生的粪便为树木提供大量的有机肥料,促进树木增长,形成一条生物产业链。

4.9.5 林药模式

林药模式是指在未郁闭的林内行间种植较耐荫的中草药,如白芍、百合、板蓝根、田七等。

林下种植中药材,折合每公顷年收入7500~10500元,不仅有效地改善了生态,还给农民带来可观的经济效益。

4.9.6 林粮模式

林粮模式是指在未郁闭的林内行间种植豆类等作物,一般以绿豆、豌豆等小杂粮为主。随着生活水平的提高,对杂粮的需求不断增加,市场前景广阔,经济效益非常可观。

4.9.7 林油模式

油料作物属浅根作物，具有固氮根瘤菌，不与林木争肥争水水土流失，能提高土壤肥力，种植作物一般以花生、大豆为主。

4.9.8 林特模式

林特模式是指在郁闭的林地内浅埋孵化好的蝉卵种条养殖金蝉；在林地内养殖林蛙、蚂蚱等。

4.9.9 林蔬模式

林蔬模式是指根据林间光照强弱及各种蔬菜的不同需光特性，科学地选择种植种类、品种，发展蔬菜种植。

林蔬立体种植，使垦后的林地土壤疏松，保水保肥能力增强，给林地创造了良好的通气条件，起到了以气促根的作用。同时铲除了杂草，使林地得到了全面抚育，杜绝了森林火灾，降低了病虫基数，加快了林木生长速度。林蔬立体种植在幼林或成林的间伐。

4.10 林粮模式案例

4.10.1 生产绿色食品，满足市场需求

作为首都生态涵养发展区，北京市延庆区担负着保护首都生态环境和发展区域经济的双重责任，为实现"政府得绿，社会得益，农民、集体和企业得利"的目标，延庆区提出了林业由造林、营林逐步向发展林下经济转变，根据实际情况打造适合本地区的林业产业发展模式，生产绿色食品，满足市场需求，走出了一条生态、经济和社会效益协调发展的路子。

1. 多种模式齐头并进

延庆区的林下经济模式可谓百花齐放、百家争鸣，已经成为延庆区林业产业的重要发展方式。发展面积达3.5万亩，其中，林花0.7万亩，林药1.3万亩，林桑0.1万亩，林菌1.1万亩，林禽0.3万亩。涉及农户800余户1600余人，总产值达4550万元。带动农民就业1600余人，平均每亩林地比以前增收500元，同时林下经济产业也带动了相关产业的发展，当地现有玫瑰花、菊花加工厂2个，协会（合作社）2个。专业合作社作为市场、企业和基地的纽带，将农户和市场有机结合在一起，有效增强了市场的竞争力，解决了林农产品销售问题。

延庆区选定有特点的乡镇，建立起高标准的林下经济综合经营示范区，设置林菌模式、林药模式、林花模式等经营模式。在郁闭成林的栗树下栽植栗菇、在松树林下种植口蘑，在果树林下栽培黄芩、板蓝根等中草药材，这些示范区已取得成功经验，堪称在郊区发展林下经济的

典范。四海镇大面积推广林下玫瑰、茶菊种植，开辟生产香料与饮品的新市场；千家店镇建立了以中草药茶饮品、野生菌类等为主的林下经济优良种苗繁育基地。为进一步摸索林菌、林药等品种栽培技术和经验，为今后快速、大面积推广林下经济强化科技支撑，延庆区还建立了占地60亩的林菌、林药研究基地，开展产量和质量的栽培试验及科学研究。

2.多项措施合力推进

为推进林下经济的发展，延庆区采取了多项措施。

一是政府给力，创活力。区政府及各相关部门对林下经济建设给予了资金和政策保障，特别是在发展林下经济的项目立项和基础设施建设方面给予了大力的支持，重点对菌棒、微喷头、小拱棚、深水井、机井、林间道路、冷却池和大型灭菌设施等方面给资金予扶持。镇政府建立鼓励政策，对于玫瑰鲜花种植给予农民每千克成品补贴2元的奖励；腾出5栋日光温室和3栋春秋棚专门作为村民菊苗繁育基地，并聘请农业专家到田间地头对茶农进行技术培训，手把手地教茶农栽植定植、田间管理和病虫害防治等技术。

二是因地制宜，合理种植。延庆区结合各乡镇自身特点，在充分调查研究、考察市场的基础上，借鉴其他郊区（县）经验，立足本区条件，制定出适合自身实际的发展模式。坚持稳步实施，先行培育试点，重视示范带动，让农民群众看到林下经济发展的成效和收益，增强其辐射带动作用。四海镇气候非常适宜玫瑰、菊花和食用菌的生长。政府利用这个优势，对区域进行了区划：楼梁村地处深山，海拔较高，特有冷凉天然条件，适宜发展茶菊；黑汉岭村利用松林繁茂，野生食用菌自然生长的特殊环境，进行仿野生食用菌驯化和栽植及特色林药——猪苓的种植示范；同时还在公路两侧进行玫瑰产业带建设。

三是搞试点，带发展。林下经济是一项新型产业，延庆区立足本地实际，选择适宜发展的模式，抓好典型示范带动。2007年在楼梁村动员几户农户进行试种茶菊，当时新鲜茶菊1千克卖2元钱，每亩产值在1500元以上，金灿灿的菊花给寂静的小山村增加了一道靓丽的风景。2008年，其他村民纷纷效仿，涉及全村98%的农户，种植菊花302亩，占全村总耕地的94%，成了名副其实的菊花村。当年全村菊花平均亩产2000斤，亩收益2000元，总产值达60万元。现在通过政府的支持，茶菊生产已成为当地的品牌项目，向周边地区规模扩散，总面积达1500亩，带动周边农民增收致富。

四是引进新品种、新技术。新品种、新技术的引进为丰富林下产业链，壮大产业规模打下了坚实基础，全面提升了延庆区林下经济产业的发展水平。四海镇在茶菊和野生食用菌发展上大量引种和推广了新品种核心技术，茶菊新引进金米1号、2号、3号和胎菊等新品种，林菌栽培技术由原来的人工培育转变成了穴播仿野生和半人工仿野生口蘑栽植，品种由原来的褐口蘑增加为白口蘑、栗磨、香菇、猪苓。穴播仿野生技术的推广为村民增加了一笔可观的收入，周边村民每年仅上山捡野生菇一项收入人均可达6000～8000元不等。仿野生林药猪苓，已经发展到2000多亩，将改变我国目前猪苓野生资源稀少的现状。

3.蓬勃发展大见成效

林下经济的蓬勃发展已在一些示范地区大见成效。四海镇位于延庆区东部山区，四面环山，生态环境优良，森林资源丰富，平均海拔700米左右，昼夜温差大，气候冷凉，非常适宜发展林下经济，尤其是林下食用菌和茶菊等。从2007年起，该镇看到林地资源优势的巨大潜力，充分利用丰富的森林资源和独特的冷凉气候，重点发展林下仿野生菌栽培和林缘菊花、玫瑰等，生产出仿野生食用菌、茶菊、玫瑰花等天然绿色食品，直接供给相关超市，满足市场需求。截至目前，四海镇重点发展了林菌、林花（包括茶菊和玫瑰）和林药（猪苓），其中林菌1.2万亩、茶菊0.3万亩、玫瑰0.2万亩、猪苓0.2万亩。在楼梁、前山、王顺沟等村建立了茶用菊花一条沟，在黑汉岭和大胜岭村等村建立了油用玫瑰带，在黑汉岭、前山和菜食河等村的山上林下种植了仿野生口蘑和猪苓分布区。经过几年发展，四海镇的林下经济大大提升了当地的林业产值和农民收益，已成为四海镇的主导产业。

千家店镇位于延庆区东部深山区，属山地生态保育区，现有耕地22594.5亩，几年来退耕退稻还林1.9万亩，封山育林12万亩，现有山场面积47.8万亩，林木绿化率为82%。根据当地的气候条件和丰富的林地资源，非常适宜林药的发展。千家店镇从2005年开始种植黄芩，在镇政府号召下及给予资金补助的支持下，村民种植黄芩的热情高涨，发展规模不断扩大。截至目前，全镇共种植黄芩等中药材1.3万亩，三年后亩产600千克（鲜重），按3元每千克计算，亩产值达1800元。黄芩的嫩尖可做黄芩茶，根可入药，黄芩花开的时候一片紫色，万亩的紫花不仅酝酿着收获，而且给风景优美的千家店更添秀色，给辛勤的人们增添了无限的喜悦与希望。

伴随着中国社会向"小康"型社会的转轨，人们对农产品和食品质量的要求越来越高，尤其是对无公害食品、绿色食品的要求。延庆区发展林下经济产业，所生产的产品，充分体现了延庆区"国家级生态示范县"的特性，纯天然、绿色、有机，在满足市场需求的前提下，充分调整了延庆区林农业产业结构，使林业产业结构和农民脱贫致富得到了有机结合，传统的农业生产方式开始向特色农业方向转变，带动了农民增收和区域经济的发展，实现了惠农富农的目的。

4.10.2 绿色有机创品牌，营林农户富起来

近年来，山西省沁县林业生态建设走上了健康快速发展轨道。2008年至今，累计完成灭荒造林面积20万亩，植树2000万株，新栽核桃5万多亩，建成了环城八大森林公园，让350千

米公路变成了绿色生态长廊。全县林地面积已达73万亩,森林覆盖率已达36.5%。与此同时,县委、县政府紧紧抓住集体林权制度改革的机遇,大力发展有机绿色林下经济,为全县生态建设注入了新的活力,也为农民增收开辟了新的渠道。目前,全县利用林下养羊、养鸡的农户达51户,利用林下种植牧草、林苗、药材等作物面积已达8万亩,林下经济已呈现出蓬勃发展的强劲态势。

1.穷则思变,寻找致富突破口

沁县是山西省长治市范围内唯一的无矿产资源县,也是全市财政收入最低的县,人民群众改变落后面貌的愿望十分强烈。在科学发展观指导下,沁县县委政府通过全民大讨论,确立了依托千泉百湖宜林面积广阔又没有工业污染的资源环境优势,建设"北方水城,中国沁州"的发展战略,把林业建设摆上了前所未有的发展高度,沁县林业也进入了有史以来发展最快,效果最好的时期。

快速推进造林绿化,彰显了沁县青山绿色的优势,提升了人气,也引来了商机,但在这个过程中,也遇到了投入如何解决,农民如何增收的问题。对此,县委、县政府在认识上实现了由单纯强调一种效益转向了生态、社会、经济三个效益并重上来,提出了以林养林,以短养长,大力发展林下经济的工作思路,并且结合沁县正在极力打造全国有机食品加工供应基地,休闲度假旅游胜地,生态功能区三大任务,把发展林下经济作为绿色有机品牌纳入政绩考核指标体系,紧抓不放,推动全县林下经济发展形成了持续不断的热潮。

2.打造品牌,突出绿色有机特色

发展林下经济,就是为了让农民富起来。为此,沁县叫响了"林下经济有标准,绿色有机作统领"的口号,引导广大营林户不论用哪种模式发展林下经济,不论你是种小杂粮、沁州黄,还是发展林苗、药材、养鸡、养羊都要符合绿色有机的标准。沁州黄集团、禾宝中药材公司、佳美食品公司、晋汾高粱公司等龙头企业发挥了带动作用,和广大农户签订了合同,产品质量高,售价高,效益好,农户尝到了绿色有机的甜头,绿色有机也成了他们发展林下经济的自觉追求。林权制度改革后,全县65万亩集体林地全部明晰了产权,确权发证。广大个体农户真正拥有了林地使用权、林木所有权、经营权、处置权和收益权,由过去绿化造林以政府、集体投入为主变成了以群众个人投入为主的多元投入机制,缓解了造林绿化资金投入不足的矛盾,闲置多年的林下土地成为农民发展种养业的广阔天地。为了更好地服务林农,县政府组建了由科委、林业、农业、畜牧等部门牵头的专业技术服务队,定期到各乡镇进行技术培训指导,帮助农民搞好产销衔接,各职能部门还及时提供市场信息,帮助群众与外地大型企业签订购销协议,从而保证了农民发展林下经济的效益。

3.典型引路,带动千家万户就业致富

杨安乡佛堂岩人均拥有5亩核桃树,松村乡朝仁村也达到了人均一亩核桃林,他们试行核桃加低秆作物林下经济模式已运行多年,农户当年收入不减,核桃产业更是为长远致富奠定了基础。定昌镇上曲峪的武国芳率先行动,先后购买了2000多亩荒山荒坡,成立了华英林牧开发公司,把从事摩托销售多年的积蓄全部投进去,生态林以刺槐为主,经济林以核桃为主,林下间作低秆作物,以粮、苗木、药材、苜蓿为主,苜蓿喂羊,羊产粪,粪养树;林地生虫,鸡吃虫产蛋,绿色鸡蛋一斤买到15元。循环产业模式,每年林下经济收入达50多万。这些活生生的事实,让农民看到了希望。为了推广这些做法,沁县采取"点亮一盏灯,照亮一大片"的办法,典型引路,在报纸上刊登,电视上播放。还在朝仁村召开了全县发展林下经济流动现场会,乡村两级干部及300多名林业重点户参加了会议,对全县林下经济的发展起到了有力的推动作用。

综上所述,沁县发展林下经济的主要做法在于"一放一统","放"就是要把全县65万亩集体林地的潜力释放出来,把全县12万农民发展林下经济的热情释放出来;"统",就是以绿色有机的品牌战略为统领,起点高、定位准。在这"一放一统"之间,受益最大的是沁县的农民,是沁县的生态。据粗略统计,全县农民今年人均林下经济收入可达200元,全县森林覆盖率近年来年均增长1个百分点以上。沁县已确定了打造全国有机食品加工供应基地,休闲度假旅游胜地和生态功能区的奋斗目标。今后,每年的森林覆盖率提高要保持在2个百分点以上,农民人均林下经济收入要年均增加100元。通过这一战略,创绿色家园,富全县农民。

4.10.3 登封农民争当"芥丝人"

提起河南登封,不少人都会想起芥丝。51岁的石道乡陈村村民韩会卿,就是"芥丝人"。[1]

当年,韩会卿只是个"面朝黄土,背朝天"的普通庄稼人;如今,他有了一个专门加工芥菜的公司+农户的种植合作社,成了远近的"名人"。近日,走进韩会卿的少林牌芥丝加工厂,说说他的致富经。

芥菜是登封特色产品之一,并有着"登封第一菜"的美誉。而在十几年以前,芥菜并不是登封的什么特色产品。1999年的中秋节前后,韩会卿和同乡几位种芥菜的农民一起,开始尝试对自己种植的芥菜进行深加工,拿到市场上去卖。没想到产品刚一上市,立刻供不应求、全部销售一空。

发现商机的韩会卿一下子有了信心。经过几年的细心摸索,2001年嵩颖农副产品有限公司成立了,并注册了"少林"牌商标,成为乡里"第一个给芥菜取名字的人"。

因为生产的芥菜质量稳定有保证,"少林"牌芥菜很快畅销到省内不少城市,并逐渐在

---

[1] 资料来源:人民网-河南分网,2015-10-26。

全国小有名气，也成为登封的当地的土特产。但韩会卿并不满足于这小小的成绩，他决心抓住农村改革的大好机遇，带领当地农民共同脱贫致富。

为把芥菜加工打造成经济产业，韩会卿投资组建了"登封市颖福种植专业合作社"，和大家一起探讨芥菜种植的先进经验。采用了"公司+农户"的模式，在当地大金店、石道、君召等乡种植芥菜800余亩，带动农户500多户。

嵩颖农副产品有限公司从开始建厂到现在，为村内提供了很多就业岗位。如今工人就有50多人，他们中间大部分是家庭较为贫困，没有固定收入的村内贫困户和留守妇女。现在在韩会卿的公司里干活，年收入能达到5000元左右。

韩会卿介绍，目前企业除了加工芥菜外，还增加了韭花、黄豆酱、五香豆豉、黄瓜酱、香椿等一系列产品，根据不同需求有各种包装。陆续获得了郑州市龙头企业等荣誉，为公司今后的良性发展打下坚实基础。

在芥菜大规模上市季节，由于没有保鲜措施容易积压，村民们只能将辛苦种植的芥菜低价卖给菜贩，再由菜贩们转手运往外地销售，赚取一定的差价，这严重影响了村民们的种植效益。如果能做好芥菜的冷藏保存工作，通过减少长途运输损耗，提高芥菜品质，延长芥菜的收购和采收期，每年能为农民增加不少收入。于是，韩会卿找到了郑州市总工会群众工作队调查的工作人员。了解情况后，工作队专门帮助韩会卿申请了几十万的专项扶持资金，用于建立专门的冷库，确保收购芥菜的新鲜度，带动农户增收。

这回让韩会卿更加有底气。韩会卿说："有了政府的支持，让我们农民致富的路走越宽了。"未来，韩会卿有更深远的打算，"扎根农村，把农民流转出来的土地高价承包，然后统一播种，统一管理，争取让乡邻劳动强度减一半，经济收入翻一番。"

乡亲们说，看咱农村人做生意也是有模有样。韩会卿笑言，他一直在不停地摸索着前进。他认为，不管经营的是什么、搞什么商业，只要实打实地干就能取得成功。

要问起老韩的"致富经"，他说："不能只顾眼前利益。有时候回钱快，有时候回钱慢。但是慢点也没关系，关键是以诚信为先。"

韩会卿说，他答应别人的事就要兑现。不拖欠任何款项，不打白条，现场结算，在困难的时候，宁可自己赔钱，也要先把种植芥菜农户的钱结算清楚。

诚信、执着，这就是韩会卿带动乡亲们脱贫致富的"成功秘诀"。

4.11 林草模式案例

4.11.1 依靠林改蹚出脱贫致富新路子

宕昌县位于甘肃省南部，总面积3331平方千米，农业人口28.66万人，集体林地149.5万亩，其中生态公益林140.5万亩，占94%。境内山高坡陡、土壤瘠薄、植被稀少、滑坡、泥石流等自然灾害频发，2001年被国家列为扶贫开发重点县。2010年，全县农民人均纯收入1873元，贫困人口14.37万，贫困面达50.1%。林改后，经济贫困、生态环境脆弱地区的农民如何有效利用家庭承包经营林地实现脱贫致富，县委、县政府积极理思路、想办法，引导和扶持农民大力发展林下经济，在实践中蹚出了一条依靠林地资源脱贫致富的新路子。

1. 强化政策推动，提供优质服务

农民通过林权制度改革获得林地林木承包经营权后，如何利用林地资源发展林业产业，有效增加经济收入，贫困地区的农民的确办法不多。为了使农民手里的林业生产资料由"死"变"活"，县委、县政府在大力宣传各地发展林下经济的典型经验，以鲜活的典型事例调动农民发展林下经济积极性的同时，研究制定了《宕昌县集体林权制度配套改革方案》，出台了宕昌县集体林权流转、林木林地管护、农民林业专业合作社建设、林权抵押贷款等管理办法，为农民经营林地、发展林下经济提供了政策支持。县委、县政府及时研究成立了正科级建制的林业综合服务中心，为林权管理、森林资源资产评估、林权流转、林权抵押贷款、法律政策咨询、科技推广等提供了优质、高效、便捷的服务。林业部门抽调142名工作人员，实行局领导包片、部门负责人包乡、技术人员包村的"三包"责任制，深入现场开展技术指导，跟踪服务。充分利用春节期间农民工返乡的有利时机，抽调20多名林业科技人员，深入乡村发放宣传年画5万张、传单5万张和《林业十项实用技术》5.5万册，举办培训班28期，就林下种植养殖、病虫害防治等实用技术进行了专题培训，为农民发展林下经济奠定了技术基础。

2. 立足县情实际，确定发展模式

宕昌县地处偏远山区，立地条件差异大。为了因地制宜的发展林下经济，县委、县政府在调查研究的基础上，提出了"南椒、北梨、东核桃、西部栽植落叶松"和"林草间作促养羊、林下发展生态鸡"的发展思路，编制了《宕昌县集体林权制度改革后林业主导产业发展规划》，明确了目标、任务和措施。2010年充分利用春秋两季植树造林的有利时机，由政府提供苗木，扶持群众栽植花椒、核桃、梨、落叶松等经济生态并用型树种1400多万株，面积达6.4万亩，是过去年造林量的6倍多。哈达铺、何家堡等乡（镇）的部分农民利用承包的林地栽植优质早酥梨等特色经济林果18000株，543亩。南河乡寺卜寨村163户农民在承包的林地上，栽植材质好、用途广、生长快的日本落叶松30多万株，建成了1500亩速生用材林基地。甘江头乡赵家山、袁家

山、甘江头等村充分利用当地海拔低、气候温暖湿润、适宜花椒生长的优越自然条件和政府每亩补贴30元的优惠政策,在承包的荒山上集中连片栽植"大红袍"花椒1.1万多亩,挂果后,户均年收入可达2.6万元。

3.典型示范引路,开辟致富途径

为了让群众林改后快步走上脱贫致富之路,宕昌县通过上项目、协调金融部门贷款、开展种养实用技术服务等措施,大力扶持引导农民发展林下经济。全县为682户群众办理林权抵押贷款1230多万元,有效解决了农民发展林下经济缺乏资金的问题。南河乡寺卜寨村56户群众,为了真正达到"林木受保护,农民得实惠"的目的,坚持走"林下种草供饲料,舍饲养羊增收入"的发展路子。利用林权抵押贷款80多万元,县里为每户扶持3000元,林草间作种植紫花苜蓿760亩,修建圈舍28座,建成养殖小区1处,养羊1645只,年出栏羊收入25万元,户均增收4400多元。将台乡赵海忠同本村农户签订合同,以租用的方式流转当地群众承包的连片林地1000亩,投资120万元,修建圈舍10座、鲜蛋储藏室1间,放养土鸡1万多只,实现年销售收入80万元。由于效益看好,其他乡镇的群众自发到赵海忠林下养鸡场观摩学习,要求购买鸡苗喂养,赵海忠主动跑市场,调运雏鸡苗,经过温室育雏脱温后销售给其他群众养殖,形成了以点示范带动农民发展林下养殖的新格局。通过典型带动,全县已建成了万只以上林下养鸡场7处、千只林下养鸡场50多处,新增百只以上林下土鸡饲养户170多户。林下经济的快速发展为农民开辟了脱贫致富的有效途径,已成为林改后农民增收的新亮点。

宕昌县通过大力发展林下经济,使全县林下经济总收入目前达到了749万元。依靠林改,逐步探索出了贫困地区依靠发展林下种养业帮助农民脱贫致富的有效途径。下一步,将继续在引导扶持群众利用承包的林地,发展市场前景广阔、富有地方特色的经济林果和以土鸡、蜂、柴胡等为主的林下种养业来增加农民收入的基础上,以市场为导向,采取对外招商引资、对内联合个体经营大户、盘活民间资本等途径,兴办林果产品加工企业,推动资源优势向产业优势、经济优势的逐步转轨,提升林果产业整体质量和综合效益。同时,推广普及林业十项管理技术,解决在栽培和管理上的技术瓶颈问题。积极争取林果基地建设项目,以项目为载体增加资金投入,并用足用活各项优惠政策。进一步协调金融部门加大林权抵押贷款力度,整合社会资源,吸纳和盘活社会各类资金,形成多元化投入、多主体经营、高起点的林下经济和林果产业发展新格局。

4.11.2 长中短结合,林草畜互促

海原县地处宁夏中部干旱带,平均海拔1951.3米,地貌为黄土丘陵沟壑区,属典型的大陆性季风气候,常年干旱少雨,风大沙多,自然条件恶劣,生态环境脆弱,水土流失严重,各种

灾害频繁，尤以旱灾为主，年平均降水量300毫米左右，蒸发量高达2136毫米，为降水量的7.3倍，素有"十年九旱"之称，是宁夏最干旱的县（区）。全县总人口39.4万，土地总面积6899平方千米，林业用地287万亩，人均占有林地7.3亩，耕地403万亩，人均占有耕地11.7亩，是一个以农牧林业为主的少数民族聚居的国家级贫困县。

长期以来，海原县经济发展滞后，主要受困于林业和牧业发展的相互制约，且矛盾日益凸显：本来脆弱的生态环境在人为的滥垦滥牧下生态急剧恶化，干旱少雨，水土流失严重，从而导致林牧业发展失衡。为了彻底解决林牧争地的现实矛盾，加快生态环境建设，海原县抢抓集体林权制度改革的历史机遇，紧紧围绕"生态受保护，农民得实惠"的改革目标，按照"生态建设产业化，产业发展生态化"的发展思路，积极探索林草间作，成功创造出"长中短结合，林草畜互促"的林业发展新模式，逐步走上治理水土流失，改善生态环境，促进农民增收的路子。

1.因"山"制宜，长中短结合创先河

海原县依据特殊的县情和资源优势，在坚持生态优先的前提下，因山制宜、综合治理：在中北部风沙干旱区，积极引导农民用柠条、沙棘、紫花苜蓿等生态经济型灌草树种对承包到户的林地进行造林，既能确保农民通过采摘果品、畜草等取得一定的经济利益，又达到了防风固沙和水土保持的生态防护作用；在中南部黄土丘陵干旱区，为农民免费提供树苗，积极鼓励农民营造以山杏、落叶松、山桃、沙棘、紫花苜蓿为主的林草结合型水源涵养林和水土保持林，既促进了生态保护，又为农民发展林下种养殖提供了便利条件，增加了收入。海原县还在宁夏率先创造出种草养畜与长中短期效益有机结合的新模式，短期效益即鼓励农民种植紫花苜蓿、柠条等生态经济型灌草树种，当年种植当年受益，调动农民的积极性；中期效益即引导农民种植山杏、山桃、落叶松、沙棘等耐旱生态树种，几年内农民可以通过采摘林果和林产业加工增加收入；长期效益即鼓励和扶持农民群众封育补植、营造不同类型的林木，通过农民在林下发展种养殖业，带动营造防风固沙林和水土保持林，达到农民长期得增收、生态长期受保护的共进双赢目的。

2.变"弃"为宝，林草畜互促谋发展

海原县始终坚持把生态建设与农民脱贫致富相结合，与产业结构调整相结合，大力发展生态型林草业。通过"以林促草、以草促畜"，推动种草养畜主导产业的快速发展，把昔日遭人"弃"的草变成了带动农民增收致富、促进生态保护的"宝"。一是实施林草间作，达到"以草养畜、以畜养林"的目的。紫花苜蓿的适应性强、产量高、品质好，很适合海原县大面积推广种植。为此，海原县在全县大力推广种植以紫花苜蓿为主的林草间作，先后在树台乡韩庄行政村、曹洼乡脱烈村等地完成林草间作面积22万亩。同时，通过政府补贴与农民自筹相结合的办法，为农民投放铡草机、饲草料加工机械1000余台，仅一年收购、加工、储藏苜蓿1800吨，配制混

合饲料500万千克,粉碎饲草料2000万千克,有力支持和带动了舍饲畜牧业的发展,达到"以草养畜、以畜养林"的目的。二是通过嫁接改良山杏、山桃,增加农民收入,达到"以林养林"的目的。鼓励农民在承包地种植山杏、山桃等经济作物,目前全县种植面积已达22万亩。通过嫁接仁、肉用杏新品种,发展典型户,建立示范园,培育龙头企业,走"企业+基地+农户"的经营模式,促进了杏(桃)产品的保值增值,增加了农民收入,同时达到了"以林养林"的目的。三是探索开发利用柠条资源,达到了"以林保林"的目的。柠条是海原的优势抗旱树种,其营养价值高,牲畜适口性好,适合作为饲料加工原料。为此,海原县通过免费提供草种、长期提供技术指导等有力措施,积极鼓励农民种植柠条。目前全县已形成直播柠条造林40多万亩的规模,发展饲料加工企业5家。利用柠条平茬更新复壮、永续利用的特点,农民通过卖草和发展舍饲养殖增加了收入,同时避免了砍树毁林现象的发生,达到了"以林保林"的目的。

3.因"时"利导,林下经济发展谱新篇

为了带动林草畜互促的经济产业,海原县立足实际,紧抓集体林权制度改革的大好时机,积极鼓励农民利用承包到户的林地发展种草、果,养羊等林下经济。目前,全县已发展以紫花苜蓿为主的林草间作22万亩,通过嫁接改良山杏、山桃22万亩,直播柠条造林40余万亩,农民通过种植紫花苜蓿、柠条等年产干草2000万千克,支持农民发展舍养羊近百万只,人均年收入从过去的784元上升到现在的1253元。通过林草间作和封山禁牧,全县的林地草木得以生长,水土流失得到一定程度的遏制,风沙少了,雨水多了,生态环境明显改善。特别是农户以承包的林地为资本与企业联营,吸纳了大量资金发展林业,使林农收入有所增加,同时也为封山禁牧、舍饲养殖,以及社会稳定与和谐奠定了良好的基础。

4.12 林药模式案例

4.12.1 连翘连了心,大念"效益经"

近年来,随着集体林权制度改革的稳步推进,山西省安泽县委、县政府以增加农民收入为突破口,把发展林下经济作为一项富民产业来抓,大力发展青翘、连翘、羊肚菌、草菇、松菇及400余种中药材,野生连翘面积高达100余万亩,总产量达400余万千克,占全国连翘产量的1/4,成为全国连翘生产第一县。到目前全县林业总产值达到8000余万元,林下经济产值6000余万元,农民人均林下经济收入1000余元。

1.大规模发展连翘,向荒山要效益

安泽县总面积1967平方千米。境内山峦起伏,沟壑纵横,水资源丰富,土地肥沃,自然生态条件得天独厚。从20世纪50年代起,在县委、县政府的大力号召下,安泽人民组成青年造林远

征突击队，背起镢头，向荒山进军、向荒山要绿。几十年来，先后19任书记、县长高举绿色接力棒，一任接着一任干，累计造林近200万亩，使全县森林覆盖率达67.2%。为了使林业经济真正成为一项富民产业，安泽县在着力保护野生连翘资源前提下，逐步扩大连翘种植面积。一是结合退耕还林搞种植。从2002年开始，重点营造以连翘灌木林为主的连翘、刺槐、侧柏三合一的混交林。如今，老百姓营造的连翘林已见到了效益，尝到了甜头。二是依托太行山绿化搞种植。安泽县实施国家太行山绿化示范工程的县，利用国家重点工程投资，每年发展一万亩连翘。三是由农民群众自发扩大种植面积。县委、县政府制定出了农民开发荒山、荒坡，发展连翘的优惠政策，规定谁栽植，谁所有，谁受益，并可继承，且70年不变，着实为农民发展连翘吃了定心丸。同时，还依托示范园区与林业部门一同创建起了一支社会化的专业服务队伍，为农民发展连翘产业提供"种—产—销—加工—包装—外调"一条龙服务。目前，全县已累计发展连翘10余万亩，大部分已开始挂果。

2.推迟采收时间，向质量要效益

连翘是一种具有清热解毒功效的大路中药材，它在白露前采收的为青翘，需要煮熟晒干后方可入药；在立冬后采摘的叫连翘或者叫老翘，需要除去枝、叶、杂质后入药。老百姓普遍都存在着急功近利的不良行为，他们的自然习惯是在每年的三伏天就上山采摘，这时候采摘的也能入药，但质量、药用价值、价格都普遍很低。为了切实提高产品质量，提高经济效益，县委、县政府高度重视，采取一系列措施，遏制抢青现象，使青翘由原来的14元每千克增加到现在的20元每千克，连翘价格也有所提高。

3.进行产品认证，向品牌要效益

安泽连翘俗称"岳阳连翘"，以个大、色泽饱满、药用价值高而在全国享有盛誉。但是由于没有进行产品认证，价格一直上不去，一直徘徊在14元/千克左右。为了提高产品质量，真正做到向品牌要效益，2003年县林业部门在府城镇义唐村北山建立起了1万亩的安泽连翘"GAP"认证基地，2004年又在兰村林场大豁子营林区，利用国家农发资金投资50万元建立起了1万亩的连翘种植基地，这两处基地全部都是选用地道的"岳阳连翘"种子进行育苗，并进行规范化栽植。2005年与山西省中医学院签订了技术和科研合作合同，依托中医学院的高科技技术，将对优质山西地道连翘种子进行分析研究，主要解决野生连翘变家种、种子复壮、开花不结果、无性繁殖以及生根率低的技术难题，在"GAP"认证过程中和质量控制技术研究上，主要控制制定了育苗操作规程，种植操作规程，产地采收、加工操作规程。通过各种规程规范制定的技术要求来实现国家"GAP"认证。目前，科研单位已对认证基地的连翘产品进行了多项检测，为下一步"GAP"认证打下了坚实的基础。

4.延伸产业链条，向加工要效益

为了提高效益，延伸产业链条，2004年成立了安泽县时珍有机中药材开发有限公司。该企业注册资金1000万元，占地27.2亩，企业职工68人，其中高级职称6人，中级职称14人，技术人员21人，主要对青翘、连翘、桔梗、黄芪、甘草、板蓝根六种产品进行深加工，每年加工1000吨中药材，年销售收入20975万元，年利润528.7万元。在公司的带动下，府城镇、冀氏镇、良马乡等5个乡镇6000余农户发展连翘规范化种植，500余户发展包装运输业，极大地优化了农业产业结构，增加了中药材生产的科技含量，推动了当地中药材产业化发展，农民人均因药材增收400元，人均林下经济收入达到了1400元。

为了把连翘产业做大做强，占领国内市场，打入国际市场，安泽县又开发了以国有林场为龙头的林下经济深加工产业。该项目概算投资860万元，占地30余亩，项目建成后，每年可再增加1000吨中药材深加工和200吨的菌类产品深加工，可辐射带动8000余农户，还可增加就业100余人，每年可增加财政收入1000余万元，增加农民收入600元。他们的发展目标是：利用5年的时间，使全县连翘总产量达到600万公斤，占到全国总产量的1/3，在扩大种植、产品加工、延伸产业链条过程中，辐射带动全县80%以上农户，使农民人均纯收入得到6000元以上，为老区人民发家致富开辟了一条光辉的道路。

4.12.2 做大做强龙头企业，着力打造中药材大县

建平县位于辽宁省西部，地处科尔沁沙地南部，是一个"六山一水三分田"的丘陵山区，全县31个乡镇、四个国有林场、259个行政村，总人口60万人，其中农业人口48万人，总土地面积729万亩，耕地面积219万亩（拥有退耕还林面积21.71万亩），有林面积320万亩，森林覆盖率42%。

近年来，建平县委、县政府在农业产业结构调整中，鉴于中药材种植季节性要求不严格，春夏秋播种均可，属避灾农业项目，特别适合建平县十年九旱的气候条件，把林下中药材种植作为发展区域特色经济的"一县一业"优势产业来抓。在不改变野生药材品质的前提下，一方面对药材的良种选育、平衡施肥、高产栽培等技术进行研究；另一方面在药材适生区，依托中药材种植加工龙头企业，采取"公司+基地+种植合作社+农户"的产业化经营模式，组织广大农民进行人工种植。2010年，全县中药材种植面积达10万亩，种植乡镇有21个共2万多户，年产量3万吨左右，年产值达3亿元，林农人均收入达2300元。

1.发挥林下种药优势

近年来，"回归自然，绿色消费"的理念成为时尚，中药因取材于自然界，其纯天然的特色受到现代人的青睐，很多中药不但可以药用，而且还可以食用，国际国内的中药材市场越来越

好。早在20世纪80年代，建平县中药材种植销售就享誉国内外，供不应求。

建平县发展中药材产业具有许多优势条件。

一是自然条件优越。建平县处于优质药材种植的"黄金地带"，有充足的热量，所种植的中药材品质优良。绝大多数中药材都具有抗旱性，有的品种对季节性要求不严，可春、夏、秋三季播种，而建平县正处于半干旱区，特点是"十年九旱"，因此，建平县更适合耐旱的中药材种植和生长。土壤质地为沙壤土，通透性好，很适宜中药材生长。同时，建平县交通便利，有利于中药材产品的运输和出口。

二是可利用林地资源丰富。建平县现有21.71万亩国家退耕还林地、74.2万亩荒山绿化工程、32万亩坡地造林工程，林下非常适宜立体种植中药材，为中药材种植提供了广阔的发展空间。

三是拥有名牌龙头加工企业。建平县颈复康中药材种植有限公司始建于2006年，集中药材新品种繁育、种苗培育、种子改良、GAP基地建设及深加工为一体的现代化高科技省级农业产业化重点龙头企业，辽宁省首批省级林业产业化龙头企业。公司建有生产车间、晾晒棚、中药有效成分提取车间、保健品车间、烘干车间、保鲜库、储藏窖等，年加工能力8000吨。现有职工160人，中药学技术人员20人，其中有省内知名的中草药种植加工专业人员，有精于医药企业营运管理的主任医师和执业药师。目前已与沈阳药科大学、沈阳农业大学建立产、学、研联合体，致力于辽西地区中草药的开发和利用研究，具有较强的技术研发、加工和出口能力。

四是群众基础广泛。林改后，随着农民对造林、育林、护林的积极性空前高涨，林农不断向林地要效益，发展中药材种植的愿望十分迫切。在建平县颈复康种植有限公司拉动下，种植规模由原来的6个乡镇8000户，已拓展到21个乡镇2万户，效益显著，大大激发了林农对中药材种植的积极性。

2.政府推动，宣传发动，科技促动

为把林下种药产业尽快做大做强，省市县各级领导非常重视。省市领导及省林业厅领导多次亲临建平调研，检查指导此项工作，并就相关事宜做出具体安排。建平县委、县政府领导也高度重视"一县一业"中药材种植这一特色产业，主要领导亲自研究部署此项工作，多次开协调会落实任务。县政府出台了《发展中药材补助政策和管理办法》，规定每种植一亩中药材，县财政对种植户予以150元种子补助，发展林下种药5000亩的乡镇，可直接晋升为一档乡镇。各乡镇也相继出台了扶持政策。这样大大调动了广大干部和农民种药积极性，坚定了"一县一业"这一特色产业发展的决心。

建平县自开展中药材种植以来，不断利用各种会议、培训班、学习班，通过广播、电视、报刊、种植手册等多种形式，向广大农户和私营业主宣传种植中药材的前景、效益和政府优惠政策，并将《中药材种植效益分析表》和《中药材种植技术的应用》发到各乡、各村农户手中，让

林农进一步掌握中药材种植技术，累计发放中药材种植手册20000册。同时在朝阳电视台和朝阳日报社开辟了林下种药专栏，还邀请辽宁日报社和辽宁电视台等新闻媒体，广泛宣传建平林下种药产业，营造良好舆论氛围。为确保林下种药质量，建平县林业局成立由果树中心、科技股、产业办等专业技术骨干组成的技术服务队，并与辽宁省干旱地区造林研究所合作，提供科技支撑，实现技术标准、整地标准、田间管理标准、验收标准四统一。定期深入到乡镇、田间地头，进行技术培训和现场指导，并及时提供市场信息。抽出专职人员专门从事药材市场的信息收集与发布，帮助群众与药材收购企业签订购销合同，最大限度避开市场风险，使林下种药品种好、卖得出、效益高。

3.企业拉动、大户带动，打造中药材种植大县

为推动建平县中药材种植项目健康发展，县委县政府不断加大招商引资力度，于2006年初与承德颈复康有限公司签订协议，成立了集药材新品种繁育、种子改良、种苗培育、GAP基地建设及深加工为一体的建平县颈复康中药材种植有限公司，该公司固定资产已达1.2亿元，年加工能力达8000吨，年收购中药材5000吨，创利税2000万元。公司现有药材基地30块，面积达50000亩。2011年被省林业厅授予辽宁省首批重点龙头企业。公司除免费提供技术和服务外，还规定对发展药材5000亩的乡镇予以20000元，对发展中药材10000亩的乡镇予以50000元奖励政策。企业还选派专人对种植户定期进行专业培训，引导林农种植优良品种，并搞好跟踪服务。由于企业的拉动，发展林下种药项目的乡镇上升到21个，种植户达20000余户，种植面积21万亩，年产值达6亿元。中药材种植大县已初具规模。

在抓龙头企业的同时，建平县不断加大对种植大户的培植，在资金、政策、资源上予以扶持，协调水利部门搞好基地的打井配套。林业局组织全县30个乡镇林业站长到内蒙古赤峰市、河北省平原县等中药材基地进行实地考察，各乡镇也组织农户到种植大乡、种植大村参观学习，全县涌现出一大批中药材种植大户，通过他们示范带动，真正起到"一户带多户、多户带一村一乡"的效应。目前，集中连片发展1000亩以上的中药材种植大户8个，500亩以上的种植大户15个，200亩以上的中药材种植大户50个。

4.靠效益驱动，激发林农种药的积极性

林下种药不仅减少了自然灾害给广大农民带来的损失，同时还创造了可观的经济效益，已成为符合建平实际并代表建平今后避灾农业发展方向的一项特色产业。广大农户也从中获得了客观的经济效益。三家乡范永江于2008年春承包的400亩南果梨，林下种植了苦参已长至4年。仅采收苦参籽一项，一亩今年可收入2000元，效益相当可观，2011年春，他又种植苦参2000多亩。黑水镇一棵树村刘占军，2009年承包了10亩坡耕地，正值遇上了六十年不遇的大旱，春季没有种上地，雨季他种上了苦参，春收入达2万元，尝到了甜头。在他的带动下，该村今春就

发展林下种药1500亩。昌隆镇东井村和牌甸村今春完成中药材种植6000多亩,品种为苦参和甘草。3年后,可实现产值3500多万元。

5.远景规划

发展林下种药,不仅充分利用了林下资源,使林下效益得到有效发挥,而且吸收了农村剩余劳动力,调节了季节性的生产劳动,增加了个人经济收入,改变了广种薄收的思想意识。目前,通过政策引导,企业带动,林农主动参与,建平县林下种药已初具规模,发展势头强劲。百尺竿头,更进一步,为把林下种药产业做大做强,到2015年我县力争完成中药材种植40万亩,集中连片1000亩以上的示范基地20个,突出培植典型。完成暖棚育苗200栋。龙头企业规模不断扩大,完成药材净化、提取车间26000平方米,年生产中药保健胶囊5亿粒,使中药材提取物达3000吨,实现产值50亿元。同时,加大与大专院校,科研院所的合作,打造一批农民技术骨干,培养一批适应市场的中药现代化人才,到2015年末,建平县的林业产业在上级领导的正确指导下,在县委县政府的高度重视下,必然有一个跨越式的发展,林下种药产业一定会成为改善林农生活水平,发家致富的重要途径,为新农村建设开辟出一个崭新的天地。

4.12.3 林下种茯苓,富林又富民

靖州苗族侗族自治县位于湖南省西南部,是一个"八分半山一分田,半分水域加庄园"的典型山区农业县,全县林业用地面积266万亩,有林地面积228万亩,森林覆盖率达72.12%,活立木蓄积量达924.9万立方米,人均拥有量位居湖南省第一。近年来,全县人民在县委、县政府的带领下,以集体林权制度改革为契机,在加快全县林业发展的同时着力发展茯苓产业,取得了明显成效。

1.因地制宜,大力发展茯苓产业

茯苓属多孔菌科植物,多生于马尾松根部,呈黑褐色,据《本草纲目》记载,茯苓具有消肿、解毒、清火、利尿的药性和养心安神治病的疗效,有光泽肌肤、去脂减肥健美之功能,是传统中医药中用途广,需量大的"四君八珍"之一和重要的出口商品,有良好的经济效益、社会效益和广阔的市场前景。

靖州发展茯苓产业具有"四大优势"。一是气候优势。靖州地处亚热带湿润性季风气候区,具有四季分明、降雨适中、夏无酷暑、冬少严寒的特点,非常适宜松、杉等用材林的生长;二是土壤优势。境内以红壤土类最多,占土地面积的68.23%,黄壤土次之,占23.8%。这两类土壤均适宜马尾松的生长。三是资源优势。靖州马尾松、国外松面积达38.4万亩,蓄积量达169.1万立方米,为发展茯苓产业奠定了坚实的资源基础。四是传统优势。靖州早在20世纪60年代就开始用砍伐马尾松后废弃的树蔸为基质栽培松茯苓,并以其个大、色白、质优而远近驰名。经过

多年发展，茯苓产业每年可为县实现工业增加值3.2亿元，新增税收3000万元以上。

2. 多措并举，推进茯苓产业发展

一是明晰产权，增强发展信心。2007年集体林权制度改革以来，登记林权面积249万亩，发放林权证9.2万本，发证率达98.5%。产权清楚了，林农吃下了"定心丸"，投身林业发展茯苓的积极性明显增强。林改后，全县林下茯苓种植面积猛增1万多亩，茯苓种植、加工、销售人员达到12.1万人。

二是政府引导，推动产业发展。成立了由常务副县长任组长，相关部门负责人为成员的发展林下经济工作领导小组，负责组织、协调全县林下经济发展工作。出台了《靖州县发展林下经济的实施意见》，从技术、税费、资金、办证、贷款等方面积极扶持发展林下经济。完成了茯苓产业资源调查和茯苓出口基地建设项目规划编制，并计划征地20亩，投资1678万元，建设茯苓出口生产基地，为进一步开拓国际市场打造平台。开发了"龙丰牌"茯苓系列产品，被中国中轻产品质量保障中心评为"国家合格评定质量达标放心产品"，并获得《中国海关进出口货物收发人报关注册登记书》，打开了国际市场。

三是创新模式，促进良性发展。为了实现利润最大化，靖州县茯苓产业发展涌现出三种模式。第一种是市场+农户模式，就是农户生产种植茯苓，再到市场零售给收购茯苓商。第二种是公司+农户模式，就是公司与农户签订收购合同，按合同价格收购茯苓，确保农户收益不受市场行情下降影响。第三种是"公司（科技企业）+基地+农户"模式，就是销售公司或科技企业与农户签订长期经营合同，农户以土地入股，纳入生产茯苓的种植基地，每年定期与销售公司或科技企业按股分红，同时承担市场经营风险。

四是成立协会，增强竞争能力。单枪匹马闯市场使茯苓生产、销售者深感势单力薄，力不从心。为此，靖州县从2000年起，先后成立了茯苓生产协会、茯苓专业技术协会、茯苓市场协会等专业合作组织。协会成为茯苓生产经营者的"娘家"，全县加入协会的农户达3.38万户，茯苓种植面积达8万余亩。各类茯苓协会统一生产标准、统一销售方式、统一经营管理、增强了茯苓产品的市场竞争力，使靖州县成为全国茯苓生产、加工和销售的主要基地。

五是革新技术，提升发展后劲。传统茯苓种植是以砍伐后的松蔸为基质，植入茯苓菌种生产茯苓，这一种植方式束缚了茯苓产业的规模发展。中国菌物协会会员、靖州茯苓专业技术协会会长王先有带领一批茯苓种植能手，经过5年艰苦科研，创造了茯苓品种培育技术和袋料高效栽培技术，突破了茯苓种植材质和区域限制，不再局限于在松木采伐迹地用松蔸培育茯苓，而是利用松枝桠材，采取袋装技术，即可大面积种植于林下表土。该技术属国内首创，节约资源、绿色环保，效益明显，亩产茯苓可达6000千克，亩产值近10万元。

3.茯苓产业发展取得显著成效

一是生产标准化。截至目前，全县绿色茯苓标准化生产种植基地达8000多亩，推广新菌种52.3万袋，袋料栽培茯苓1150万袋，年产鲜茯苓3.8万吨，年产值达5.4亿元。全县3.38万户、12.1万余人从事茯苓生产和茯苓加工，开发出茯苓卷筒、刨片、平片、茯苓多糖、补天口服液等20多种产品。靖州已成为全国最大的茯苓集散地、国家重点药食用菌商品生产基地。茯苓产业的快速发展，有效带动了周边18个县（市、区）120余万人从事生产、加工、销售，为全县农民每年实现新增收入8760万元，林农人平增收1280元，占农民年均收入的40%。

二是市场网络化。靖州茯苓大市场是全国最大的茯苓交易基地，总投资达3600万元，建筑面积8.3万平方米。每年贵州、四川、云南、湖北、福建、陕西等8省区客户入市交易，产品除销往国内各大城市外，还出口到美国、日本、韩国、新加坡等国家，交易量占全国的60%以上，出口量占全国的2/3。在深圳市布吉药市，就有一条被誉为"靖州街"的购销行，二三十户靖州药商经销茯苓，年交易量达4000余吨。与此同时，一批经营、贸易能手活跃在国内外的产地和市场之间，开发商机，调节供需，灵活经营，使靖州与各产地及市场结成了有机相连的经济圈。

三是科技产业化。靖州引进国家抗肿瘤候选药物研究单位、省级高新技术企业——湖南靖州补天药业有限责任公司。2006年已建成投产茯苓多糖原粉提取车间和茯苓多糖口服液生产车间各1个，年生产能力分别为50吨和700万盒。公司现有的茯苓多糖原粉、口服液和全国独家专利的临床肿瘤用药"茯苓多糖口服液""补天胶囊"等产品均已通过GMP认证，极大地提升了茯苓的附加值。2009年6月，经省科技厅科研专家组鉴定，靖州"茯苓新品种选育与袋料高效栽培技术研究"为"节约资源、生物转化率高、绿色环保、技术国内首创"的科技创新项目。目前，该项目已成功实现成果转化，带动3.38万户农民参与茯苓产业开发，并已建成国内茯苓GAP基地、GMP基地、技术中心和商务中心，茯苓生产进入产业化、大科技、高效益的新阶段。

四是发展多元化。靖州县除茯苓产业的"林菌"模式外，还催生了"林牧""林游""林渔"三大模式的发展。林牧模式就是在林下放养或圈养肉牛、肉羊、肉鸡、肉鸭、肉鹅等畜禽。如鸿运综合养殖场利用尧管、龙井坪等山林养殖基地，常年饲养1.2万套种鸡和6万只商品鸡，提供15万套父母代种鸡和150万只套商品鸡苗，此外，年均出栏商品猪1000头，产仔猪1000头，年创产值200余万元；林游模式就是以森林旅游为主的生态旅游。省级森林公园排牙山林场、飞山、文峰塔、五老峰等地都各有特点，独具魅力。2010年，全县旅游人数达到45万人次，其中森林旅游人数达35万人次，旅游综合收入达7000万元；林渔模式就是林下养鱼。靖州县生态良好，水资源丰富，良好的水质是优质淡水鱼生长的"天堂"。如新厂镇八亚库区森林覆盖率达95%，良好的无污染水质和库底大量的腐化植物，形成一个天然的营养型渔业生产场所。该渔场水面面积达5000余亩,年产鲜鱼70万斤,干鱼3万斤。仅渔业养殖一项,村民人均收入就可达3018元,村集体每年增加收入6万元。林下养鱼还有效保护了库区生态,渔场经营十年来,库区两岸周围新增中幼林2.6万亩,森林覆盖率提高到95%,林农安居乐业,真正实现了林区增效、林业增产、林农增收的"三增"目标。

4.12.4 果皮不起眼,致富有门道

一条江流,两岸青山。放眼望去,目光所及都是郁郁葱葱的连片四会柑果林,这是广西浦北县平睦镇良村的"山上银行"。据良村党支书李育璠介绍,目前全村发展种植2000多亩,去年收入超过10万元的有60多户,其中超过30多万元的有10余户,超过50万元的有3户。[①]

走进良村,一栋四层高的漂亮小洋楼十分显眼。"这楼是去年建的,共投入资金100多万元。"楼房主人梁家强说。

梁家强是良村四会柑种植大户,1988年开始种植四会柑,现已发展种植30多亩,种有2000多棵,去年收入达50多万元。"这种果虽好吃,但果皮最值钱,干皮每公斤卖到160元,主要销往广东等地"。梁家强说,最大的果皮价值高达1.85元/个,平均每个干果皮超过1.3元。

"按去年的收购价,种40棵果树的人家,收入可达8万多元。"李育璠在一旁接过话茬说,村里的种植户梁振波种有四会柑20多亩,果树1200多棵,2014年收入10多万元。

村民梁子旺原来种有四会柑10多亩,由于过去果实不得价,他丢荒去了广东打工。看到村里搞四会柑种植红红火火,梁子旺专门回来搞四会柑种植,现在他不但将原来的10亩果树进行翻种,还增种10亩,成为种植四会柑种植大户。

梁子旺说,现在村民对果树的看护,就像照顾自己的孩子一样,施肥、喷洒都讲究绿色生态,施肥主要用的是有机肥,这样果皮才值钱。

平睦镇种植四会柑致富,得益于当地"一村一品"的发展规划。目前当地成立了平睦林茂柑橘专业合作社,通过采取"基地+农户"的运作模式,实行果苗提供、技术指导、产后销售"一条龙"服务,有力推动了四会柑产业不断壮大发展。目前全村已发展四会柑种植2000多亩,年产值1000多万元。全村450户已有七成以上农户种植四会柑,收入也相当可观,村里已有90%以上的农户建起钢筋水泥楼房,小车也开始进入村民家中。

4.12.5 年产值6亿仙草让农户发家致富

铁皮石斛生长在人迹罕至的高山悬崖峭壁之上,十分稀少,采摘时稍有不慎就会付出生命的代价,因其的物种稀有性与滋养阴津、增强体质、补益脾胃、护肝利胆、舒清虚热、强筋健

---

① 资料来源:《广西日报》,2015-5-29。

骨、降低血糖、抑制肿瘤的药用功效，自古被誉为"滋阴圣品"，被人们称之为与林芝、人参、冬虫夏草齐名的"仙草"。①

广西容县地处都峤山之下，因其独特的南亚热带季风气候，温暖湿润，光照充足，雨量充沛的天然环境，成为铁皮石斛理想的生长基地。都峤山腹地终年云雾缭绕，溪涧众多，且山谷高深，被专家认定是目前发现野生铁皮石斛数量最多的地区。容县依托得天独厚的地理优势，大力发展铁皮石斛产业，采集都峤山铁皮石斛原种进行种质资源保护。同时发动当地农户种植石斛，取得了良好成效。

据容县副县长王缉春介绍，目前，容县15个镇都种植有铁皮石斛，目前种植面积达3100多亩，种植数量达17500万株，全县共有种植户12802户，年产铁皮石斛鲜品1500多吨，产值6亿元，铁皮石斛种苗繁殖达到了年产600万瓶约1.2亿株组培苗的能力，可供应1500亩大棚栽培。2013年，国家农业部在中国农产品质量安全网上对"都峤山铁皮石斛"地理标志产品进行了认证公示，容县荣获中国铁皮石斛之乡称号。

广西健宝石斛有限责任公司成立于2011年，是以经营玉林市百亿中药项目、容县"十二五"发展规划项目——都峤山铁皮石斛产业化发展项目为主业，致力于保护国家珍稀名贵中草药都峤山铁皮石斛种质资源保护，以健宝牌铁皮石斛深加工为龙头产品的农业科技综合企业。

该公司以都峤山铁皮石斛产业化发展项目为主业，致力于国家珍稀名贵中草药都峤山铁皮石斛种质资源保护，投资3亿元建设现代化组培种苗工厂，年产铁皮石斛组培种苗600万瓶，驯化苗12000万株；投资2亿元建设占地2000亩的广西都峤山铁皮石斛仿野生种植基地，年产铁皮石斛鲜品900万吨。与此同时，其铁皮石斛超微粉厂、铁皮石斛酒厂、铁皮石斛茶厂、铁皮石斛饮料厂、铁皮石斛含片厂等五个深加工工厂也在投入项目生产。以"公司+基地+合作社+农户"模式集约化、规模化发展铁皮石斛种植。成为当地铁皮石斛农业产业化终点龙头企业。

容县副县长王缉春介绍，2011年以来，容县共投入了财政扶贫资金150多万元，在全县所有贫困村推广种植铁皮石斛面积4万多平方米。今后，还将出台相关的鼓励和优惠政策，解决资金、用地、用水、道路等问题，重点支持良优品种种苗繁育基地、规模化生产示范基地建设；到2015年，在该县容州镇、松山镇建设铁皮石斛基地5000亩，全县种植铁皮石斛面积达10000亩以上，产值达50亿元。

4.12.6 牛樟芝：森林中的红宝石

2005年，杭州胡庆余堂集团董事长冯根生在浙江丽水授课期间，应邀前往方格药业参观，

---
①资料来源：红网，2014-8-27。

他讲道:"庆元纯天然的自然环境和丰富的食用菌资源,为食用菌制药提供了丰富、无污染的原料,前景十分广阔,这也正是集团寻求新的发展领域的突破口。"为此,胡庆余堂主动向方格药业抛出"绣球",双方一拍即合,2006年,方格药业正式成为杭州胡庆余堂集团增资扩股组建的股份有限公司。①

都说北有同仁堂,南有胡庆余堂。2008年,一位种植牛樟芝的老板找到胡庆余堂,希望拓展牛樟芝的市场,但胡庆余堂的专业是中药,而"方格"的特长恰恰是食用菌加工,庆元人对牛樟芝的认识,也从此拉开序幕。

"首先引起我注意的是一位食用过牛樟芝的客户,他建议我好好地推广牛樟芝。同时我也赶赴台湾考察,从台南一直跑到台北,对牛樟芝的生长特性、食用保健价值有大致了解。"浙江方格药业总经理徐财泉告诉我们。

牛樟芝初生时为鲜红色,渐长变为白色、淡红褐色,生长于牛樟树干腐朽的中空内部或倒伏树干的潮湿表面,而牛樟树为台湾特有树种,到目前为止,方格药业的牛樟芝原材料依然是从台湾来的。

"牛樟芝虽好,可毕竟是个单方,在中医理论中复方必定强于单方,它讲究'君臣主使',药方中的君臣主使,就像组织一支军队,由谁打前锋,谁跟进,谁两翼,谁殿后,谁君谁臣。"徐财泉说。

从2008年开始,徐财泉的研究团队以牛樟芝为主药,尝试了很多种不同配方,做了大量尝试,选取了五种效果较好的作为实验样本,效果非常好。

在方格药业药厂旁的施工现场一片繁忙,这里日后将建起"方格"的新厂房,用于栽培菌类,神秘的牛樟芝也将在此现身。"牛樟芝是典型的'见光死',其生长环境要求阴暗、潮湿,员工进厂房也要求不能开灯。"徐财泉还有建立珍稀菌菇百草园的想法,"日后建成了,欢迎大家来参观。"

4.12.7 林下间种中草药,拓宽职工致富路

在辽宁锦河农场一处果树和草药间种的地块,工人正在采摘黄芪的种子,2013年果树进入产果期,成功地实现了树上摘果,树下采药,达到了一块地两倍的效益。②

锦河农场利用当地资源优势,鼓励职工在退耕还林地块间种中草药,走出了一条林药双收的致富道。农场还多次组织人员外出考察,并把辽宁桓仁药材有限公司的技术人员请到农场,为职工讲解黄芩、林下参等中草药的种植技术。辽宁桓仁药业与农场达成协议,长期为农场职

---

① 资料来源:http://zjlnb.zjol.com.cn/html/2014-04/30/content_2637509.htm?div=-1。
② 资料来源:http://jh.bafj.cn/Article/ShowArticle.asp?ArticleID=6446,2012-9-26。

工提供优质药材种子,并与种植户签订订单,负责回收产品。

2012年锦河农场全场种植中草药3000亩,将进一步引导职工利用农场境内30万亩人工林发展林下经济种植中草药,实现林药双收,效益倍增,与辽宁桓仁药业有限公司共同打造北方药材种植基地。

4.12.8 林下喜阴的中药材:林下"掘金"喜农家

近年来,云南省镇康县依托丰富的林业资源优势,不断在林下种植和养殖上做文章,探索出"林下套种""林下养殖"等多种立体种养新模式,实现了林地效益最大化,"绿水青山"变成了"金山银山"。[①]

"林下套种和林下养殖最大的好处就是高效利用现有空间,能让一亩地产出两亩甚至更多的经济效益。"走进镇康县南伞镇田坝村坚果种植大户王习宁家的1400亩坚果基地,"坚果+咖啡""坚果+山稻谷""坚果+蜜蜂养殖"等新模式随处可见,王习宁按照"一业为主,多业并举""以短养长、立体种养"的发展理念,在突出坚果这一主导产业的同时,大力发展林下经济,根据生物习性和空间要素,上"金"下"银",长短结合,科学发展,打造出了各要素和谐发展的林下新模式,"我家目前种了1400多亩澳洲坚果,在澳洲坚果林里套种咖啡140亩、茶树300亩、山稻谷260亩……2015年林下经济产值突破36万元。"每每谈到林下种养王习宁就兴奋不已。

白岩村村民穆老德也是最先尝到林下种养甜头的农户之一。2003年,他在南捧河一带种植500多亩橡胶,并把种植橡胶与后续产业培育有机结合,积极尝试林下套种珠芽魔芋、小米辣,林下养殖鸡鸭等,当年就获得了成功,经济收入成倍增长。如今,走进穆老德的橡胶林,林下各种种养经济让人眼前一亮。近年来,镇康县以市场为导向,以畜牧科技为支撑,以产业化项目为平台,立足山区资源优势,建立"合作社+农户+客户"的发展模式,带动当地群众发展林下土鸡养殖,充分实现农林牧各业资源共享,同时以订立合同的形式保证农户养殖利润,让当地农民走上林下养殖的致富路。"林下养殖比起以前'圈养'好多了,长得快、肉质好、卖价好,一只能多赚20多元钱……"家住镇康县勐捧镇象脚水村的王周乐也同样兴奋。小王是村里小有名气的土鸡养殖户,家里养了400余只土鸡,一年下来养鸡纯收入近6.7万元。

为实现生产空间集约高效,进一步做强林下产业,充分利用林下土地资源和林荫优势从事林下种养等立体复合生产经营,镇康县开始编制林下经济发展规划,创新林下经济发展模式,依托"万元山"开始大力推广"核桃+魔芋""坚果+咖啡""咖啡+枇杷""核桃+芭蕉芋""坚果+辣木"等发展新模式,同时大力发展林下中药材种植,林下立体养殖等。通过整合相关部

[①]资料来源:中国财经新闻网,2015-11-22。

门项目资源,转变林产业发展方式,调整产业结构,计划到2017年,全县发展林下经济面积8万亩以上,林下经济产值达8亿元以上。到2020年,全县规划林下经济种植面积20万亩,其中,"核桃+魔芋"5万亩、"坚果+咖啡"10万亩、"核桃+中药材"5万亩。

镇康县具有得天独厚的林业资源优势,目前已建成高原特色农业产业基地196万亩。发展林下产业,实施林下套种短平快经济作物和养殖蜜蜂、土鸡、山羊等立体种养模式,使其充分发挥林业的生态、社会、经济效益,实现资源优势向经济优势转化。该县在实施退耕还林、封山育林中,制定出台了相应的管理办法,明确了经营权、管护权、收益权,做到了山有人管,点有人守,林有人护,责有人担,进一步调动了广大群众林下种养的积极性。据不完全统计,目前全县已完成林下经济种养植(殖)面积达12万亩,实现农业产值4.3亿元。其中,"核桃+魔芋"1万亩,产值1.2亿元;"坚果+咖啡"10万亩,产值2.5亿元;"核桃+中草药"1万亩,产值0.6亿元。

4.13 林菌模式案例

4.13.1 林菌间作大发展,农民走出致富路

北京市通州区进行农业种植结构调整时,为了促进农民致富增收,种植了大批速生丰产林。但是,由于林木生长周期长,采伐期以前,林地没有任何经济收入,还要投入肥水等管理费用。通过大力发展林下经济,增加林业附加值,解决了林木生产周期长的难题,促进了林业可持续发展,开辟了农民增收渠道,实现了农民增收、企业增效、财政增源。

1.潜心调研觅蹊径

发展速生丰产林是农民增收致富的一条途径,但其生长周期长,农民真正得到收益要等6~10年的时间,在林地内头三年合理的套种一些农作物、蔬菜等尚可得到一定的收益,随着树木的逐年增长,由于枝繁叶茂,通透性大大降低,各种需光性植物由于光照不足,难以正常生长,这样使大量林间土地闲置。如何将这一闲置土地充分利用起来,使其发挥出更大的效能,成为通州区迫切需要解决的问题。2004年7月,区林业局(现园林绿化局)走访了有关专家,听取了他们的建议,并随同区人卫制药厂的有关人员去河北安国对药材市场进行了调查,与当地药农针对速生丰产林的特殊环境进行了深入的探讨。同月,又与河北省文安县林业局取得了联系,共同探讨了如何有效合理利用林间空地的有关问题。经过相互交流与探讨,大家一致认为,林间地的特殊环境种植食用菌应该是可行的。在对该项目的可行性和可操作性进行反复深入的研究基础上,区委、区政府责成区林业局在永乐店镇陈辛庄村进行"林菌间作"试种项目。2004年8月22日,第一批引种的黑木耳在陈辛庄村落了户,占林地1亩,建塑料拱棚14个,引进黑木耳菌棒3100个,投资7000元。在试验过程中,不断摸索经验,调整管理方案,使陈辛庄

村农民掌握了基本的种植黑木耳的培育技术。当年就采收木耳5000公斤,以平均2元/千克的价格销往市场。

2.以点带面谋发展

在试验成功的基础上,林菌间作产业项目得到了区政府各有关部门的关注,并将该项目列入2005年通州区重点发展项目之一,在永乐店镇正式启动实施,它是集原料生产—菌棒生产—食用菌生产—食用菌加工、销售为一体的综合性项目。产业发展初期,为了能使林下经济产业能够实现可持续发展,区政府责成林业局派出工作组动员各家各户参与种植。起初,老百姓对于这项工作的积极性并不高,经过工作组人员反复分析引导,一部分村民签署了种植协议。由于考虑到前期生产投资老百姓无法接受,为使老百姓减小投资风险,工作组确定种植户可以先赊欠投资款,产品卖出的收入由政府统一管理,盈利扣除欠款后,剩余部分全部发放给农户。同时,对菌棒的购买给予1元/棒的补助,减小了农户的经济负担,提高了种植的积极性。永乐店镇陈辛庄村200亩速丰林的林间地内进行了食用菌种植的全面推广。2005年,仅陈辛庄村共生产黑木耳83万千克,平菇8万千克,收入180余万元,获纯利80余万元,全村人均收入提高2000元。速生丰产林下林菌兼作项目先后被中央电视台7频道、北京市电视台、通州区电视台、通州时讯、北京林业信息网等媒体广泛报道。永乐店镇陈辛庄村也因此成了富村、名村。

2006年林菌间作种植在全区实现大规模推广,带动全区林下经济产量迅猛增长。截至2010年,全区林下经济栽培面积达1万亩,年产值9000万元。全区有3600多个林下经济生产专业户,户均年收入2万元以上。以林菌间作、林桑间作、林下养殖为主的林下经济已成为农民增收的支柱产业,并在北京郊区和河北、天津等地引用推广。

3.循环经济新途径

林菌共生模式不仅节省了普通林地施肥、浇水等费用,而且促进了林木快速生长和周边生态环境的改善,实现了生态效益最大化。调查显示,林菌栽培模式可使林木年生长量提高20%,从而缩短了大径级材的培育周期。同时,郁闭的林下环境,为林菌的生长提供了优越的条件,既每亩节省了1500元以上的生产成本,又使食用菌产品达到绿色食品标准,有效促进了生产循环,提高了单位林地的总产值。

另外,棉籽皮、麦糠、木屑等是生产菌棒的重要原料,按生产每亩林菌1万棒计算,每亩需要棉籽皮、木屑等原料1.5吨。当地林桑种植、粮食作物等其他种植业借此得到稳步发展,也有效解决了农民焚烧秸秆所带来的环境污染问题。家禽林下散养不仅提高了家禽抗病力,而且提高了土壤肥力,促进了林木快速生长,实现了生态循环。

不仅如此,每年林菌生产结束后,产生大量废弃菌棒。结合"亮起来、暖起来、循环起来"工程,2007年我区在各乡镇建立了秸秆气化站(生物质气化站),大量废弃的菌棒成为气化材料。据测算，每斤菌棒可产燃气0.8立方米，燃气成本约为0.25元每立方米。

林木枝杈材—菌棒—食用菌—废弃菌棒的再利用既促进了环保化生产，又为农民提供了生活燃料，实现了从生产到生活的良性循环。

4.大发展带来新机遇

通过多年的摸索与实践，永乐店镇形成了"党委+基地""支部+协会"的永乐生产模式，引导农户科学生产，搭建销售平台。永乐店镇成立了食用菌协会，在生产过程中，食用菌协会以基地为依托围绕"六统一"为种植户提供全程服务：一是统一安装微喷设备；二是统一采购生资；三是统一生产、提供菌种；四是统一技术指导；五是统一组织培训；六是统一产品销售。为农户解决后顾之忧，保障林下经济生产有序。另外，永乐店镇党委、政府以镇农林服务中心为平台，出资800万元建立了菌种生产基地。基地负责修建林间微喷灌溉设施，解决生产用水问题；使土地经营权合理流转，引导农户自主合作；与农户签订了收益保障书，承诺按照统一的生产规程每亩地纯收入超过5000元，低于部分由基地出资补齐，保障农民利益。

2012年8月第十八届世界食用菌大会在北京通州区永乐店镇召开，通州向全世界食用菌行业人士展示我国食用菌产业风采。"永乐模式"作为通州区林下经济主要模式将进一步得到展示与发扬，为进一步提升林下经济的发展水平，加快农民增收致富的步伐，努力实现经济、生态和社会效益的结合与统一，全面推进社会主义新农村建设，为首都农村经济发展作出重要贡献。

4.13.2 空间立体巧开发，林荫增收潜力大

易县位于河北省中西部，总面积2534平方千米，总人口57万，其中农业人口46万。全县有林面积182.5万亩，森林覆盖率48%，是山区林业大县，被誉为"太行山最绿的地方"。近年来，易县县委、县政府以建设"京南生态旅游文化名城"为目标，把生态建设摆在县域经济发展的首要位置，同时兼顾经济发展，调结构、育产业、增效益，破解生态建设制约产业发展的瓶颈难题，充分利用丰富的林业资源，因地制宜大力发展以林菌、林药、林粮、林禽等为主的林下经济，实现了生态优势向经济优势的跨越。

食用菌性喜阴凉，是一种有机、营养、保健的绿色食品，有益气强身、健脾养胃、保肝解毒和降压、降胆固醇等功效，同时对肿瘤细胞有免疫能力，是健康、保健食品，食用菌产业被称为21世纪的朝阳产业，具有很大的发展潜力。易县是山区林业大县，山地、丘陵、平原等地形齐全，无论从林下空间、食用菌原料和气候条件上看，都具有得天独厚的优势，特别是广大的林下空间，发展食用菌产业既能有效利用林下空间，又能促进农民增收。2009年，县委、县政府组织有关部门和乡镇、村到北京市通州区对林菌发展进行参观考察，经过深入分析比对，易县决定把林下食用菌发展作为一个新的促进农民增收的产业来抓，并以廊坊职业技术学院专家

教授为技术依托,首先在凌云册乡龙湾头村进行了示范种植。通过示范种植,效果非常好,每亩林地年纯收入达到了2万元,群众发展种植的积极性很高。为加快推进林下食用菌这一富民产业发展,县政府出台了每个菌棒补助1.5元的优惠政策,并协调金融部门在食用菌发展初期给予农户大力支持,极大地激发了农民发展林菌的积极性。在典型示范的带动下,形成了凌云册高温型香菇、紫荆关低温型香菇和独乐杏鲍菇为主的产业片区,并采取"合作社+农户"的模式,辐射10多个村、近100个农户发展林菌种植,种植规模达到230万棒(袋),年产值达到800多万元。

4.13.3 龙头带动 农民发展,做大做强林下食用菌产业

胶南市地处山东东南沿海、青岛西海岸,总面积1846平方千米,总人口83万,经过十几年不间断大规模植树造林,全市有林地总面积105.7万亩,林木覆盖率45.9%,是全国绿化模范市、国家园林城市。

近年来,胶南市充分依托丰富的林业资源和得天独厚的气候优势,采取综合措施,强化农技推广服务、扶持龙头企业和农民专业合作社、加强农民教育培训,将林下食用菌作为富民兴农的特色产业重点培育,不断加大政策、资金、技术等方面的扶持力度,推动食用菌产业实现了规模化、标准化、产业化、品牌化发展,初步形成仿野生香菇、黑木耳、平菇和珍稀食用菌四大生产基地,逐步摸索出一条符合胶南实际、有利于农民增收的新路子。2010年,全市食用菌种植面积年均增长160%,总栽培量突破1亿棒,食用菌干品1万吨,鲜品4.5万吨,产值4.5亿元,农户均收入1.5万元。

1.加大政策扶持,引导群众"想"发展

胶南市依托丰富的林业资源优势,立足食用菌产业发展基础,高标准规划建设了以大村镇、理务关镇为主的林菌间作重点园区,出台了关于加快特色农业发展的鼓励意见,强化考核和扶持奖励,对年度内新发展成方连片食用菌50亩以上的,每亩享受1万元贷款额度的贴息,贴息率90%,贴息一年;对于获得国家、省、青岛市级名牌产品的,分别奖励5万元、3万元、2万元。市财政每年投入专项资金3000万元设立创业扶持基金,将林下发展食用菌产业纳入农民创业小额贷款贴息补助,并逐年提高补助额度,扩大农业政策性保险实施范围。2007年以来累计为1200户食用菌种植户发放小额贷款6000万元,为林菌间作持续健康发展提供了有力保障。

2.狠抓典型培育,带动群众"愿"发展

为加快推进林菌间作规模化、产业化发展,坚持实施典型示范、龙头带动战略,择优扶强,重点发展专业村、专业户和示范基地,构建起市有示范基地、镇(街道)有示范村、村有示范户的食用菌发展新格局。同时,按照"抓龙头、建基地、带农户"发展思路,切实加大龙头企

业引进培植力度,通过市场化运作,公司化经营,合同化生产,找准企业和农户之间的最佳结合点和利益共同点,走企业盈利、农户增收、互惠互利、共同发展的路子,逐步形成"龙头企业+农户"的产业化发展模式,让农民真切感受到发展林菌间作带来的实惠,有效调动了发展积极性。截至目前,全市共发展食用菌龙头企业5家及专业镇4个专业村35个专业户3400户,年带动农户增收2亿多元。其中,青岛徐安生物工程有限公司与种植户建立利益共担共享机制,采取统一规划布局、统一生产标准、统一技术指导、统一托底收购,带动1000余户农民发展食用菌,户均每年增收6000元以上。青岛汉森菌业有限公司采取"公司+基地+农户"的方式,带动周边20多个村发展香菇2000多亩,每亩年均增收2万多元,成为山东省最大的香菇生产基地和"山东省食用菌行业十大龙头企业"。

3.强化配套服务,保障群众"能"发展

市委、市政府组织林业、农业主管部门,统筹全市各种资源,不断探索创新配套服务,有效化解了单个农户在林菌间作过程中遇到的资金、技术等难题。在解决技术难题方面,依托高等院校和科研院所的科研优势,加强科技攻关与技术推广,大力实施"农业科技入户"工程和科技培训行动,不断完善"结对子、菜单式"帮扶模式,搭建起以各级农技推广机构、科技协会、"土专家"为主体的农技推广服务体系,形成了以农民为主体、能人为核心、科技为纽带、项目为载体的科技推广示范服务网络。

在资源利用方面,2010年,胶南市全面完成国家集体林权制度改革试点任务,极大调动了农民挖掘林下空间资源,加快发展林菌间作的积极性。目前,全市林地食用菌面积达5600亩,其中,理务关镇香菇种植全部实现林菌间作,发展面积达1800亩。

4.注重品牌打造,指导群众"会"发展

在龙头企业带动下,胶南市在全省率先研究制定了香菇和黑木耳绿色食品技术规程,初步建立起食用菌标准化生产体系。同时积极开展农业"三品"(无公害、绿色、有机产品)认证、ISO9000(国际质量标准)认证和GAP(良好操作规范)认证,有效维护了胶南食用菌品牌信誉。青岛汉森菌业"汉之林"香菇、黑木耳获得国家绿色食品认证,六汪镇香菇生产基地、大村镇驻地香菇生产基地、大村镇新乡村和小庄村黑木耳生产基地被认定为无公害农产品生产基地。在市场经营上,突出发展食用菌生产专业合作组织,充分发挥其外联市场、内联基地的"中轴"作用,帮助农户与各地营销商建立合作关系,形成相对稳定的产品销售渠道。目前已发展食用菌经纪人360人,专业合作社5家,入社会员1200户。

下一步,胶南市将围绕建设西部林下经济优势产业带,规划建设大村、理务关、胶河等重点产业基地,计划三年内培育规模在50亩以上、年亩收益1.5万元以上的林菌等精品示范区

20个,辐射带动全市林下经济健康快速发展,林菌产业五年内发展到3万亩,打造具有较强影响力和竞争力的林菌种植经济品牌。

4.14 林桑模式案例

2010年,重庆市委、市政府作出了《关于实施"两翼"农户万元增收工程的决定》,决定在渝东北和渝东南广大农村,深挖林业增收潜力,以开发林业、林果、林地种植与养殖、林产加工和森林旅游为主要途径,构建产加销一体化发展体系,推进林业和林下经济产业化,拓宽农民增收新渠道,让有能力的农户三年实现增收一万元。黔江区抢抓万元增收工程这一难得机遇,紧紧围绕兴林富民这篇大文章,大力发展林下经济,走出一条长期靠林、中期靠药、短期靠种养殖的立体经济发展之路。[①]

1. 出路在山,优势在林

黔江区位于武陵山腹地,辖区面积2414平方千米,总人口52万,全区林地面积有200万亩。面对"七山一水两分田"的区情,区委、区政府认识到最终农民的出路在山、致富在林。全区林业资源丰富,林地面积200万亩,气候属于亚热带湿润季风气候,四季分明、雨量充沛、土质深厚,为林下经济发展提供了良好的地质条件。但林业产业发展却相当滞后,林农收入增长缓慢。因此,实施林农万元增收致富行动,发展林下经济就是巩固林改成果,促进林农增收,保护农民积极性的有效途径。同时也是一条不破坏生态,绿色的必然发展之路。

2. 措施有力,工作到位

(1) 科学规划是前提

按照"因地制宜、突出重点、培育特色"的要求,充分利用丰富的林地资源,多元化发展林(桑)下种植、养殖业。坚持以蚕桑产业、林药基地、速丰林基地建设为主,到2012年新建林业产业基地40万亩,实现3万户林农增收1万元。

(2) 工作落实是关键

林业局的主要责任是牵头做好蚕桑产业、速丰林基地、林药基地建设的实施;除市上的资金外,区级财政每年安排2000万元以上资金,用于林下农村种养业大户、农民专业合作社、产业化龙头企业的扶持补助;加强了工程推进的阶段检查和年度目标考核,增加考核权重,考核结果将作为衡量各级领导班子、领导干部工作业绩的重要内容。

(3) 龙头带动是基础

林农万元增收工程的实施,均以龙头企业为依托。蚕桑产业依托黔江区蚕业公司;速丰

---

①资料来源: http://www.cqagri.gov.cn/cqwyzs/index.asp。

林产业依托鑫丰板材有限公司、银象木业公司；林药产业依托重庆科瑞南海制药有限公司。杜绝了有产品无市场的现象发生，做到产有所销。林农万元增收工程所需种苗均以龙头企业无偿提供或企业、林农各承担一部分的方式予以解决，在很大程度上减轻了林农实现万元增收资金短缺的窘况。龙头企业均与林农签订了产品回收合同，制订了收购的最低保护价。让林农安心、放心、有信心。

（4）科技支撑是保障

首先建立产业培训基地，组织引导高校科研院所、龙头企业、农民专业合作组织实施科技入户工程。先后请了西南大学等有关专家对党政干部、专业大户开展了蚕桑、中药材种植培训10余次，1万余人次参训。桑树品种主要有"农桑"系列和"湘7920"等。蚕品种主要采用"871×872""洞庭×碧波"等品种。速丰林主要采用乡土树种——香椿。林药基地采用适宜该区发展的天麻、党参、青蒿、虎杖等。在蚕桑上，探索出了一条具有黔江特色、符合黔江栽桑养蚕实际的"六化五配套"技术路线，不仅让全区蚕农获得了较大的经济效益，还在市内外全面推广。在林药基地建设上，严格规范套种，标准化栽植，以提高亩产和效益。

3.山上添绿，农民致富，企业增效

黔江区自2008年以来，立足区情，挖掘山区优势，大力发展林下经济，经过三年的努力培养，2010年蚕桑面积实现了14万亩，蚕茧产量5万余担，1.8万余农户通过养蚕获得的直接收入5000万元，户均增收2800余元；在桑下发展虎杖和青蒿等中药材4万余亩，覆盖农户1万余户，当年林农收入达4000余万元，户均增收4000余元。2010年全区农业总产值17.1亿元，其中林业产值实现了8亿多元，占48%，农民人均纯收入实现了4417元。

在农民喜获丰收之时，企业也得到了更好的回报，重庆市双河丝绸有限公司，2010年工业产值突破了1亿元大关，创汇100万美元，利税246万元，比上年翻了两番，吸纳了300多名农民工就业。重庆科瑞南海制药公司，依托青蒿、虎杖两大中药材基地建设，2010年实现工业产值1.3亿元，利税876万元，创下了三年翻三番的佳绩，吸纳下岗职工和农民工500余人。通过发展林下经济，全区新增造林面积10万余亩，森林覆盖率达47.5%，比2008年提高了5.5个百分点，森林植被得到迅速恢复，林木蓄积量大幅度提高，水土流失得到有效遏制。通过实施万元增收工程，大力发展林下经济，真正实现了经济、社会、生态效益全面发展。

4.15 林禽模式案例

当记者来到河南省宁陵县国有林场时，树林下面，一个大型的标准化养殖小区吸引了大家的眼睛。小区内是一座座养鸡大棚。大棚内一只只鸡膘肥体壮，等待出栏。一辆辆前来拉鸡的货车排起了队伍。这些肉鸡，将出现在全国老百姓的餐桌上。

养殖小区的主人叫耿海潮，老家在宁陵县阳驿乡，是个年仅27岁的小伙子。由他创立的

宁陵县龙腾民发养殖合作社，每年可出栏肉鸡300万~400万只，带动了100多户农民走上致富之路。在当地，大家都叫耿海潮为"养鸡大王"。

更重要的是，耿海潮心中有着一个建设生态家乡的梦。他的标准化养殖小区，就建在林场内，本身就属于闲置资料的再利用，而养殖场产生的鸡粪等，又将埋进宁陵县的万顷梨园，再次产生价值……

"我最大的心愿就是带领农民致富之后，生活在绿色、生态的农村里。"耿海潮说。

耿海潮27岁，由于家庭贫困，他十几岁就离开了学校，到外地谋生。后来，他的哥哥在郑州做兽药生意，接触了养殖这个行业。在哥哥的推荐下，他开始跟着郑州牧专的一位专家学习养鸡技术。"那时候自费跟着老师学习养殖技术，肯定得好好学，不然也没有出路。"耿海潮说，经过刻苦学习，他逐渐掌握了养殖技术。

后来，在老师的推荐下，他到养殖合资企业青岛正大食品有限公司任职，跟着这家公司的权威专家继续钻研养殖技术。渐渐地，年轻的耿海潮成了养殖方面的行家里手。他被青岛另外一家养殖企业看中，聘请他去做技术总监，月薪2万元。年纪轻轻，就成了养殖专家，并且拿着让人羡慕的高薪，耿海潮成了人人羡慕的"金领"。后来，他还在青岛买了房子，过上了小康生活。

"可是，我渐渐感觉生活中缺少点什么，特别是回到老家，看到咱们老家的养殖技术还不那么先进，养殖户经常赔了力气又赔钱，我心里很难受。"耿海潮说。2009年，经过深思熟虑之后，耿海潮做了一个决定：回乡创业。

没想到的是，他的决定刚一说出就遭到了家人的强烈反对。女朋友是青岛人，肯定不同意。他的父亲更是反对，甚至提出耿海潮要回来，就跟他断交。开办养殖企业需要经过审批，耿海潮的父亲甚至找到了有关部门的审批人员，要求"千万别给耿海潮批下来"。

但是，耿海潮决心已定。他返回家中，自己租了30亩地，开始建设鸡棚。由于父亲不同意，他刚返回家中对好多事情不了解，就连建鸡棚的竹竿，都是从山东青岛拉过来的。

那时候，耿海潮忙了3个月，瘦了几十斤，花费30万元，终于建成了宁陵县第一家标准化肉鸡养殖大棚。这座大棚，供料、控温、刮粪全部自动化，非常先进。

养殖大棚建好后，由于耿海潮的养殖技术在国内都处于先进水平，很快他的第一棚肉鸡出栏，加上那时的行情好，第一棚鸡就收益9万元。

看到耿海潮发展得很好，他回乡创业的做法才得到了家人的理解。后来，经过不断发展，耿海潮成了当地的养殖大户。

耿海潮考察发现，宁陵县国有林场有着大片的树林，林下养殖是生态养殖的一种，属于资源再利用。另外，林下养殖可以更好地控制温度，节省成本，还不会对周边居民有任何影响。于是，耿海潮租了国有林场200亩林地，在树下搞起了生态养殖。树林里面，是一座大型的标准化养殖小区。进入小区，多个养殖大棚映入眼帘。由于养殖技术先进，养殖小区内根本闻不到任何异味。

前来拉肉鸡的货车络绎不绝。据耿海潮介绍，他的标准化林下养殖小区，共11个养鸡大棚，年出栏肉鸡约60万只。

可以说，耿海潮富起来了，但是，他并不满足于此，想要带领村民共同致富的念头一直存在于他的脑海中。于是，耿海潮注册了宁陵县龙腾民发养殖合作社，开始发展社员。"只要加入合作社，我们不仅提供技术支持，还会给予资金帮扶。每座鸡棚，合作社出资1万元至2万元帮助养殖户。"耿海潮说。农户加入合作社后，能够享受到"统一供苗、统一供饲料、统一技术、统一防疫、统一出售"等"五个统一"。目前，宁陵县龙腾民发养殖合作社共有100多个社员，每个社员年收益均在10万元以上。

宁陵县城郊乡陈庄村的梁留启是合作社社员，他对耿海潮非常感谢。前些年，他从事运输行业，一直没赚到钱，后来加入了合作社搞养殖，建了两个养鸡大棚，每年收益都在10万元以上。"能让大家跟着我致富，说实话，我晚上睡觉也踏实。"耿海潮说。

宁陵县县长马同和在接受《京九晚报》采访时表示，作为一个农业县，必须抓好农业，做好"三农"工作。原来意义上的农业是以种粮为主，现在它的收入占农民收入的比重越来越小，面对这种困惑，一部分农民需要离开土地，出外务工，作为产业工人来提高自己的收入，另一部分就要从田地里要收益。在目前的生产力水平和经济条件下，只有调整农业的种植结构或养殖结构来增加农民收入，这是不离开本土的农民脱贫致富奔小康的唯一途径。耿海潮的养殖合作社，无疑是农民脱贫致富的一条途径。

耿海潮说，其实，他要选择在外地生活，日子过得很舒坦，也衣食无忧。但是，他的一大愿望，就是带领大家致富。"我最了解农民想急于摆脱贫困的心理，他们勤劳、善良、诚恳，可是苦于没有技术和途径。"耿海潮说，能够给农民提供一个致富的路子，是他最值得骄傲的事。

耿海潮说，他是土生土长的宁陵人，对宁陵有着很深的感情，他也会一辈子在农村生活。不过，咱们现在的乡村，跟发达地区相比，还有一定的差距。他有一个梦，就是农村大发展，让农村的面貌大变样，成为真正的生态乡村。

在宁陵国有林场搞林下养殖，是生态养殖的一种，不但不污染环境，还实现了对资源的再利用。每年，养殖场都产生大量鸡粪，而这些鸡粪，又成了"宝贝"，被拉往万顷梨园，让金顶谢花酥梨越来越茁壮。

耿海潮说，在家庭中养殖肉鸡可能会产生一些气味，下一步，他将大力发展林下养殖，建设更多的标准化养殖小区，然后让一些优秀的养殖户到养殖小区工作，可以给他们一些股份，让大家更舒心地挣钱。之后，他还会建立屠宰、冷冻等工厂，将林下养殖的产业链延伸得更长。

"能在生态乡村、绿色乡村的建设中尽自己的一份绵薄之力，我很骄傲。"耿海潮说。

4.16 林畜模式案例

4.16.1 林下种草养牛，惠企惠农

在集体林改中，宁夏回族自治区固原市泾源县支持群众在林下种植牧草，为龙头企业和自家的肉牛养殖提供饲料，形成了"林下种草，以草养牛"的林下经济发展模式，林下种草养牛每年户均增收接近7000元。

六盘山牧业有限公司是一个集肉牛规模养殖、屠宰贩运和饲草料加工调制配送于一体的龙头企业，采取"企业牵头、大户参与"的方式进行企业化管理、市场化经营。目前，公司承担了泾源县饲草料配送任务，2010年共完成玉米青黄储2830立方米2260余吨，推广打捆包膜青储800余包48吨，解决了320户农民600余亩饲料玉米销售难的问题。

据六盘山牧业有限公司负责人于金荣介绍，在六盘山牧业有限公司的林草畜经营模式中，农民主要通过三种途径获得收入：一是农民在自家林地种植苜蓿，以0.8元每千克的价格卖给六盘山牧业有限公司，多种多得，一般家庭每年卖3吨到4吨苜蓿给公司，年均苜蓿收入可达2400～3200元；二是农民可将耕地里的玉米秸秆以0.3元每千克的价格卖给公司，当地农民人均2亩地，以一家三口6亩地计，每年卖4吨到5吨玉米秸秆给公司，玉米秸秆每年收入可达1200～1500元；三是农民自留部分苜蓿和玉米秸秆，自己养牛，从六盘山牧业有限公司买精饲料，买进一头三四个月大的牛犊需要5000元，育肥4个月，每头牛可卖7000～8000元，扣除每头牛每月精饲料成本300元，农民卖一头牛一般可获利1000元左右。目前，泾源县有些农民家庭饲养四五头牛，一般家庭则饲养两三头，养牛成为当地农民集体林改后的一个重要增收渠道。

4.16.2 不搞汽车养土猪，橡胶林下可致富

近日，在海南省儋州市和庆镇和祥村采访和祥村委会委员、治保主任符建诗时，他正在村民邓永良家的养猪场里忙活。说起符建诗，邓永良笑呵呵地说："符建诗是致富能手，也是村民致富的带头人，村民平时遇到难题，他都尽力帮忙解决。"[①]

和祥村以山地为主，气候温和，一直以来村民大都以种植橡胶为生。因管理粗放，技术和管理经验缺乏，加上生产模式落后，收益极不理想，村民生活相对贫困。2011年5月，未满30岁的符建诗毅然辞掉了汽车企业项目工程师的工作，回到家乡创业。

---

① 资料来源：《今日儋州》，2015-5-8。

"我们当时以为他'疯'了,放着好好的工作不干,竟然跑回农村养猪种地!"对于符建诗的举动,符建诗的家人和许多村民纷纷质疑。然而,几年过去了,当符建诗不仅把自己投资建设的养猪场经营得有声有色,还带动众多村民走上致富之路时,质疑符建诗当初做法的声音消失了,取而代之的是越来越多的赞扬和肯定。

"我是村中很早一批在符建诗带动下发展生猪养殖的农户,以前,家里的收入来源主要依靠橡胶,一年收入也仅仅是1万多元。符建诗回乡后,我开始跟着他学习养猪,开养猪场,在胶林下养鸡、种植沉香……如今,年收入翻了好几倍,家里的生活条件越来越好,这都离不开符建诗的帮助啊!"邓永良对符建诗竖起了大拇指。

"农村发展前途大,关键是要结合市场,找准突破口。"谈及当年的举动,符建诗心中信心满满。2011年5月辞职回到家,2012年,他投资建设建峰养猪场开始投产。2015年,出栏肉猪1200头,年获利20万元。2012年3月,符建诗还与6人合伙注册成立祥瑞种植农民专业合作社,带动37户农户种植橡胶,间种沉香,一期苗木基地占地350余亩。2014年,符建诗创办满成畜牧养殖农民专业合作社,年出栏肉猪1800头,年出栏鸡4500只……在符建诗的带动下,和祥村的农户逐渐掌握了多种经济作物和畜禽种养技术和管理方法,全村养殖产业蓬勃发展,建立了具有一定规模的高效益农业生产基地3个,走上了"一村一品"的特色经济发展路子,农户的"钱包"渐渐鼓了起来,村中的新房越盖越多。

"作为有思想有想法的'现代农民',我们不能只想着赚钱,更重要的是要带领、帮助乡亲共同致富,努力为家乡的发展献计出力。"看着村中充满生机的农田和山地,符建诗信心满满地说。

因在带动农户致富方面取得的突出成绩,"五一"前夕,符建诗入选了海南省劳动模范荣誉称号推荐人选名单。

4.17 其他模式

4.17.1 瑶寨群众有创意,林下养蜂也富裕

现实生活中,一说起马蜂,人们想到的就是它的生性凶狠、毒性猛烈,唯恐避之不及。然而,在地处偏远的广西田林县八渡瑶族乡那拉村瑶寨,当地群众却对它偏爱有加,并能"化敌为友",将马蜂养殖作为一项增收致富的副业来发展。[1]

"马蜂价格好、利润高,市场供不应求。我2013年靠卖窝蜂收入就有1万多元,像我这样收入的村里还有好多人呢。"那拉村养蜂能手冯成华乐呵呵地说。

据了解,那拉村坐落在八渡瑶族乡境内海拔近1000米的高山上,四周森林茂密,气候温

---

[1]资料来源:http://www.gxnews.com.cn,2013-12-11。

和，非常适合马蜂生长繁殖。马蜂蛹富含蛋白质，营养价值高，近年来，一直很受市场青睐。当地群众看到马蜂土生土长，既不用投入成本，又保持生态平衡，可说是无本生利。于是，瑶族群众便开始研究马蜂的生活习性和行动特点，几年来，他们逐渐摸索出一套人工林下养殖马蜂的技术。

该村养蜂的小伙子赵福华讲，目前村里养殖的主要是花脚蜂、七里蜂、大黄蜂等。他们主要是利用夜间到深山老林抓捕小蜂窝，拿到自家附近的林地、果园、菜园等进行迁移饲养，保持蜂群原有的生活习性，让它们自行繁殖。每窝蜂可产蜂蛹约5千克，一年可采马蜂蛹两次。他家一年养各种马蜂20多窝，仅靠养蜂一年收入8000多元。

据不完全统计，2013年该村约有上百户养殖马蜂600多窝，产蜂蛹3000多千克。连蛹带窝卖，以25元每千克计，全村养蜂总产值约达30万元，实现户均收入3000多元。如今，林下养殖马蜂逐渐成为当地瑶寨群众增收的"摇钱树"。

4.17.2 林场养殖冷水鱼，走出增收新路子

近段时间，四川雅安天全县白沙河林场（下称白沙河林场）场长高志平心情很不错。2015年2月8日，白沙河林场300多平方米的冷水鱼养殖池建成了，这不仅意味着养殖规模扩大，更意味着林场职工增收又有了眉目。[①]

天全县白沙河林业公司是当地一家森工小企业，拥有国有林管护面积31.6万亩，在岗职工64人。实施天然林保护工程后，公司在管护好公益林的同时，寻求发展新路子，大胆尝试林下养殖经营。2012年，白沙河林场开始试养殖冷水鱼。在市林业局的支持下，公司利用天保工程改革奖励和补助资金，扩大养殖规模，建成冷水鱼养殖池共800平方米，养殖虹鳟、鲟鱼等冷水鱼种。养殖成功后，林场职工参与经营的积极性明显提高。

2015年春节期间，白沙河林场接待了不少游客。他们中，不少是"回头客"。到白沙河林场的游客必点的一道美味——生鱼片。他们知道，在这里有用山泉水养殖的鲟鱼和鳟鱼，不但口感鲜美，而且营养价值高。更重要的是，价格公道，只卖100元每千克。

白沙河林场养殖了冷水鱼2000余尾，除用于林场接待外，还有部分对外销售。"我们的鱼在市场上评价很高。"高志平说，收鱼的客户都是行家里手，对林场养殖的鱼一致好评，还经常主动加价，指定购买林场的鱼。遗憾的是，由于林场养殖规模有限，定点大批量出售还不太现实。"所以我们的冷水鱼养殖还需要继续发展。"高志平说。

白沙河林场2015年春节的热闹，源于林场的改革。白沙河林场在职职工64人，以前人均工资仅有1600元左右，相对较低。为进一步提高职工收入，林场在改革中不断探索，先是打

---

① 资料来源：新农网，2015-3-16。

造林区农家乐，发展林区旅游，后来又学习其他林场的宝贵经验，并结合自身林场条件，选定了冷水鱼养殖项目。

2012年8月到2014年，白沙河林场冷水鱼养殖项目一边积累经验，一边缓慢发展。高志平说，他们经历过鱼病来袭，也经历过冷水鱼排卵不畅而致大批量死亡。每一次挫折都是经验，两年时间，林场管理人员在厚厚的养殖笔记上，写满了心得体会和经验。

"旧鱼池有500平方米左右。"高志平告诉记者，目前林场共养殖虹鳟、鲟鱼等冷水鱼种2000尾，产量达2000千克，职工人均增收1200元。

新建的鱼池竣工，白沙河林场冷水鱼养殖规模将扩大。高志平透露，林场拟于2015年增加投放冷水鱼苗1万尾，两年收益期满后，预计职工人均增收可达4000元。按目前计划，最终产量将达到2万至3万斤，"到时候就不愁有人买，没鱼卖了！"

4.17.3 小林蛙养出大产业

辽宁省宽甸满族自治县位于辽宁省东部的鸭绿江畔，与朝鲜隔鸭绿江相望，边境线长216.5千米。面积6193.7平方千米，全县总人口44万，其中农业人口33万。宽甸地域广阔，自然地貌为"九山半水半分田"，突出特点是山多地少，森林资源丰富，生态环境良好。全县有林地面积741万亩，森林覆盖率为78%，活立木蓄积量为2445万立方米，是辽宁省森林面积最大、天然林资源最多的县。宽甸属温带半湿润季风气候，四季分明，雨量充沛，优越的地理环境和气候条件为宽甸林蛙产业发展提供了得天独厚的自然条件。

近几年来，县委、县政府把林蛙养殖业作为林业的一项大产业来抓，到2010年底全县已开发利用林蛙栖息林地达525万亩，占有林地面积70.8%，涵盖了全县所有乡镇所有行政村。2010年，林蛙产业实现产值5.3亿元，占全县农业总产值的17.5%，占全县林地经济总产值的30%；林蛙产业农民人均收入1558,8元，占农民人均纯收入的20.7%。林蛙养殖业已成为宽甸一大支柱产业。

1.政府全力推动

东北林蛙堪称四大山珍之一，属集药、食用价值为一体的纯天然绿色滋补佳品，2010年林蛙油市场价格6000元每千克仍供不应求。林蛙以森林害虫为食，以林养蛙，以蛙育林，可保持生态良性循环持续发展。1999年，随着集体林权制度改革全面铺开，宽甸县政府把林蛙养殖列为全县重点开发八大支柱产业之一及林改配套重要措施来抓，成立了林蛙开发办公室，任命林业局一名副局长为开发办主任，专职负责全县林蛙产业发展工作。县政府投入10万元，组织110多人，进行为期200多天的普查工作。对全县各乡镇的林蛙栖息地进行普查。以原居民组为单位，按原沟岔命名，承包户冠名所承包的蛙场；以流域面积划界勘查，以林地面积、林相、水源、沟长等12项因子进行全面普查，统一造册建立档案，彻底摸清和掌握了全县林蛙栖息林地概况。同时，县政府放宽政策鼓励发展林蛙产业，对养殖户实行特产税全部减免，出台了林蛙养殖的扶持补贴政策。宽甸林蛙养殖产业逐渐走到全国前列。截至2010年底，全县共封沟养蛙2100条，全县共有林蛙养殖专业户3700多户，从事林蛙养殖、加工、销售人员达3万多人。

2.合作组织牵动

随着林蛙养殖产业的不断发展壮大，政府部门的行政领导已远远不能适应市场经济的发展要求，养殖户要技术、要服务、要管理、要信息，政府部门已显得力不从心。宽甸县积极寻求发展林蛙产业的制度创新、机制创新、科技创新和思想观念创新，因势利导，帮助、指导全县成立了2个林蛙养殖专业协会、12个林蛙养殖专业合作社等农民经济合作组织，解决了养殖户急需的技术服务、经营管理、提供生产资料、发布市场信息等一系列难题。

宽甸满族自治县林蛙产业协会于2007年成立，现有养蛙户会员132人蛙场129处，不同类型实验基地3处，下属1个林蛙专业合作社。协会在实践中总结编写《东北林蛙半人工养殖满负荷放养法》，改变了传统放养模式，方法简便易行、可操作性强、效果明显，得到广大蛙农认可，2009年被科学技术部选中作为国家"十二五"期间"国家星火计划培训丛书"在全国推广。协会为了在全县推广林蛙半人工满负荷放养技术，先后组织举办县级技术培训班11次，乡镇级培训班20次，共培训人员达4500多人次；举办现场观摩会7次，参加人员750多人次；先后发放《满负荷放养法》图书3000多册，技术光盘2500盘，养殖要点资料5000多份；扶持科技示范户无偿投放实验饵料、塑料管、薄膜、遮阳网和蛙药等物资，折款30多万元；培训人员涵盖本溪、凤城、桓仁等县部分蛙农。协会根据长白山腹地林蛙下山早于宽甸20天的规律，通过多渠道及时准确掌握主产区产量和行情，参照预测推算宽甸产量和价格，多次避免了蛙贩子开行压价，为蛙农增加收入近千万元。2009年秋，由于协会预测准确及时，为会员一次推销750千克蛙油，减少损失100多万元。

3.龙头企业带动

在林蛙养殖产业初具规模后，宽甸县就注重了龙头企业培育，注重了林蛙产品深加工的研发，注重了林蛙附加值的提高，注重了龙头企业对林蛙养殖产业的带动作用。宽甸北方山奇生物开发有限公司生产的"即食林蛙油"畅销全国；宽甸奇峰蛙业专业合作社生产的"森溪牌"精品林蛙油，从鲜活蛙类等到成品包装，共经10多道工序，采取特殊工艺（专利），真空封口，包装精致，在常温下保鲜期可达1年以上，是目前市场上蛙油含水率最低、保鲜期最长、科技含量最高的畅销林蛙油品牌；灌水杨鑫土特产公司、宽甸绍成参业有限公司等30多家企业生产的干品林蛙油、林蛙油软胶囊等产品，也倍受消费者青睐，受到了消费者的广泛好评。目前，宽甸有多家林业龙头企业正在开发新的林蛙油产品，其中宽甸光太药材有限公司与日本星火株式会社合资组建"太和星中日合资食品有限公司",主要生产出口林蛙油系列产品、林蛙卵和林蛙营养食品等。通过龙头企业带动,使宽甸林蛙养殖业走向了林养结合、种养结合的科学发展道路。

4.打造知名品牌

宽甸林蛙虽具特色,但知名度不高,全国业内人士了解不够。2011年5月,经宽甸县委、县政府积极争取,由宽甸满族自治县林业产业协会和宽甸满族自治县林蛙专业协会协办的"2011年全国蛙类专业委员会年会暨第五届蛙业论坛"在宽甸举行,全国知名蛙类专家、学者和相关领导近百人参加了会议。通过养殖现场观摩和学术交流,会议认为:宽甸林蛙是东北林蛙分布最南端的县,是全国林蛙养殖户最多的县,得天独厚的林业资源和气候条件造就了宽甸林蛙的地域特性和典型性。宽甸林蛙生长期最长、个头最大、产量最高,蛙油品质最好,优越于吉林、黑龙江等地。所以每年只有宽甸林蛙油进入广州市场才能开行,而且每千克价格要高于其他地区200元以上。这次会议也是全国性蛙业会议首次在辽宁省召开,体现出了宽甸林蛙产业在辽宁省的重要地位,也体现出了宽甸人民搞好林蛙产业的实力和信心。宽甸养殖林蛙的自然条件和独特的养殖技术得到了全国业内人士的高度评价和广泛肯定。宽甸将借此东风,大力推介宽甸林蛙,打造宽甸林蛙品牌,让宽甸林蛙成为全国知名品牌,冲出亚洲,走向世界。

4.17.4 森林复合经营发挥林地资源潜力

清原县地处辽宁东部山区、长白山余脉,是辽宁的重点林业县。全县总面积3921平方千米,林业用地462万亩,有林地418万亩,森林资源丰富。2006年开始集体林权制度改革工作,均山均利到户,给山区经济发展增添了活力。面对林改后农民增收的迫切心情和荒山基本绿化的形势,围绕如何做到既让农民增加收入,又使资源得到保护,县委、县政府精心谋划,统一认识,确定了"确权拓空间,开发奔富裕"的发展战略,把林改的落脚点放在兴林富民上,把发展林地经济的主攻方向放在林地林下,使山上有红松、云杉等林木,林下有刺嫩芽、刺五加、大叶芹、人参、玉竹等山野菜和中草药材,以及开展林蛙、马鹿、梅花鹿、野猪等养殖业,充分利用森林空间,增加林地产出,逐步探索出林药型、林菜型、林果型、林养型等多种森林复合经营模式,既充分利用了林地资源,又给广大农户带来了收益,实现了生态效益和经济效益双赢。

1.以森林复合经营为主线,多措并举发展林地经济

一是为森林复合经营创造条件。发展林下经济需要一定的条件,树木过密,林下作物不能成活,即使存活也生长不良。清原县对开发地块给予放宽经营政策。对开展林下开发的,

按省森林经营规程规定的抚育标准下降1个或2个径级，降低郁闭度，为林下种植中药材、山野菜创造条件。对红松采取科学抚育，将其改建成果材兼用林，对核桃楸实行改培，对野生榛子进行垦复，提高种实产量。二是实行典型带动。清原县精心培育和挖掘一批典型，带动全县林业产业快速发展。确定了33个现代林业示范村，建立林业产业示范点、示范户120个，建设示范基地，实行典型引路。对有一定基础、有积极性的种植或养殖户给予资金扶持，扩大发展规模，通过典型宣传，打消群众的顾虑。三是加大资金扶持力度。清原县加大资金扶持力度，对有一定基础、有积极性的农户、合作社给予资金扶持，林改以来全县共投入林地经济项目补助资金1700万元，发挥了资金的导向作用，推动了林地经济发展。并安排资金，加强科技试验研究，开展了落叶松—红松—刺五加复合经营、落叶松—林下参复合经营、大果榛子繁苗、林下食用菌等10多个林地经济试验。四是开办林权抵押贷款业务。成立了县林业综合服务中心，集行政许可、林权交易、信息发布、中介服务于一体，实行一站式办公。设立了林权抵押柜台，林权抵押贷款达到4.7亿元，为林农提供了融资渠道，有3.3亿元贷款资金用于林业生产建设，有的用来种植林下参、细辛等中药材，有的用来栽植刺龙芽、大叶芹等山野菜，有的用来在荒山、迹地上造林，有的用来开展木材加工。五是鼓励创办林业专业合作社。清原县加大了专业合作社建设力度，出台奖励政策等引导农民自愿组合成立专业合作社。全县共注册成立林业专业合作社83家，其中，中药材合作社34家、食用菌合作社11家、山野菜合作社15家、鲜果经济林合作社6家、坚果经济林合作社5家、苗木花卉合作社5家、养殖类合作社7家。合作社共有社员4207户，其中农民社员3626户，带动农户1.6万户。合作社的不断发展解决了一家一户小生产成本高、风险大的难题，提高了生产经营效率，提升了市场竞争能力，促进林业产业向规模化、专业化、集约化的方向发展。

2. 加强科技推广，不断创新森林复合经营模式

清源县积极加强科技支撑，举办了县、乡、村、组、合作社等多层次的培训班，加大林业科技培训的覆盖面。请专家、种植能手讲授林下参、山野菜、大果榛子种植技术，以及红松果材林培育和山地育苗技术。举办培训班100余次，培训人员7200多人。多次组织村干部、产业大户到先进地区参观，学习经验，取长补短。发放林地经济技术小册子1万多份，林业科技新知识走进了千家万户。农民掌握了科学技术，森林复合经营模式不断创新。湾甸子镇大庙村二道沟组发展山野菜大棚300栋，同时，对山上的野生山野菜资源也加强了保护和开发，确定了"山下搞返季、山上建基地"的发展方向，成立了绿味浓专业合作社。在山上栽植了刺嫩芽、刺五加、大叶芹1000亩，对野生的刺嫩芽、大叶芹等山野菜资源加强保护，避免过度采集，实现良性发展。每年砍收100多万棵刺嫩芽杆进行棚内生产，解决了原料问题。入冬后，农户在大棚内种植大叶芹、猴腿及刺嫩芽等山野菜，春节期间产品投放市场，刺嫩芽能卖到

25元每斤，大叶芹能卖到10元每斤，全组年生产山野菜150吨，产品销往十几个城市，年销售收入300万元，户均纯收入8000元，成为远近闻名的山野菜生产基地。夏家堡林场鼓励职工发展林下参产业，目前全场林下参面积6000亩，获得了较高的经济效益，仅一个棒槌沟就收入650万元，这个场林下参收入50万元以上的职工达8户。湾甸子镇砍椽沟村农民孙安文在阔叶林下发展大叶芹200亩，年收入3万元，他的目标是面积达到300亩，每年采收5万千克，并开展加工增加收入。英额门林场和北三家林场在马鹿市场行情下跌的情况下，将马鹿放到森林里实行围栏放养，节约了成本，增加了收入。南山城镇大北岔村农民孔令华兄妹4人承包了小北岔沟养林蛙，建蛙塘20个，年产商品蛙10万只，种植五味子150亩，林下参150亩，年收入20万元。城郊林场考虑到森林的景观效应，对地处省级公路彰桓线路边的落叶松林不采取皆伐，而是在开展大径材培育之后在林下栽植了红松和刺五加，形成了三层复合经营模式。吴家沟村民李国玉将14亩超坡地退耕栽植了红松，考虑到红松株行距大、生长慢，又在林间栽植了刺嫩芽，形成了水平复合经营模式，每年采收刺嫩芽收入1.4万元。

3.森林复合经营推动了三大产业发展

森林复合经营发挥了林地和林下资源的潜力，带动更多农民走进山沟搞开发，涌现出许许多多致富典型。目前，全县参与林地开发的农户3.5万户，占全县农户总数的50%。2000年实现林业总产值42亿元，农民人均收入中来自林业产业的3173元，占农民人均总收入的48%，其中来自林下经济的2500元，占38%。全县通过森林复合经营已形成三大优势产业。一是以林下参为主的林地中药材产业：全县共发展各类中药材76万亩，主要品种有林下参、细辛、地龙骨、龙胆草、玉竹等10余个品种。二是以红松坚果为主的森林食品产业：全县已发展红松、核桃楸、榛子等坚果经济林47万亩；栽种刺嫩芽、大叶芹等山野菜面积19万亩；发展木段木耳500万段。三是以林蛙、马鹿为代表的特色养殖业：养殖品种有林蛙、"清原马鹿"、梅花鹿、狍子、野猪等11个品种。开发1500多条小流域，养殖面积120万亩，年产商品蛙3500万只。

4.18 林下循环案例——橡胶林鹿角灵芝循环农业创新

1.概述

随着社会发展和人口增加及国际、国内市场天然橡胶价格的剧烈波动，海南农垦面临着地少人多、种植业结构单一造成的职工收入偏低的问题。利用垦区丰富的林下空间资源进行开发和产业结构调整，改变垦区单一的经济模式，发展林下经济，实现多物种良性循环的新型产业，对垦区有限的土地资源实现二次增值具有重要意义。橡胶林下种植鹿角灵芝是响应垦区产业结构调整、土地增值、职工创收的政策下开展的项目。鹿角灵芝与橡胶林不争空间、阳光、水分和养分,具有较高的食药用价值,市场前景广阔。发展芝-胶间作模式是垦区林下经济模式的创新,为国内首创,可以充分延伸灵芝和橡胶产业链,实现多物种的良性循环,形成垦区特有的经济发展模式。本研究旨在通过对海南农垦橡胶林下鹿角灵芝循环农业模式分析,提出农业废弃物(橡胶木屑)→食用菌养殖→菌糠综合利用(肥料化、饲料化)循环体系,使林下种植鹿角灵芝发挥更大的经济效益和生态效益。

2.高效循环农业模式

气候和土地资源优势橡胶林内温度变化缓和、湿润、静风,开割胶园郁闭度达70%以上,林下温度在正常气温的1~2℃范围波动,年平均相对湿度在83%~88%。其特有的气候生态环境非常适合中高温型菌种鹿角灵芝生长。目前,海南垦区拥有393万亩胶园,开割胶园294.26万亩,开发和利用的林下种植面积仅9.26万亩,只占开割胶园的3%。大批闲置的胶林空间为开展食药用菌业提供了保障。

资源利用垦区每年有约10万亩的胶园需要更新,开割胶园林下树枝、更新橡胶木屑都可作为鹿角灵芝的栽培基质。因地取材,经过改良的栽培基质既可以废物利用、降低成本,又含有丰富的营养成分满足鹿角灵芝生长需要。栽培料配方为橡胶木屑73%~75%,麦皮20%,玉米粉3%,石膏粉1%,碳酸钙1%,石灰粉0.5%~1%,含水量为60%。

3.节水高效

在开割胶园胶菌间作实施节水灌溉高产模式,灌溉覆盖率占胶园面积至少为50%,可以有效降低高温对鹿角灵芝生长的影响,对胶园土壤的滋润程度和效果也非常显著。采用胶菌高产栽培模式下橡胶产量明显比对照高,增产效果最高达20.8%。其中四五月增产效果最为明显。此时正值海南少雨季节,可以大大缓解干旱对橡胶产量的影响。

4.菌糠多元化利用

在鹿角灵芝采收之后,有大量的菌丝体和有益菌留在菌包中,并且在菌丝生长过程中通过酶解作用产生多种糖类、有机酸类、酶和生物活性物质。菌糠中含有丰富的蛋白质、纤维素和氨基酸等。鹿角灵芝菌糠营养成分含量丰富,具有很高的研究利用价值。

肥料化菌糠发酵作为肥料已经使用在蔬菜、水稻、脐橙等试验上,可以明显改良土壤,提高品质和产量。本研究利用鹿角灵芝菌糠与牛粪等进行堆沤发酵,施入橡胶肥穴作为有机肥使用。鹿角灵芝采收后第二年冬春干旱季节的土壤检测数据表明,土壤腐殖质、有机质、有效氮、有效磷和有效钾比对照土壤高,菌糠回田可以有效培肥土壤。

饲料化出芝结束后的培养料,纤维素由38.39%下降到23.3%,下降了39.3%;粗蛋白由5.44%提高到11.4%,粗脂肪由0.40%提高到4.7%。同时干料中仍有50%的菌丝体残留在菌糠中,并且菌糠通气性好,易保温、保湿,为利用菌糠作饲料原料提供了科学依据。对菌糠进行挑选、粉碎、配料并接种发酵菌剂,按一定的生产工艺处理,就制成了菌糠饲料。本研究对80日龄的育肥猪进行了20天的试喂试验,菌糠的配比为10%。结果表明,采用灵芝菌糠喂饲的猪平均增重0.88千克/天,个体生命活力旺盛,得病少。菌渣作为饲料或添加剂可取代麦麸、豆粕等常规饲料,具有一定安全性;能降低生产成本,有效缓解饲粮不足的矛盾,有广阔的发展前景。对于不同动物、最佳添加量、最佳配比使用的效果等方面有待进一步研究确定。

5.技术创新

种植环境创新高郁闭度的开割胶园林下种植鹿角灵芝的林下经济模式创新,突破了传统林下经济模式难以突破的发展界限。起重机配件传统林下经济模式,只能在郁闭度低于0.4的幼龄胶园种植,而林下种植鹿角灵芝的新模式,可以在郁闭度0.6以上的开割胶园种植,给海南热区林下经济发展拓展了巨大空间。开割胶园林下成功试种鹿角灵芝是热区林下经济的新突破,有望成为热区林下经济新的发展方向。

栽培技术创新本研究开展"室内培菌,林下出菇""菌袋覆土起垅""菌床加棚盖膜"和"节水灌溉"等鹿角灵芝栽培技术模式, HDPE防水板是一套应对海南气候气温高低多变的实际情况采取的组合措施和栽培技术创新。对于超过36℃高温天气,可以较好地克服菌丝培育阶段烧菌和林下出菇阶段减产的难题,确保了鹿角灵芝在海南胶园林下能够顺利生产。

培养料配方改良首次采用海南当地资源改进鹿角灵芝培养料配方。原料就地取材,充分利用橡胶林资源,以开割胶园树枝、更新橡胶木屑等原料,成功配制了鹿角灵芝的培育基料。

产品优势通过栽培料配方改进和栽培技术完善等综合因素,该方法获得鹿角灵芝产品有效成分含量较高。破壁灵芝孢子粉虽灵芝多糖低于菌草鹿角灵芝(2.3%),但其灵芝多糖(1.52%)和三萜酸(1.0%)含量,均高于国内野生赤芝、段木赤芝和草粉赤芝,也高于松杉灵芝、中芝及其原产地的日本赤芝。

该项目在菌糠的再回收及合理化利用方面,对用作燃料和作为食用菌栽培原料再利用等未作研究。灵芝的培养料以木屑、麦皮、玉米粉等为主要原料,晒干后可以作为燃料。泰山奇石鹿角灵芝菌糠含有丰富的养分,用作食药用菌再生产配料可以节省成本,提高产量,但对于菌种、配方选择都要进一步研究。研究表明,灵芝菌糠可以替代部分饲料原料,但是对于不同动物、最佳添加量、不同菌渣的搭配使用效果等方面有待进一步研究确定。菌糠用于堆肥虽然具有广阔的前景,但也存在着一些问题。目前堆肥大多只是加入菌剂进行简单地发酵处理所需堆肥时间较长且作用机理尚不清楚,个别堆肥结束后营养元素含量不均一,肥料配方有待探讨与研究。

4.19 林下经济参考资料

1. 书目

[1] 国家林业局农村林业改革发展司.林下经济发展政策汇编[M].北京：中国林业出版社，2013.

[2] 张以山，曹建华.林下经济概论[M].北京：中国农业科学技术出版社，2013.

[3] 郜玉钢，王志明，张秋菊.长白山区林下经济[M].北京：中国农业科学技术出版社，2014.

[4] 国家林业局农村林业改革发展司.国务院办公厅关于加快林下经济发展的意见辅导读本[M].北京：中国林业出版社，2013.

[5] 王邦富.林下经济植物栽培[M].北京：中国林业出版社，2014.

[6] 贾忠奎.林下经济复合经营实用技术[M].中国林业出版社，2011.

[7] 国家林业局农村林业改革发展司.全国林下经济实践百例[M].北京：中国林业出版社，2013

[8] 李荣和，于景华.林下经济作物种植新模式[M].北京：科技文献出版社，2010.

[9] 刘建华.林下食用菌标准化栽培技术[M].天津：天津科技翻译出版公司，2010.

2. 网站

1）中国林下经济网 http://manu36.magtech.com.cn。

2）农林网 http://www.nlwang.com。

第 5 章 森林旅游致富

第5章 森林旅游致富

森林旅游仍然处于开发初期，从历史发展角度来看，森林旅游是一种和谐的旅游形式，主要体现了保护旅游地区的地域特征和人文风情，促进经济社会的协调发展。森林旅游具有辐射面广、关联性强的特点，直接拉动交通业、餐饮业、酒店业的发展，间接带动建筑业、通信业、文化业和娱乐业等行业的发展。森林旅游具有重要的战略地位。[①]

经济相对落后的大山区、大林区，其森林、湿地、野生动植物资源相对富集，多为森林旅游地所在之处。通过发展森林旅游，可以让景区周边百姓"不离乡、不离土"，就能找到合适的工作和收入来源，生活条件和生活环境明显改善。

据统计，在全国832个贫困县中，仅国家森林公园就达到227处，占国家森林公园总数的29%，有432个贫困县分布有各级森林公园，占贫困县总数的52%。

森林旅游的发展，现已实现从砍树到看树、从卖山头到卖生态、从卖木材到卖景观、从把产品运出去到把城镇居民引进来的历史性转变，很多地区通过发展森林旅游获得了显著的经济效益。据了解，截至目前，全国各类、各级森林旅游地数量已超过8500处，其中各级森林公园3101处、各级林业系统自然保护区2189处、各级湿地公园979处。[②]

5.1 乡村旅游

5.1.1 什么是乡村旅游

目前关于乡村旅游这种旅游方式，大家的认识并不统一，存在农村旅游、绿色旅游、乡村旅游、民俗旅游、乡村生态游、农业旅游、农家乐等多种名称。基于对乡村和旅游的理解分析，可以从以下几个方面认识。

首先，乡村旅游的吸引物是乡村自己。由于乡村内涵多样性、广泛性特点，包括自然、人文、社会等多种形式的资源，涵盖乡村的农事生产活动、农业景观、文化传统、风俗习惯、居住环境、自然景观等各方面。因此乡村内部一切有吸引力的事物，都可以被视为乡村旅游的凭借。

---

①方震凡.森林旅游业的发展与前景分析[J].中外企业家，2013（10）.
②资料来源：科技日报，http://digitalpaper.stdaily.com/http_www_kjrb/kjrb/html/2015-09/10/content_316414.htm?div=-1。

其次，乡村旅游产生的动机，即旅游动机，是人们求新、求异，追求不同文化体验的一种心理诉求，当都市人厌倦了紧张、枯燥、嘈杂的城市生活，以及被工业气体严重污染的城市环境后，而清新、悠闲、宁静的乡村生活与之形成鲜明对比，使人内心向往，乡村旅游为此提供良好途径。

再次，乡村旅游的游客群体以都市人为主，既包括国内旅游者，又包括国际旅游者。乡村与城市生活状态、生产方式、自然环境、风俗习惯的差异性构成了对都市人群的吸引。

综上所述，在考察"乡村旅游"这一概念时，不能简单地依据某一种形式来定义其名称，应从这些现象中找出共同点。由此认为乡村旅游是一个广义的概念，是在以乡村为旅游目的地，以乡村内部的一切事物为旅游吸引物，以都市居民为主要客源，其目的在于观赏、享受、体验与乡村生活有关的各类动态和静态事物的旅游活动。其概念是从广义的范围来界定的，内容涵盖了乡村生活和生产的各个方面，而农业旅游是从产业的角度来界定的，是对农业功能的再挖掘，是农业多功能特性的一个表现。两者不是等同关系，也不是互属关系，而是交叉关系，其交叉的部分是乡村类农业旅游。乡村旅游中有农业旅游形式，农业旅游包括乡村类农业旅游与都市类农业旅游。

5.1.2 什么是农业旅游

农业旅游是对应于工业旅游而言的，是农业功能拓展的一种形式。它把农业与旅游业结合在一起，利用农业景观和农村空间吸引游客前来观赏、游览、休闲、体验、购物的一种新型农业经营形态，即以农、林、牧、副、渔等广泛的农业资源为基础开发旅游产品，并为游客提供特色服务的旅游业的统称。

5.1.3 什么是生态旅游

生态旅游发展于20世纪90年代，在过去的20年间已在全球范围内迅速发展，并呈现持续增长的态势。1983年国际自然保护联盟特别顾问谢贝洛斯·拉斯喀瑞首次提出"生态旅游"，其中包括两个要点：其一，生态旅游的对象是自然景物；其二，生态旅游的对象不应受到破坏。

1993年国际生态旅游协会把生态旅游定义为：具有保护自然环境和维护当地人民生活双重责任的旅游活动。

关于生态旅游的确切定义国内还没有形成共识，可以从两个角度分析理解：从宏观角度看，是一种可持续发展的生态管理系统，以可持续发展、生态学、系统论思想为基础实现环境、经济、社会三方面综合效益的最大化；从微观角度看，生态旅游是一种旅游活动形式或旅游产品,通过开发、保护和消费等活动实现政府、开发商、旅游者及社区居民等相关主题行为的协调发展。

乡村旅游与生态旅游都十分注重生态的发展和保护,但是生态旅游不仅是指在旅游过程中欣赏美丽的景色,更强调的是一种行为和思维方式,即保护性的旅游。参加生态旅游的人们在欣赏自然美色的同时,要注意不以个人一己意志强加于自然和其他生命,敬天惜物。生态旅游对游客知识层面的要求层次较高,是一种较为小众的旅游形式,是一种专业性质的旅游,强调生态的自我发展。

乡村旅游对游客的知识层次没有过高的要求,是一种较为普遍的大众旅游形式。乡村对于生态环境是保护,即不破坏,生态是乡村旅游发展的条件和基础,保护是为了更好地发展。

5.1.4 乡村旅游与民俗旅游的区别

"民俗"作为独立人文学科的专有名称,于1846年被英国民俗学会创始人汤姆斯正式提出。民俗学者对民俗的概念界定归纳:民俗是创造于民居又传承于民居的与人类生活关系密切的传统文化现象。其包含三层意思:一是民俗的创造者是民间大众;二是民俗是一种传统文化;三是民俗存在于我们生活当中。

从民俗的定义来看,民俗旅游就应该是与城乡民众密切相关的民俗传承事项为旅游对象的旅游活动。它是指人们离开惯常住地,到异地去以地域民俗事象为主要观赏内容而进行的文化旅游活动的总和。形成时间上有传统与现代之分,地域上有城市和乡村之分。

5.1.5 乡村旅游基本形式

1.农家乐

这是一种最广泛的模式,被人们总结为"吃农家菜、住农家院、干农家活"。最典型的就是成都郊区的农家乐,2006年4月,在成都举办的首届中国乡村旅游节的开幕式上,国家旅游局把"中国农家乐旅游发源地"的牌匾授予成都市。北京郊区开展乡村旅游的民俗户,从本质上来说也属于农家乐。

2.高科技农业观光园

此模式的特点是高科技加农业再加观光,产品新奇,现代感突出。比较突出的有北京的锦绣大地、珠海的高科技农业观光园。

3.农业新村

农业新村多是乡村城镇化的产物,主要在经济较发达地区,而且在发展中有意识地使其成为有特色的目的地。农业新村有以下典型：江苏华西村、浙江藤头村、河南南街村等。

4.古村落、村寨

特点是整体性较强，文化价值突出，特色化鲜明，许多都是稀有的文化遗产。例如，福建连城县的培田村、西递宏村、贵州黔东南州南花苗寨等。

5.农业绝景、胜景

农村农业绝景、胜景体现人类改造自然的成就，现在成为蜚声海内外的旅游热点，如广西龙胜梯田、云南元阳梯田。

5.1.6 乡村旅游三种延伸形式

1.林业发展

把传统的采伐林业向观赏林业转化，有些地方已经实现了观赏林业与采摘林业的结合。北京、天津等大城市的郊县组织的"金秋山野采摘节"等，把采摘、观秋景、采山货，天伦之乐融于自然之中。

2.休闲渔业

通过渔业与旅游业的结合，渔民变成了教练员和服务员。较为普遍的是一些城市郊县的池塘垂钓，沿海地区的海上养殖业成为观光点。

3.在房地产开发的过程中渗透农业文化

在卖别墅的同时，卖出一块地，吸引城市人群，在市场发育的过程中形成了"教授村"、"画家村"等专业村，既成为乡村发展的特色，也成为特色旅游地。

5.1.7 乡村旅游发展的方向

1.平等的视角，均衡的发展

城市旅游者到乡村去体验生活，寻找一种休闲的感受，首先应该有一种平等的视角，而不是一种恩赐的视角，不是一种居高临下的俯视。反过来说，农民作为经营者，也应该是一种平等的理念，谋求均衡发展。这个均衡的发展在一个村落、一个社区、一个乡甚至一个县，都应该努力地追求。

2.生活点新体验

人们到乡下感受到休闲、随意，形成一种新的生活体验，这种体验有别于他的日常生活和城市压迫。

3.城乡互动

城里人下乡，乡里人要进城，这个过程中感受城乡互动，达到一种新的均衡。同时在这个过程中，有了更多的交流，也有另一种推动，包括理念和观念的变化。

4.培育庄园文化

进一步提升乡村旅游，需要培育一种庄园文化。这种文化乡村游、乡村休闲服务可以达到一种极致。在欧洲庄园文化普遍，在历史上欧洲就形成了领主经济，每个领主都有自己的庄园，所以培育了自己的一套独特文化。有的庄园专门有自己的葡萄园、酒厂，经营下来，形成品牌性庄园。

5.1.8 乡村旅游发展的核心

首先，新发展的核心是差异化经营、特色化竞争、体系化发展。所以要从市场入手，围绕需求促进旅游，围绕旅游形成市场，围绕市场开发产品，围绕产品组织产业，围绕产业合理分工，围绕分工全面发展。

其次，形成共建。这种共建既包括本村村民之间的共建，也包括乡村旅游者与旅游提供者之间的共建。这种共建主要体现在对环境的珍惜与保护上，同时研究一些其他方面的措施。

再次，创造机制。创造有利于可持续发展的机制，一个旅游景点经营不好就吸引不了游客，经营得好就会游客如织，这其中首先是一个利益机制，有了利益机制，才会形成动力机制，要把环境保护、文化保护，包括农村社区人际关系保护，建立在这个基础之上。同时要有相应的组织方式。

最后，形成新变化。如果总是维持原有状况，则很难形成稳定的客户，更难形成持久的需求，所以乡村旅游也需要相应的变化。当然不断地变化，不断出新花样，很难做到，也没有必要，但适度的变化是必要的。

1.规模化、多元化

我国乡村旅游的发展要形成规模化的发展方向，单靠目前数量众多还远远不够，其规模化方向应该是单体规模大，规模化发展最大优势在于形成集群效应。

在设施设备条件建设上，要完善相关设施，全方位、综合性的开发各种乡村旅游项目，加强乡村旅游地公共设施与食宿设施建设，解决好交通、通信、卫生等问题。将乡村旅游开发纳入城市旅游大系统中统一规划建设，是形成规模化的重要手段。

从资源角度说，深入挖掘当地的文化底蕴和民俗资源，并把不同旅游资源整合在一起。旅游内容要从一般的吃农家饭、住农家院中摆脱出来，而是将农村各方面资源做全方位的整合。

从产品的角度来说，应形成多样化的格局。尽管现在很多乡村旅游的产品档次不高，但是仍要研究产品的多样化。多样化产品的形成依靠对当地文化的深入挖掘。在多样化的基础上追求精品化——产品升级。

从功能的角度来说，我国乡村度假旅游的多元化趋势，一是指旅游功能的多元化，即主要指观光、休闲度假、康体、娱乐、疗养等多功能的有机结合；二是指旅游产品类型的多样化，即乡村社区的农业活动、商品和服务的多元化。

从产业分工的角度来看，必须培育多元化模式。首先借助自身的地理条件、文化条件、生活条件，形成一个多元化模式，"一村一品、一户一特"。"一村一品"即专业化发展，对于一个乡、县来说，就构成一种多元化模式。"一户一特"，就是一个村要百花齐放并有特点。

2. 特色化、品牌化

在特色建设方面，很多农村都走过弯路。很多农民有钱了第一件事就是将房子装修成城里的样子，认为搞得像城市一样，就可以吸引城里人，但是城里人恰恰是厌倦了城市的钢筋混凝土，才到乡村旅游。当然有些差异，在旅游接待过程中应适当取舍。例如山东等地有劝酒习俗。

目前，乡村旅游成为一种潮流，争夺客源的竞争非常激烈。在这种情况下，乡村旅游必须重视品牌建设，通过突出重点，创立一批品牌，以增强市场竞争力。贵州省第一个由中外专家联合编制乡村旅游产品规划——巴拉河乡村旅游示范项目，设计了包括徒步旅行、漂流泛舟、娱乐休闲、民族艺术观赏、乡村旅馆、旅游接待、社区培训、投资管理、监督等配套规划，创立巴拉河旅游品牌。

旅游本身包含着两种矛盾：一方面，由于游客来自世界各地，在旅游设施管理方面必须最大限度标准化，这本身是旅游行业的一种要求；另一方面，游客的旅游活动正好追求的是"差异性"，即"反标准化"。乡村旅游特色在"乡村"，即农业特色、农村特色和农民特色，是以乡村风情为吸引物，与农村、农业、农民息息相关的乡村原有风土、人物、风景、风俗的组合，是乡村旅游发展的基础和优势。抓住特色，凸显优势，而不是盲目追赶潮流。

有了特色之后，才会有品牌内涵，特色化发展是竞争的一个有效手段。那么品牌化的发展则是保持持久竞争力的源泉。

3. 产业化、体系化

产业化和体系化是乡村旅游横向和纵向发展的趋势。

从横向发展来看，目前我国乡村旅游项目类型虽多，但规模小，未能形成"食、住、行、游、购、娱"一条龙的产业体系。不少人把乡村旅游简单理解为农家乐，认为一个农家院、一顿农家饭就构成了乡村旅游的全部。乡村旅游不仅是一个产品的概念，它是在全面整合乡村旅游资源的基础上，面向国内、国际市场的新型旅游方式。旅游产业化，以农业为基础，利用农业、乡村资源，兴办乡村旅游事业，然后逐步过渡到旅、农、工、贸综合发展。

从纵向发展看，农家乐只是一种比较普遍的初级产品，在此基础上乡村旅游还可以一步步升级，衍生出更多的产品，使乡村旅游从农家乐向乡村酒店、乡村俱乐部、乡村旅游社区和乡村度假区方向发展。

4.提升文化内涵

乡村旅游发展的实践证明，只有依托当地文化，突出特色，乡村旅游才能充满魅力，实现可持续发展。

首先，增加文化自信心。这是一个根本性问题，文化自信心除了依靠一些文化传承者外，更重要的是在商业化过程中凸显自己的文化。一方面，在市场经济条件下，能够形成商业价值的东西就是宝；另一方面是对乡土文化的传承，要有充分的自信。

其次，增加文化吸引力。每种文化都有其历史渊源，要增强其吸引力，就需要研究这种文化的来龙去脉，并在此过程中，把特色发挥得更充分，随之产生的文化体现就越浓。

最后，促进文化提升。在现有文化资源之上，研究怎么提升自己的文化，而不是贬低、破坏自己的文化，提升的过程就是自信回复的过程，也是文化吸引的增长过程。完全的按传统沿袭民俗不叫提升，就民俗在新时期有新表现，这种表现就会产生文化提升。例如，胶东秧歌活动常态化。

5.1.9 森林乡村休闲旅游开发模式案例

对森林乡村休闲旅游从发展背景、概念、特点及存在的问题等梳理之后，下面主要通过北京勇先创景规划设计院所操盘的几项经典案例来阐述了森林休闲旅游的休闲度假型、乡村旅游型、文化提炼型、景区景点型四大开发模式，来具体证实森林休闲旅游业的规划途径。[①]在以下的案例实证可以看到很多森林休闲旅游产品在森林休闲规划中应用的具体体现。例如，盘龙山项目中森林运动休闲产品满族户外运动的开发；鞠乡项目中森林教育休闲产品科技示范园的开发等都独辟蹊径，为森林休闲旅游规划提供了实实在在的路径。

---

① 资料来源：http://www.bjyxcj.com/a/zt/forest/forest3.htm。

1. 盘龙山旅游度假区开发模式——休闲度假型

（1）盘龙山旅游发展模式

盘龙山旅游开发定位如图5.1所示。

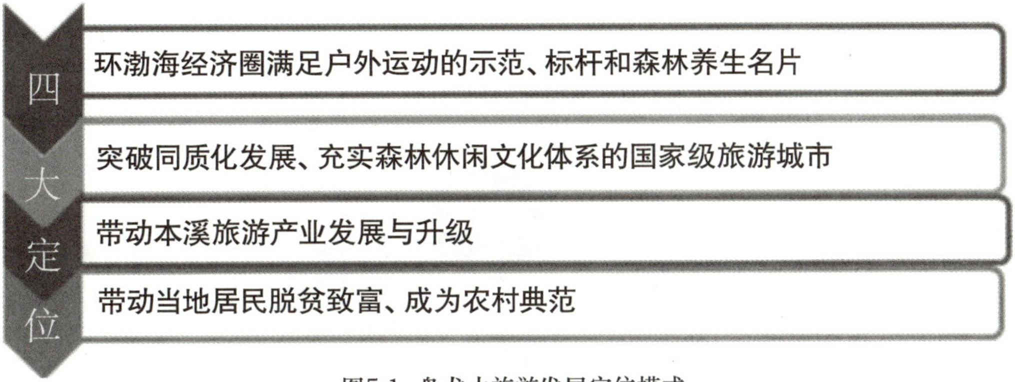

四大定位
- 环渤海经济圈满足户外运动的示范、标杆和森林养生名片
- 突破同质化发展、充实森林休闲文化体系的国家级旅游城市
- 带动本溪旅游产业发展与升级
- 带动当地居民脱贫致富、成为农村典范

图5.1 盘龙山旅游发展定位模式

土地模式——增加旅游项目的文化含量，引入养生产品，设计不同主题的度假模式，打造特色各异的产品体系，实现由"生地—熟地—旺地"的转换。

产业模式——运动休闲主线贯穿整个旅游区的功能布局和项目策划，以运动策划项目，以山水设计景观，以文化营造意境，以养生开发产品，以特色形成产业，以文化塑造形象。

游憩模式——从景观空间上将森林结构分为上、中、下三个层次结构，核心围绕"运动休闲"主题，形成"林地旅游产品开发""林中旅游产品开发""空中森林旅游产品开发"三大层次，以"满族户外运动"的"森林九季养生"为突破，构建游乐性、参与性、文化性较强的主题森林旅游产品体系。

其开发模式，如图5.2所示。

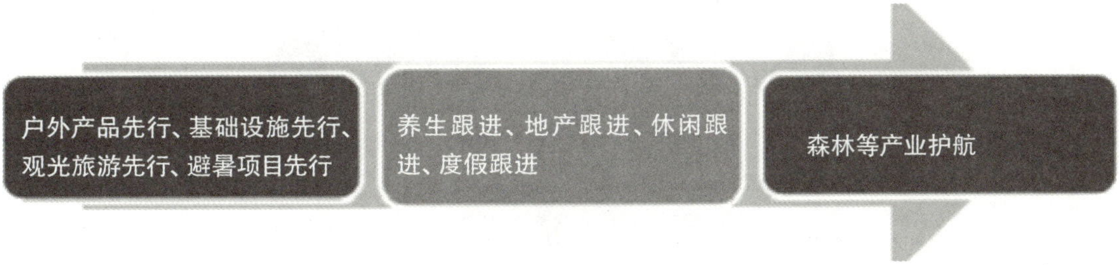

户外产品先行、基础设施先行、观光旅游先行、避暑项目先行 → 养生跟进、地产跟进、休闲跟进、度假跟进 → 森林等产业护航

图5.2 盘龙山旅游发展开发模式

(2) 盘龙山森林休闲旅游产品开发

中国生态森林创意休闲旅游目的地：在尊重自然山水、风水格局、地域特色文化、本地森林的精神特质的前提下，按照天人合一的生态开发理念，将其打造为国家级满族文化森林户外运动休闲旅游示范基地和国家级高端森林养生文化创意示范基地。

1）国家级满族文化森林户外运动休闲旅游示范基地的有形展示：以"动"为理念，以"乾"为呼应，以五"谷"丰登为写照，如图5.3所示。

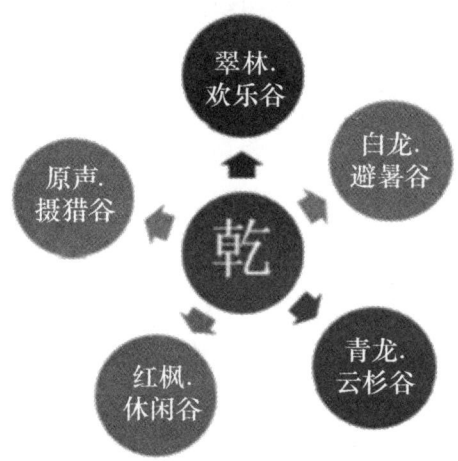

图5.3 满族文化森林户外运动休闲旅游示范基地展示

2）国家级高端森林养生文化创意示范基地的有形展示：以"静"为灵魂，以"坤"为对照，以九季养生营地为体现，如图5.4所示。

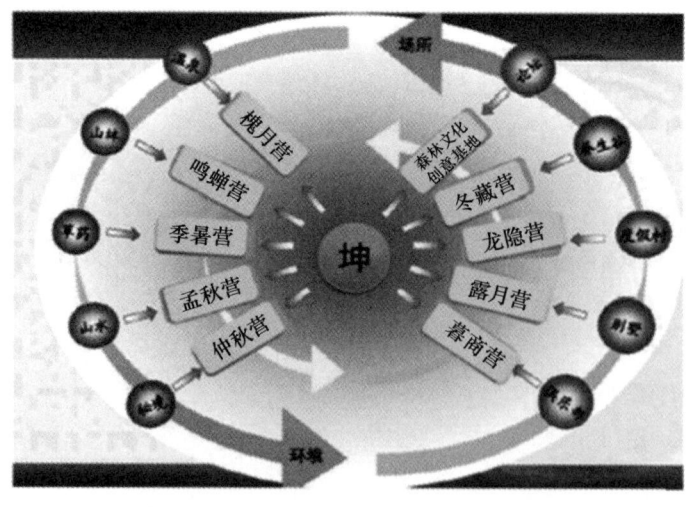

图5.4 森林养生文化创意示范基地展示

盘龙山旅游开发的产品谱系,如图5.5所示。

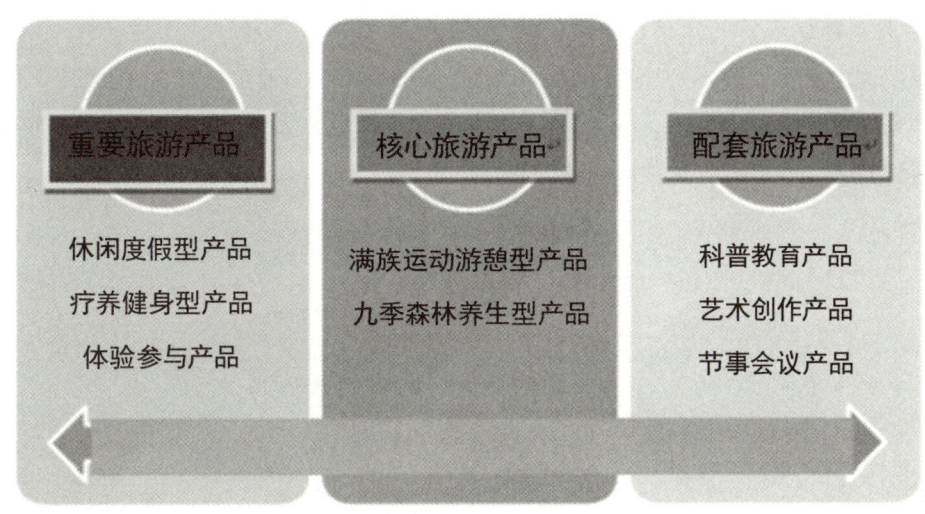

图5.5 盘龙山休闲度假区产品谱系

2.鞠乡都市农业生态科技示范园开发模式——乡村旅游型

(1) 总体规划思路

抓住鞠乡农业优势,并以此为主线展开,同时依托山东淄博蹴鞠发源地这个典型识别符号及齐文化对鞠乡发展生态示范园进行扩展延伸,深挖文化内涵,充分利用自身资源,并注重可持续发展,更重要的是通过创新对产品本身品质进行提升,为森林休闲旅游开发模式提供了新思路与新视角,示范园功能分区如图5.6所示。

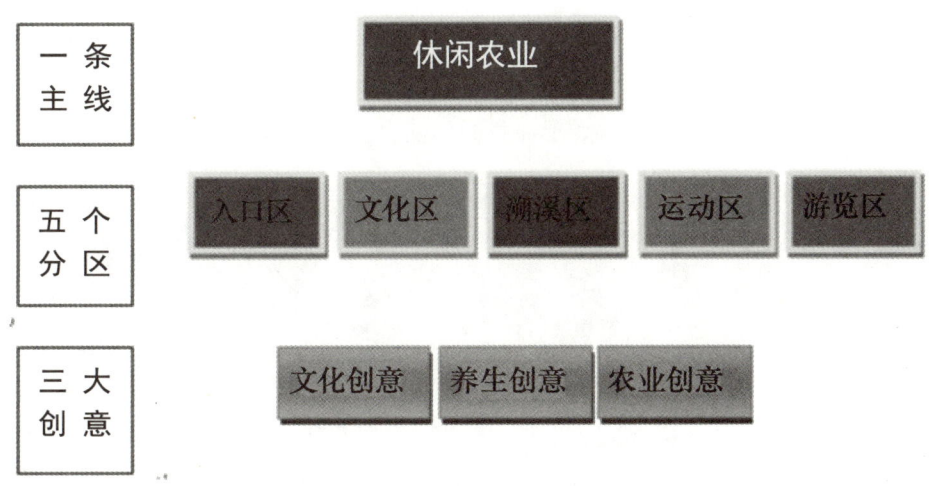

图5.6 鞠乡生态示范园功能分区

五个分区利用森林所独有的特质，打造森林氧吧游览区，给人以精神上的享受与放松，也正符合森林休闲旅游的重精神享受的理念；利用峡谷漂流带开展美人运动休闲区，紧扣休闲主题；凭借农田耕种塑造五季养生种植区，贴近城市人们追求体验、健康的心理，同时将鞠乡所拥有的旅游资源发挥得淋漓尽致，这样的规划思路无一不为森林休闲旅游开发模式提供有益借鉴，鞠乡生态示范园具体分区如图5.7所示。

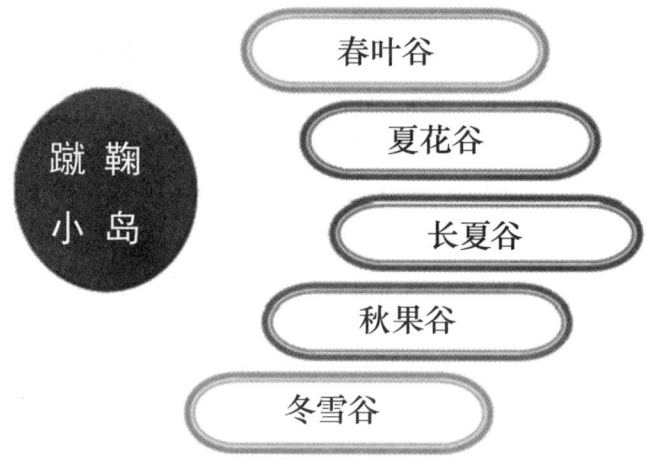

图5.7　鞠乡生态示范园具体分区

在这规划思路中还值得借鉴的是最后三大创意。例如，文化创意对于森林休闲旅游开发模式提供了一条很重要的理念：文化的深度挖掘与形象物化，其中的"五龙蹴鞠"遵循"小农场，大气象"的规划理念，强化农场环境格局，并与当地的蹴鞠文化相结合，形成一种文化创意。五季种植园中的五条谷是五条龙，在鞠乡森林溯溪区中游有一个蹴鞠形状的小岛，是这五条龙戏耍的蹴鞠，最后共同形成了五龙蹴鞠的地貌形态，如图5.8所示。栩栩如生地将本身看不见摸不着的东西展现在我们面前，这也是生态规划的魅力所在。

图5.8　五龙蹴鞠

(2) 生态植物景观开发

森林、植被等生态景观的利用与保护一直是森林休闲旅游开发的永恒主题，鞠乡旅游规划在生态植被景观的规划方面同样值得借鉴。

在植被景观方面，利用景区内生态农业的分布情况，依据季节对其归类设计，开发出不同类别的产品，适合一年四季游客的体验，从而客观上对于季节性的消除起了推动作用。主要有春叶谷、夏花谷、长夏谷、秋果谷、冬雪谷、山地运动区山谷等。同时利用水生植物等对水体景观进行塑造，为鞠乡旅游增添了一份灵动性。

3.八仙山旅游区开发模式——文化提炼型

(1) 规划理念梳理

结合八仙山所具有的"绿""生态""八仙文化"等打造生态自然的人性空间，据此，八仙山旅游规划提出三大核心创意。

1) 提升深度观光，"八仙五行"养生。将现有太平村旧式乡土建筑进行立面改造升级，结合山体地势，植被分布，打造独具特色的八仙五行养生寨，运用五行养生模式（如图5.9所示），形成中高端人群集聚区；其中，将传统"八仙"元素及金、木、水、火、土五大元素精髓与现代的规划形式、功能相融合，并赋予其新的内涵，形成土寨、木寨、金寨、火寨、水寨五大独具特色的寨子，赋予景区以生命。

图5.9 五行养生

2) 特色生态八仙，通融八卦文化。八仙山旅游区结合八仙文化，将旅游区入口小型水库及山体、万卷天书、骆驼脖子、铁索桥、仙姑泉、松林浴场、明安梁至聚仙峰这八处景点，分别打造"吕洞宾挥剑斩愁丝""曹国舅玉板镇天书""韩湘子吹箫抚太平""铁拐李跛走成真人""何仙姑点井普众生""张果老松林降祥瑞""蓝采和花海助通灵""汉钟离终度有缘人"这八大生态八仙福地。

3）延续历史文脉，秉承山水格局。利用八仙山旅游区丰富的水体资源、山体资源、动植物资源、中草药资源，将点状水、线状游线和面状山体通过重新梳理，加以文化串联，形成八仙山旅游区独具特色的山水景观资源。

（2）景观重要节点设计

根据地形地貌和土地用途等条件，按照"五行相生"的原理，将八仙山门区景观进行整体设计改造，从生态园林停车场到最后门区内纯阳亭下静谧型水景观赋予"五行相生"的内涵，使八仙山门区承载生命轮回大意境，如图5.10所示。

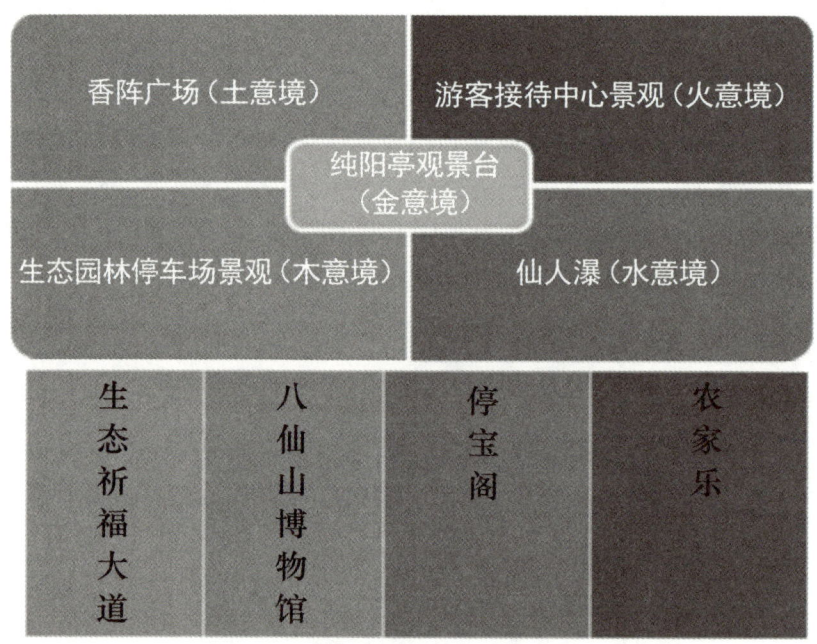

图5.10 景观节点设计

4.清华古洞开发模式——景区景点型

（1）功能分区

清华洞景区依照功能协调、游憩机会、行政区划及便于旅游线路安排的原则将其功能分区划分为"一心六块"，其中入口块区、接待服务中心、历史文化游赏块区、"二战"文化块区、考古体验块区以及休闲娱乐块区呈条带状沿规划区延伸。生态观赏养生休闲块区蔓延于除入口块区外的其他四大块区周边，为休闲养生提供了广阔、惬意的场合，如图5.11所示。

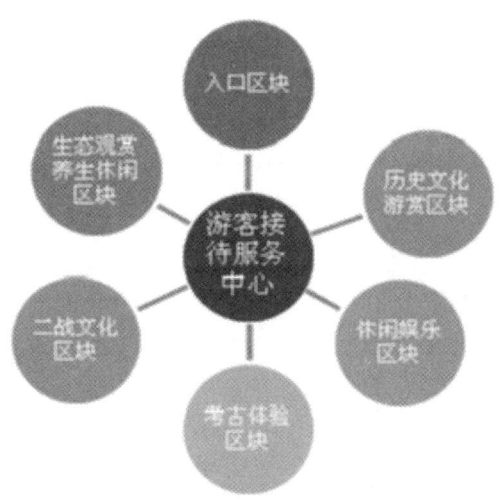

图5.11 清华洞景区功能分区

(2) 重要项目策划

以"七彩云南"为出发点,以"福、禄、寿、喜、财、和、仁"为主题,设计七彩项目,并以此为核心衍生出一系列子景区,从而构造出清华洞丰富的旅游项目内容,为游客的审美找到了理想的归宿,如图5.12所示。

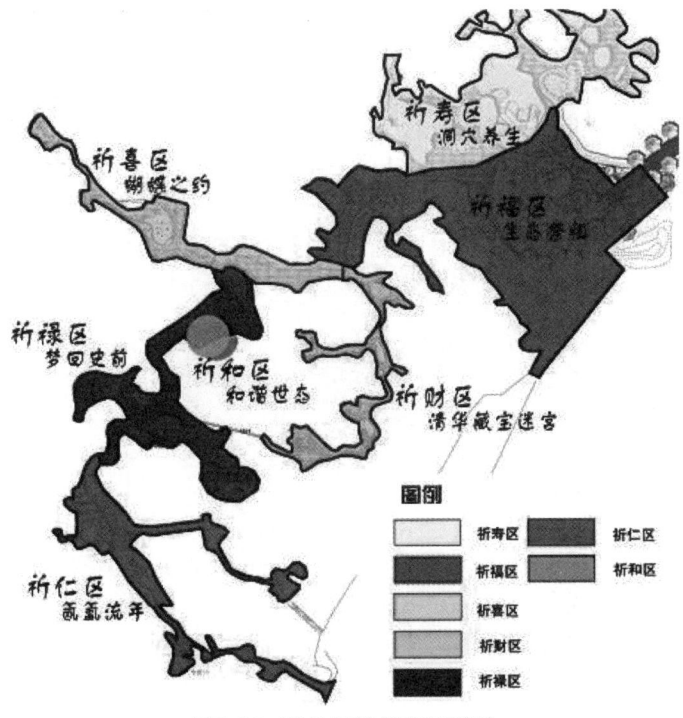

图5.12 清华洞旅游项目设计

1) 七彩之寿：洞穴养生——祈寿区，以此为主题，利用清华洞本身的洞穴条件，开展洞穴葡萄酒窖、品酒俱乐部、洞穴酒店、洞穴养生温泉等，为人们日常休闲方式提供了别样的场景，带来新的体验。

2) 七彩之福：生态祭祖——祈福区，以祥云始祖地为依据，以"福"为核心理念，营造祥云广场、新石器文化展示馆、原始工具制作吧及生态祭祖请福等项目，增加游客体验性。

3) 七彩之财：清华藏宝迷宫——祈财区，通过设置初探宝洞、三重门、寻宝迷宫来激发游客兴趣，探索游客好奇心，提升游客游兴。

4) 七彩之喜：蝴蝶之约——祈喜区，以红线为主调，以当地对唱情歌为方式，并设置蝴蝶泉为游客尤其是情侣提供浪漫氛围。

5) 七彩之禄：梦回史前——祈禄区：以新石器时代末期为策划背景，原始社会向奴隶社会转变出现的阶级制度为原型，设置部落联盟首领、部落首长、族长等雕塑。

6) 七彩之和：和谐世态——祈和区：以二战祥云人民抗战为历史背景，设置战争英雄纪念墙、莫尼中尉文化广场景观，用以表达对先烈的悼念，并为现在的世界和平祈祷。

7) 七彩之仁：氤氲流年——祈仁区：以西游文化、九尾狐传说和哑巴舞起源来表达仁爱主题，并设置灵鼓踏歌作为辅助，对清华洞出口进行改造来迎合洞内哑巴舞文化主题。

5. 开发模式总结和探讨

(1) 森林休闲旅游规划体系

通过对盘龙山、鞠乡、八仙山、清华洞景区的规划亮点进行展示，能够总结出休闲度假型、乡村旅游型、景区景点型、文化提炼型这四种森林休闲旅游开发模式，并能归纳出"三析五系"的森林休闲旅游规划系统，如图5.13所示。

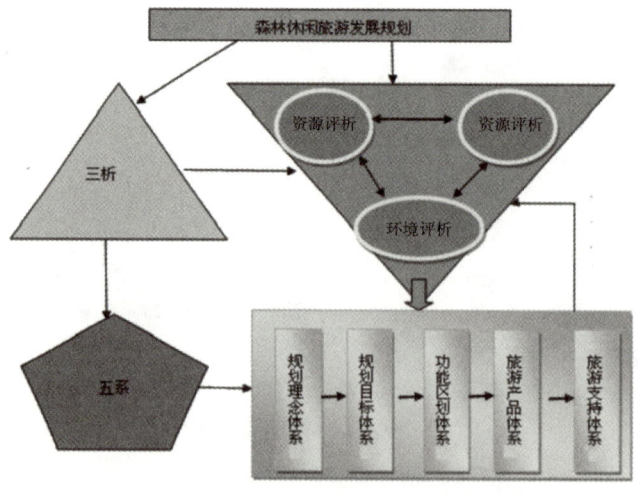

图5.13 "三析五系"森林休闲旅游规划系统

(2)森林休闲旅游开发注意事项

从这四个地区的旅游规划中,可以得出对于森林休闲旅游开发需要注意的事项。

1)以游客需求为中心,注重游客体验。从游客的角度出发,注重游客的参与性,如以上所提到的清华洞的清华藏宝迷宫、盘龙山涉猎谷等的设计,使得游客不仅是走马观花似的浏览,更多的是亲身接触、参与项目,从而给游客身心都带来无限愉悦。

2)以资源特色为依托,以文化理念为升华。不论是八仙山、盘龙山还是鞠乡旅游景区的规划发展都是以当地所固有的资源为特色,深挖文化内涵、做到文化与观光的结合,例如鞠乡旅游开发中充分挖掘齐文化及蹴鞠文化,而八仙山则对八仙文化进行了刻画,为各景区赋予灵魂。

3)以可持续发展为指导,保护森林环境。森林旅游活动的产生本就是人类生活环境质量的恶化、人类环境意识的觉醒、人类"回归自然"心态的激活,也是与传统旅游形式之间形成差异的表征之一,因此对于森林休闲旅游的开发应抛开"掠夺式"的开发和利用,将人类的旅游活动控制在自然的承载力范围之内,同时健全森林旅游组织管理体系,这也是以上四个景区开发规划所遵循的基本原则之一。

总之,森林休闲旅游既是人们渴望回归自然、放松身心的休闲方式;也是人们保护生态、回馈自然的行为方式,因此是一种推动经济发展的低碳、环保旅游模式,也是今后旅游发展的必然趋势,随着旅游业发展的成熟,低碳、环保等精神上的享受等模式将会是更多人追求的境界,所以应该对森林休闲旅游发展模式给予高度重视,并在原有基础上进行创新性的发展,为其开辟新道路。

5.2 森林生态旅游

5.2.1 生态旅游简介

森林生态旅游是一种正在迅速发展的新兴的旅游形式,也是当前旅游界的一个热门话题。森林提供木材的功能逐步消退,改善环境及为公众提供休憩功能正在逐步被加强。森林生态旅游越来越为人们所关注,已成为世界旅游业的重要组成部分和现代林业必不可少的重要内容。

美国可以说是森林生态旅游的鼻祖,始建于1872年的黄石公园算是开端,第二次世界大战后,依托森林来发展旅游逐渐兴起,到1960年,森林旅游的现实价值获得了各界人士的承认,并一跃成了森林资源开发的主要部分之一。在美国举行的第五届世界林业会议,是森林旅游发展过程中一个重要里程碑,从那以后各国积极进行自然保护区及国家森林公园的规划,这不仅为本国国民提供了健身益智的活动场所,同时也招徕了外国的观光游客,成为一项无烟工业。我国张家界森林公园的建立，标志着中国森林旅游业作为一项产业开始形成。

我国幅员辽阔，自然条件复杂，生物种类丰富，群落类型繁多。从20世纪80年代开始，以森林公园建设为主体的森林旅游业在我国悄然兴起并获得长足发展。据了解，全国各级森林公园有800余处，其中国家级270处，总经营面积达720万公顷，年接待游客达5000万人次，基本上形成了吃、住、行、游、娱、购的一条龙服务体系。此外，1995年在全国4万多个国有林场、99个自然保护区、119个风景名胜区中，也有大部分已开办了森林旅游项目。从黑龙江的北极村到海南的尖峰岭，我国森林公园跨越了寒温带、温带、暖温带、亚热带、热带等5个气候带，几乎囊括了中国所有类型的森林景观资源，为人们进行观光、避暑、野营、度假、科考、探险等活动提供了适合场所，吸引着越来越多的游客。1995年，全国森林公园共接待游客3000多万人次，森林旅游综合收入达4亿多元。据不完全统计，截至2000年底，我国各种类型自然保护区的数量已发展到1276处，约占全国总面积的12.44%，还拥有1亿公顷的森林公园，并已建成了近1100个森林公园。另外，全国森林公园拥有宾馆、饭店、商店等旅游服务设施约40万平方米，接待床位10万多张，游车、游船4000余台（艘），主要游路15万千米，水电交通等基础设施基本满足需要。森林旅行社和森林旅游公司约100家，其中国际旅行社的森林旅游直接从业人员8万多人，年接待森林旅游人员6000万人次。这为开辟我国森林特色旅游，奠定了坚实的物质基础。同时我国广袤的林区内，分布的高等植物达32万种，有鸟类、兽类、爬行类和两栖动物近2000种，还有千姿百态的自然景观，丰富多彩的历史遗迹和出土文物，再加上瀑布、温泉、林草、花卉、珍禽、异兽，辅以沙漠、草原、江河、湖泊等，对游人充满了神奇的魅力。登山野营、骑马打猎、采集标本、游泳钓鱼、绘画摄影、休息疗养等，这些陶冶情操，增进身心健康的旅游内容是其他大众旅游所不能替代的。

5.2.2 森林旅游界定和分类

对于森林旅游的界定，虽然学术界有各种不同表述，但核心基本一致：森林旅游是指在林区内依托森林风景资源发生的以旅游为主要目的的多种形式的野游活动，这些活动不管是直接利用森林还是间接以森林为背景都可称之为森林旅游（游憩）或森林生态旅游。有广义和狭义之分：狭义的森林旅游是指人们在业余时间，以森林为背景所进行的野营、野餐、登山、赏雪等各种游憩活动；广义的森林旅游是指在森林中进行的各种活动，任何形式的野外游憩。

目前国内森林旅游度假先行的一些产品类型包括度假村、露营地和私人度假村等。

1. 度假村

如果按照度假类型来划分，滨海度假村的设计完全不等同于森林度假村，这是资源、景观、地理条件、产品构架等形成的综合需求，也决定了森林度假村的设计理念。

欧洲的森林度假村有几类，包括古堡型、庄园型、酒店型等，从需求方面又可以分为温泉型、滑雪型、疗养型等。从国内度假项目开发借鉴的角度来说，确定度假资源和打造度假核心吸引物是关键。

划分森林度假资源，可以从考核整体生态环境入手，包括森林覆盖率、动植物数量、负离子含量、水矿资源等。一个理想度假项目的设计，必须先从保护开发的角度看地块利用，最大化利用自然地形条件进行建设，并且处理好排污、供暖等污染控制的问题，形成内部资源的生态循环机制，充分利用光能、水能等清洁能源，限制机动设备的使用。

此外，森林度假项目需要形成度假核心吸引物，如滑雪、温泉、顶级观光资源、康体运动基地等。代表性的度假村包括瑞士的铁力士山滑雪度假、美国的北加州国家森林公园的徒步之旅及德国的黑森林旅游区等。当然，原始森林或园艺环境本身就是核心吸引结构的第一要素，这种给游客提供体验自然、回归真我的机会，不仅是高端游客所向往和找寻的最高境界，也是度假村成功运作的重要标志。

2. 露营地

露营作为一种已经在全球普及的度假形式，与森林度假有着密不可分的关系。中国的露营产业发展潜力巨大，随着私家车的普及，露营人口正在大幅上升，从构成上来看，女性和中老年人群也越来越多地参与到其中。

德国在露营地建设方面堪称典范，阿尔卑斯山下和莱茵河畔，都能看到环境优美的露营地，无论是过境还是停留，人们不需要大型的场馆和餐厅，饮酒、烧烤、狂欢，一切都在一种默契中进行，前期完善的配套，能够满足人们主要需求，减少了后期的人员维护成本，管理简便而高效。

3. 私人度假村

私人度假村一般分为几类，包括居所类、分时度假类、会所类和私营类等。这里面最有影响力的可能要属福布斯世界富豪榜前十名中这些巨头们所营建的森林行宫，包括沃伦•巴菲特的"快乐山谷"、萨默•雷石东的"比华利山庄"及迈克尔•戴尔的"山顶神话"等。

私人度假村一般会与海滩和湖泊相联系，但绝不能缺少森林的元素，如世界知名的塞舌尔群岛的Frégate Island Private度假村和斐济岛的The Wakaya Club，依靠的是都是海滩与热带雨林的完美结合，加上特色的森林休闲、水休闲和游乐项目，形成了世界级的产品吸引力；新西兰的Huka Lodge、南非的Singita Private等则完全依靠原始风貌的自然资源和原生特色，形成了具有独特性的产品竞争力。

可以看出，我国度假村项目的开发，首先应该从理念上突破，即如何整合具有本土特色的文化资源，如何挖掘项目地自身的资源潜质，进行合理定位和分级，形成对开发前景及潜力的客观判断。细查资源，明确市场定位，锁定目标人群；科学决策，以舒适和特色取胜，避免盲目的高端发展路线；避免从景区设计和城市规划的角度设计度假村项目，明确森林、湖泊等最有价值资源的不可破坏性。

森林度假旅游的深层次分析，还需要在我国大旅游市场和整体环境的发展下，不断地深入研究。随着国内休闲度假意识及需求的不断提升，森林度假形式作为具有整合力的一种度假休闲形态，发展空间将更为广阔。

森林旅游客源市场的需求特征：虽然森林旅游景观吸引力因游客教育程度、个人偏好等差异而不同，但我国游客在森林旅游动机、产品需求、行为特征等方面还是具备一些共性。

首先，在旅游动机方面，进行森林旅游最常见的动机是欣赏自然景观、养生健身、游乐休闲等，通常体现为以亲朋小团队家庭为单位的集体出游。

其次，在产品需求方面，森林旅游最具吸引力的资源是森林植被、山石地貌、人文景观，之后是野生动物、水体景观等；而最受旅游者喜欢的产品是徒步登山、野营烧烤、漂流攀岩、休闲度假等参与性强的项目。

再次，在消费行为特征方面，从传统的自然观光到休闲度假的转变，从一般娱乐项目到新奇旅游项目的转变，是随景区管理水平提升与经营模式转变而变化的过程。游客消费行为，受景区的引导和管理的影响较大。

最后，在人均消费方面。由于我国森林旅游业的产品结构大多还是以观光产品为主，旅游商品消费量不多，旅游购物消费占旅游总消费的比例还不到20%，而旅游业发达国家的购物消费已占到旅游总消费的40%~60%，我国一些旅游业较为发达的省份，旅游购物消费所占比例也只达到30%。

另外，不同年龄的消费者森林旅游消费特点不同，如青少年偏爱结合科普、学习、交流、探险、运动等项目，中老年人则主要是以康体养生、度假为核心，在优秀的生态环境中，享受生活，感悟人生，更多的是深度体验旅游。在森林旅游项目开发中，必须针对客源市场细分，进行更细致深入的调查。

5.2.3 森林旅游案例

1.江南山水美如画

据了解,到2013年,浙江已建成森林公园118个,其中国家级39个,省级林业观光园区308家,森林旅游游客量超过1.5亿人次,收入达570亿元。[①]

浙江省林业厅厅长林云举说:"省委建设美丽浙江创造美好生活的决定要求注重发掘森林在休闲养生方面的独特价值。我们正牢固树立生态就是民生福祉的观念,创新森林休闲养生新业态。"

(1) 宣传推荐,打响森林休闲养生品牌

在浙江长兴小浦镇,从上海来的王先生夫妇和朋友们围坐在古银杏树下,悠闲舒适地聊着天。王先生说:"今年冷得晚,到现在银杏叶子还没有变成金黄色,但是呼吸了新鲜的空气,吃吃绿色农家饭,也没有遗憾了。"

近年来,浙江抓住人们对森林休闲养生认识不断提高的有利时机大做宣传,打出休闲养生旅游品牌,引导人们建立在森林中休闲、度假、养生的生活方式。

浙江省林业厅与浙江医院携手,在遂昌县开展了"森林生态环境与人类健康关系"调研,实证森林的保健作用,成就了遂昌旅游发展的金字招牌。

研究结果显示,白马山生态景区内常住居民的健康状况良好,其主要慢性病的发病率均低于杭州市居民。研究小组招募了年龄在60~75岁的高血压患者作为志愿者,对来自杭州的12位"森林氧疗客"在白马山经过为期1周的森林浴后测试,血压指标均显示出下降趋势,表明短期森林休闲具有降低血压、改善老年高血压患者的心脑血管预后等益处。研究还表明,森林浴对于缓解焦虑、抑郁、紧张等不良情绪有一定效果,能显著促进人体的免疫功能,使自然杀伤细胞(NK细胞)活力水平及免疫球蛋白增加。

通过"走出去、请进来"、举办森林旅游节、最美森林评选等方式,组织森林旅游区参加各类旅游展会交易会,充分展示各地丰富的森林旅游资源和深厚的生态文化内涵;他们还邀请新闻媒体以及旅游经销商走进森林旅游区,感受那里优越的生态环境,用不同的视角发现森林之美,极大地提高了森林旅游的影响力和关注度。

到绿色中洗眼,到潮润中洗肤,到幽静中洗心的"绿色效应"渐入人心,浙江森林休闲产业掀起发展的热潮。

(2) 措施推进,打造森林旅游升级版

为把不断提升人民生态福祉的省委要求落在实处,浙江注重顶层设计,同时不断拓展

[①]资料来源:《中国绿色时报》,2014-12-2。

和深化森林生态旅游的内涵,实现旅游产品的差异化,建设了一批森林生态旅游的典型区、精品区,为发展森林生态旅游探索出经营和发展模式。

浙江省林业厅先后出台了《关于加快森林旅游业发展的若干意见》《浙江省森林旅游区质量评定管理办法》《浙江省森林旅游区质量等级划分与评定标准》等文件,明确森林旅游发展的指导思想;积极与发展改革、财政、金融、国土等部门沟通,统筹解决森林旅游区的道路、交通、水电等基础设施建设问题。

各地也积极争取把森林旅游发展纳入当地经济社会发展规划,加大对森林旅游基础设施建设的投入;同时,良好的经济效益也促使了一大批有眼光的工商企业主,转变投资观念,纷纷投身于开发森林旅游的事业。

他们还通过试点示范不断创新森林休闲养生新业态,建设一批依托良好的森林环境、健康的森林产品,开展度假、游憩、疗养、保健、养老、娱乐等休闲养生服务,具备相应旅游服务设施并提供相应休闲养生服务的森林休闲养生示范基地。积极推广森林徒步、野外体验等森林休闲养生活动。加强森林休闲养生基地、森林绿道、森林古道、森林人家等示范项目建设,先行开展文成—景宁—泰顺、宁海—天台—新昌、武义—松阳—莲都等森林古道建设试点,打造进森林氧吧、尝森林美食、赏森林美景的森林休闲养生品牌,形成点、线、面相结合的区域性森林休闲养生开发新格局。针对老、中、青、儿童等不同群体,发展山地森林生态游、城郊森林休闲健身游、花果之旅与健康饮食文化游、古驿道民俗风景体验游等特色产品。

随着森林休养身心的功效日益为大众所认同,"享受森林,乐享生活"的森林休闲养生旅游模式逐渐凸显出来。人们在森林旅游中不再是"看树""赏树",而是在森林里、在湿地边、在河谷旁"住下来",花上一段时间,感受森林独特的养生功效。

(3) 富民惠农,做强森林文化产业

富裕的浙江不仅森林景观资源丰富,人文古迹更是众多,发展森林休闲旅游过程中,注重挖掘文化内涵,弘扬森林生态文化,形成了具有文化特色的森林旅游,使森林文化产业逐渐成为富民惠农的新兴产业。

在中国香榧之乡诸暨赵家镇榧王村,漫山遍野都是古榧树,姿态奇异。最老的香榧王,树龄1350年,树高18米,树冠覆盖0.85亩,犹如遮天巨伞,甚为壮观。一位榧农告诉介绍,他一家5口人,靠香榧在镇子上买了两栋4层小楼,并用轻松的语气说,他们都不喜欢去那里住。村子里的原始香榧博物馆,这是由一个古朴的宗祠改建成的博物馆,里面陈列着早年榧农使用的工具、科研人员、本地老榧农的科研成果、事迹及香榧生产流程图片等,整个展览内容充实有特色,颇具匠心。

诸暨历来重视香榧文化的挖掘和宣传，近年来，通过举办香榧节，拍摄电视宣传片，邀请知名画家、作家采风创作，诸暨香榧声名大振。

强化生态文化建设和生态教育，使开发商、景区居民等都认识到生态旅游资源和环境是他们获得经济效益的基础。当地百姓保护意识很强，他们像爱护子女一样爱护着这些百年老树，给他们围上保护石栏，定期施肥、治虫、除草，干旱时挑水浇树、洪涝时开沟排水……

游客来这里绘画摄影、休息疗养，生态旅游的全过程成为生态教育的全过程，这些陶冶情操、增进身心健康的旅游内容是其他大众旅游所不能替代的。

榧乡生态旅游走上了可持续发展的良性循环，规模逐年壮大，2013年接待游客达60万人次，产值实现2个亿。据介绍，围绕香榧开展的产业共致富5万诸暨农民，在主产区香榧收入超过人均收入的80%。

2.森林旅游圆乡村致富梦

河北省迁安市大五里乡山叶口村共126户450多人，是一个森林资源丰富的小山村。2007年，该村筹建了占地面积14平方千米的山叶口风景区，并先后获得国家地质公园、河北省级森林公园、河北省级果品观光采摘园等荣誉称号。目前，该村集森林旅游、观光采摘、农家餐饮于一体，人均纯收入达到了16000多元。[①]

5.2.4 森林疗养（养生）案例

1.浙江新的旅游热点森林休闲养生

近年来，以走进森林、回归自然为特征的森林休闲养生，正成为浙江新的旅游热点，同时也成为该省林业新的经济增长点。数据显示，2013年浙江森林旅游游客量超1.5亿人次，总收入达570亿元，这一数据较10年前增加10余倍，年平均增幅三成以上。[②]

浙江生态环境优越，森林景观资源丰富、人文古迹荟萃，地形地貌独特，是长三角地区唯一多山又多林的省份。多年来，浙江重视对森林资源的利用，大力发展旅游业，出台一系列扶持政策，并利用林区道路、现代林业园区、林场危旧房改造等建设项目，不断加快基础设施和接待服务的建设完善，促进森林旅游产业规模迅速壮大。

通过工商资本介入壮大经营主体，政府以奖代补扶持开发建设，浙江森林旅游产业发展迅速。统计数据显示，截至去年底，浙江拥有森林公园195处，其中国家级达39处，另外

---

① 资料来源：环渤海新闻网。
② 资料来源：http://news.b2cf.cn/nykx/201411/19766_1.shtml。

还有308家省级林业观光园区，形成了一大批独特的森林旅游线路和区域品牌。

经过多年对森林旅游的深度挖掘和品牌打造，如今在浙江，以"看树赏树"为传统模式的生态观光游，正逐渐转向体验式、文化式的休闲养生游。而与此同时，融森林文化与民俗风情为一体，许多林农和大户，也开始纷纷转型，为城市游客提供吃、住、游、购等服务要素。

以地处偏远山区的遂昌县为例，当前全县1/8的村庄从事乡村旅游。夏季无夏的白马山、云海缥缈的南尖岩、石峭瀑飞的神龙谷等一大批森林氧吧，就像天然"疗养院"，吸引了无数游客前去体验。2013年，遂昌42.4亿元的林业总产值中，三产就收入近12亿元，林业人均纯收入则占农民人均纯收入四成以上，林业增收对农民收入增长的贡献率达到44.2%。

今后，浙江森林旅游产业将越做越大。据浙江省林业厅介绍，下一步浙江将通过政府引导、规划先行、试点示范等方式，创新森林休闲养生新业态，继续打造一批森林休闲养生基地、森林绿道、森林古道、森林人家等试点示范项目，积极推广森林游憩、野外体验、森林浴等森林休闲养生活动。

2.森林康养产业在中国有望全面推进

据新华网（成都）记者周相吉2015年7月26日的报道，中国国家林业局对外合作项目中心副主任刘立军表示，中国将学习和借鉴国际森林疗养的理念和模式，全面推进森林疗养在中国的发展进程。[1]

中国首届森林康养年会在四川洪雅县玉屏山举行。刘立军在年会上表示，"就目前而言，与发达国家相比，中国森林疗养工作尚处于起步阶段，特别是对森林疗养理念的认识和认知不足，对森林具有独特功效的认识还仅停留在游山、玩水、观景的初级阶段。"

来自四川的专家表示，森林疗养也可叫做森林康养，它是以森林景观、森林空气环境、森林食品等为主要资源和载体，配备相应的养生休闲及医疗、康体服务设施，开展以修身养性、调适机能、延缓衰老为目的的森林游憩、度假、疗养、保健、养老等活动的统称。

随着经济发展及城镇化加速，中国城镇居民对森林康养的需求也越来越大。成都市民杜蓉在玉屏山说，走进森林，与传统"农家乐"休闲有着天壤之别。"空气更纯净，不仅可以静心，也能'洗肺'"。

专家表示，中国发展森林康养产业，不仅可以激活国有林场的资源，也能开辟新的经济发展业态，使林业与健康服务业深度结合。

---

[1]资料来源：新华网，2015-7-26。

2015年在四川,20个最佳、最具潜力的森林康养目的地经过推荐、网络评选、专家评审在7月25日得以揭晓。与此同时,四川林业厅副厅长刘书贵也宣布启动10个森林康养基地试点建设。

一些专家认为,发展森林康养事业,是世界林业发展的新趋势。中国将借鉴德国、美国等森林康养发展模式,走出中国自己的路子。在积极发展森林康养的同时,中国官员表示,生态红线不能逾越。

"深化国有林场改革,在国有资产不流失、生态功能不降低前提下,积极探索建立国有林场森林资源有偿使用制度和利益分配制度。"四川省发改委社会发展处处长杜义说。

3.森林疗养是时代发展的潮流和趋势

2015年10月14日,森林疗养国际理念推广会在四川省成都市召开。国家林业局副局长刘东生在会上指出,要以林业国际合作为切入点,从国家战略和林业发展大局出发,研讨国际森林疗养理念和模式的推广工作,以推进森林疗养在我国的发展工作,探索适合我国国情和林情的森林疗养模式,逐步确立森林疗养在我国生态文明建设中的地位。各级林业主管部门及相关部门和社会团体要拓宽思路、集思广益,共谋我国森林疗养的长远大计。[1]

刘东生说,森林疗养是时代发展的潮流和趋势,契合我国国情与林情,是社会发展的必然需求,蕴藏巨大产业商机。在我国经济迅速发展的今天,森林疗养不仅已成为我国林业发展的必然阶段、必然产物和必由之路,还将成为我国生态林业、民生林业建设的最佳实践,成为壮大林业产业体系的新的增长点,成为增强林业部门职能的重要抓手和途径。同时,森林疗养还是在我国新常态下,发展健康产业的创新模式,是撬动整个健康产业链的杠杆,不仅迎合现代人预防疾病、追求健康、崇尚自然的需求,更是把生态旅游、休闲运动与健康长寿有机结合,形成内涵丰富、功能突出、效益明显的全新产业模式,具有广阔的市场空间和发展前景。

刘东生强调,目前,国家林业局高度重视森林疗养理念的引进和推广工作,已将其列为重点工作。他就森林疗养当前的重点工作提出4点意见。一是努力将森林疗养纳入国家和林业"十三五"发展规划。各级林业主管部门要从国家、民族和林业大局出发,以促进第三产业发展和我国经济转型升级为着眼点,认真研究、统筹谋划、顶层设计、合理布局,将森林疗养与林业"十三五"规划有机融合,并努力将其融入地方经济发展范畴,为促进我国生态经济绿色发展作出林业人应有的贡献。二是用好用足国家的相关政策。就林业而言,正在实施的一系列林业政策,如天然林保护、森林公园建设、自然保护区建设等都与这项工作有关。要争取新政策,用好现有政策,为这一新兴产业发展做好政策保障。三是进一步

---

[1]资料来源:《中国绿色时报》,2015-10-16。

拓展国际合作交流平台。森林疗养无论理念还是技术、模式，就中国而言其切入点都离不开国际合作，在未来一段时间内，林业国际合作将会以独特的视角审视我国森林疗养事业的发展，同时与国际社会的相关机构和组织开展合作，努力推进我国森林疗养事业健康、有序发展，并为我国森林疗养事业建设提供试验样板和试点示范。目前，国家林业局已与日本、韩国、德国、丹麦等国的相关机构和组织建立了合作关系和渠道，今后还将与更多的国外同行建立合作机制并为国内提供国际合作平台和相关服务。四是转变思维方式，谋划产业发展。转变经济发展模式、调整优化产业结构、推动创新驱动发展是我国提高经济综合竞争力，保持可持续增长的关键举措。森林疗养正是在这关键时间节点出现的一个充满活力的新型产业，如何进行产业化运作是当前面临的核心问题之一。为此，需要转变思维方式，为森林疗养的产业化出谋划策，多渠道、多形式融资，积极鼓励民间资本的介入，并在政策允许的范围内予以扶持。

会上，日本医科大学李卿博士、日本千叶大学教授宫崎良文分别从不同视角介绍了森林疗养的理念、技术模式及其对人体的功效，中国林科院研究员叶兵、浙江医院教授王国付也分别介绍了相关国家森林疗养的发展进程和国内研究的相关情况。会前，与会代表现场考察了四川眉山洪雅县森林疗养步道。

5.3 林家乐

5.3.1 林家乐简介

森林农家乐是新兴的旅游休闲形式，是农民向城市现代人提供的一种回归自然从而获得身心放松、愉悦精神的休闲旅游方式。一般来说，农家乐的业主利用当地的农产品进行加工，满足客人的需要，成本较低，因此消费就不高。而且农家乐周围一般都是美丽的自然或田园风光，空气清新，环境放松，可以舒缓现代人的精神压力，因此受到很多城市人群的喜爱。

营利模式有6种：食物利润，通过提供吃喝可以赚取；门票，有些农家乐设有门票；合作；广告；具有当地特色的纪念品；具有地方特色的特色产品。

5.3.2 林家乐的开发模式

1. "公司+农户"开发模式

这类具有旅游特色的农家乐，通过引进有经济实力和市场经营能力的企业，进行公共基础设施建设和改善环境，指导乡村居民开发住宿、餐饮接待设施，组织村民开展民族风情、文化旅游活动，形成具有浓郁特色和吸引力的农家乐产品，吸引和招徕国内外旅游者。

这种开发设计充分考虑了农户利益，在社区全方位的参与中带动了乡村经济的发展。在参与式农家乐的开发中，这种开发还可演化成"公司+社区+农户"开发，公司先与当地社区（如村委会）进行合作，通过村委会组织农户参与农家乐，公司一般不与农户直接合作，但农户接待服务、参与旅游开发则要经过公司的专业培训，并制定相关的规定，以规范农户的行为，保证接待服务水平，保障公司、农户和游客的利益。

2. "政府+公司+农村旅游协会+旅行社"开发模式

这类农家乐开发发挥旅游产业链中各环节的优势，通过合理分享利益又各司其职，政府负责农家乐的规划和基础设施建设，优化发展环境；农家乐公司负责经营管理和商业运作；农民旅游协会负责组织村民参与地方戏的表演、导游、工艺品的制作、提供住宿餐饮等，并负责维护和修缮各自的传统民居，协调公司与农民的利益；旅行社负责开拓市场，组织客源，避免乡村旅游开发过度商业化，保护本土文化，增强当地居民的自豪感，从而实现农家乐可持续发展。

3. "农户+农户"开发模式

"农户+农户"的农家乐开发是农民对企业介入乡村旅游开发有一定的顾虑，大多农户不愿把资金或土地交给公司来经营，他们更信任那些"示范户"。在"示范户"的带动下，农户们纷纷加入旅游接待的行列，这种开发通常投入较少，接待量有限，但乡村文化保留最真实，游客花费少还能体验最真的本地习俗和文化，是最受欢迎的农家乐形式。但受管理水平和资金投入的影响，通常旅游的带动效应有限。

4. 股份制开发模式

在开发农家乐时，可采取国家、集体和农户个体合作，把旅游资源、特殊技术、劳动量转化成股本，收益按股分红与按劳分红相结合，进行股份合作制经营。通过土地、技术、劳动等形式参与乡村旅游的开发。企业通过公积金的积累完成扩大再生产和乡村生态保护与恢复，以及相应旅游设施的建设与维护。通过公益金的形式投入到乡村的公益事业（如导游培训、旅行社经营和乡村旅游管理），以及维持社区居民参与机制的运行等。同时通过股金分红支付股东的股利分配。通过"股份制"的乡村旅游开发，把社区居民的责（任）、权（利）、利（益）有机结合起来，引导居民自觉参与他们赖以生存的生态资源的保护，从而保证农家乐的良性发展。

5.3.3 林家乐案例

1. 烟台近郊旅游林家乐

烟台近郊旅游再添好去处，首个林家乐生态旅游项目在昆嵛山国家级自然保护区昆嵛镇桃园村正式启动。

(1) 生态环境优美，游客可享受自然宁静的山区休闲时光

据了解，桃园林家乐位于昆嵛山国家级自然保护区境内，毗邻昆嵛山国家森林公园，距离九龙池、泰礴顶、烟霞洞、岳姑殿等知名景区仅数千米，交通便利、风景秀丽、环境优美、民风淳朴，是自驾休闲的好去处。该区大力开展环境卫生综合整治，将桃园村作为一个重点来打造，投资建立了污水处理设备、更换了管道，村容村貌焕然一新。

为保留桃园村独具特色的原住民居韵味，该区下大力气聘请专业设计公司对桃园村进行整村改造、景观设计、室内装修，将桃园村作为试点、作为标杆打造"山中有林、林中有村、村中有景、景中有韵"的自然和谐的田园风光，充分展现乡村的原始生态。

"游客步入此中，可于喧嚣的市区之外，尽情呼吸来自于大自然的清香，享受朴实、纯真、自然、宁静的山区休闲时光，彻底放松身心，让灵魂回归大自然。"桃园村党支部书记、林家乐乡村旅游专业合作社理事长李伟介绍说。

(2) 林家乐旅游项目多，还可以体验农耕、采摘，回味童年时光

来到林家乐，山村土菜花样多多，游客可以品味到原汁原味的山村特色佳肴，如烀地瓜、煮花生、炖土鸡、野菜包子等，还有山泉水煮的玉米面稀饭，那些原生态的食品经过农家大嫂的"土法"加工后，有着别样的诱人香味，再配上一杯农家自酿的小酒，让人恨不得把舌头都吞下去。酒足饭饱之后，还可以跟随农家大哥去摘苹果、刨花生、地瓜、掰玉米等，体验一下农耕生活。

"许多城里人，其实都是从农村出来的，他们到了林家乐，不仅可以享受地道山村农家美食，更可以体验农家耕种，回忆回味过去在农村生活的美好时光。"昆嵛镇副镇长杨雪芹说。

(3) 就餐可享受景区门票优惠

到林家乐旅游的游客，可享受到诸多优惠。昆嵛山国家森林公园门票与林家乐就餐"捆绑"销售，实行到昆嵛林家就餐的游客进入景区享受八折优惠的政策。可免费在优美的山村里进行摄影、绘画等创作，体验山村宁静幽美的自然景色。

区旅游局副局长唐晓娟介绍："将林家乐旅游与景区门票捆绑，这是针对来林家乐消费的游客的一种优惠，可以形成景区和林家乐吃、住、游互补。"

(4) 诚信经营，游客可放心来此休闲旅游

为规范经营，提高服务质量，树立昆嵛山品牌，示范带动全区乡村旅游发展，区旅游局积极争取省、市旅游局及有关部门支持，沟通昆嵛镇及相关部门成立了烟台市首家"林家乐"乡村旅游专业合作社，制定了系列的扶持政策，实施合作社统一管理、统一营销、统

一标准，持续强化对业户厨艺、礼仪、服务等方面培训。区相关部门牵头，定期进行监督检查。对一些服务质量差、游客投诉多的业户，实行降级、摘牌等处理。

为给游客提供一个干净卫生的环境，桃园林家乐跳出简单铺水泥、家家一个样的俗套，不管是石头铺的街道，还是厨房、卫生间、洗浴间、围墙院落等，每一个角落都始终保持朴实、自然、一尘不染、清洁纯净的状态。接待服务人员的年龄、穿着、个人卫生、服务态度、语言风格等各方面也都有着严格的要求，可为游客提供如沐春风、宾至如归的贴心服务，让游客来了就想住下、住下就不想走。

(5) 打造昆嵛特色生态旅游，农民又多了一条致富路

"以往我家都是靠几亩苹果，一年收入个几万块钱，刨去吃喝用的，也剩不了几个。现在好了，政府带头让我搞林家乐，这两天试营业游客爆满，我这腰包也鼓起来了。"提起林家乐，业户贵大叔脸上乐开了花。

据统计，试营业两天，全村9家林家乐业户家基本都被订了出去，游客来得多，吃得也很舒心，收入颇可观。

唐晓娟介绍说，未来，昆嵛山保护区将以桃园林家乐为起点，不断探索、不断总结发展具有昆嵛山特色的乡村旅游发展新思路、新方法，并将依托南部乡村18千米绿道，组织单车骑行活动，逐步以露营、林家乐、采摘、定制菜园等活动带动南部乡村旅游发展；在此基础上，以富民合作社、蜂蜜协会等带动昆嵛山林下经济发展，研究开发昆嵛山特色旅游纪念品，逐步向乡村旅游产业链过渡，走生态立区、生态富民、生态强区的"生态客庭，美丽昆嵛"可持续发展之路。

2. "白水"养"金鱼"

俗话说"斤鸡斗米家家喂，白水养鱼人不知"，这话形象表明了，养鱼只要有一口有水的鱼塘就行了。近年来，四川泸州合江县二里乡小沙坎村六社牟三（小名），就是用"白水"鱼塘，养出了一条条"金鱼"，走上了发财致富路。①

前几年，合江县乡村的山坪塘、小二型水库，悄然兴起了"在鱼塘上搭棚养鸭，鱼塘上养鱼"的经营模式，而且蔚然成风，合江县二里乡辖区内的鱼塘业主亦步亦趋，也采用了这种"养鱼+养鸭"模式。"我承包的鱼塘在前几年一直就是这种经营模式，用饲料喂鸭子，再利用鸭子粪便喂鱼，看起来节省了养鱼成本，实际上养鸭不赚钱，鱼也很容易生病，有一年初夏，我家的鱼翻塘，全都死了，赔得血本无归，亏损惨重。那几年养鱼，没赚钱不说，反而倒折黄瓜儿一条。"牟三说。

---

① 资料来源：四川新闻网，2013-6-4。

怎么办？养鸭不赚钱，养鱼要归本，承包费仍然要出。这几个问题一直困扰着牟三，牟三寝食难安。

"我这个人没啥爱好，就是喜欢看点电视。有一回，我在中央电视台7套上看到了一个节目，介绍安徽一个地方的生态养鱼法，实际上就是回归自然，利用纯天然水养鱼，鱼不在多，而在精，品质要好。"

利用纯天然水，是养鱼的不二法宝。牟三决心治理自家承包的鱼塘水，用一年的时间，硬是把浑浊的水整清亮了。牟三在实践中，总结出了上层养鲢鱼、中层养草鱼、下层养鲤鱼的三维养鱼法，年产量奇高。至此，他走上了纯天然水养鱼道路。

"现在啊，想找一个干净的鱼塘钓鱼都难找。"一位钓鱼爱好者发自内心的感叹。牟三听在耳里，记在心里，灵机一动，在自家鱼塘坎上树起了"好水养好鱼，休闲只钓鱼"的牌子。由于他家鱼塘在泰二路边上，交通便利，引来了无数钓鱼爱好者，牟三也在"休闲鱼"中尝到了甜头，腰包也越来越鼓了。"一到周末，赤水九支一带下来钓鱼的人都有二三十位，泸州的也有。30元一位，一个周末可收近2000元。他们出来钓鱼只是休闲，缓解快节奏生活压力，当然也慕名而来的。随着泸–赤高速公路通车，交通更加便捷，泸州到我家钓鱼休闲的人会越来越多，发财的好日子还在后头呢。"牟三给笔者算了一笔细账。

是啊，纯天然养鱼供休闲，才是养鱼致富之道。合江县二里乡养鱼业主们正驰骋在这条康庄大道上。

5.4 森林旅游致富资料

1.书目

[1]郑群明.森林保健旅游[M].北京：中国环境出版社，2014.

[2]《中国森林公园游》编辑部.中国森林公园游[M].北京：当代中国出版社，2009.

[3]吴楚材，吴章文，胡卫华，等.森林:人类健康的摇篮[M].北京：中国旅游出版社，2013.

2.网站

中国森林旅游网 http://www.ftour.org。

第 6 章 野生动物驯养繁殖致富

第6章 野生动物驯养繁殖致富

在我国动物养殖行业里，人们最关心、最迫切希望了解的问题是"我养什么动物能赚钱"。在目前市场经济条件下要实现群众的意愿，回答好群众提出的问题，实在太难。目前我国养殖野生动物的现状，经济野生动物养殖的种类繁多，初步统计至少有70种，主要有鹿类、熊类、狐貉、水貂、大灵猫、小灵猫、果子狸、竹鼠、孔雀、环颈雉、鸵鸟、雁类、鹌鹑、鹅鸽、红腹锦鸡、蛇类、蛙类、蛤蚧、鳖、龟、蜗牛、蚂蚁、地鳖虫、蝎、蜈蚣、蚯蚓、蝶类、蟋蟀等。人们养殖这些野生动物，有的是利用其肉、有的用其毛皮、有的作药用、有的作工艺品，不论作何种用途，都是为了获取经济效益。然而，就我国所养的这些野生动物而言，有的饲养者获取了巨额经济效益，有的却赔了钱。养同种野生动物，有的人养得好效益高，改变了贫穷落后面貌，而有的人却越养越赔，养不了几年就被迫停产。为什么会出现这两种截然不同的结果呢？情况较复杂，有技术原因，也有管理因素，还有信息不灵原因及其他因素（如疫病等灾害）。我国目前野生动物养殖存在的问题主要是盲目性大、科技含量低，饲料营养不合理、饲养管理粗犷且未形成产业化生产等。以上诸因素制约了我国野生动物养殖业的健康持续发展。然而纵观几大类野生动物，皮毛兽的热度依旧很大，但应根据市场需求而定，不能绝对化。药用动物如鹿和熊等因为中医的历史和发展，市场需求还在不断增加，但是我们应该避免盲目投资。其他类的野生动物养殖更应该分清楚市场需求，谨慎投资。

具体可以参考邹兴淮的文章《野生动物养殖优势品种的市场前景》。

6.1 野生动物驯养繁殖概述

野生动物驯养繁殖业是畜牧业的一个新部门，以驯养观赏动物、皮毛利用动物、药用动物、食用动物为主。野生动物的驯养可以追溯到原始社会，当时原始人将捉到的比较温顺的活动物圈养起来，以备狩猎无获或冬天时充饥。此外，中外历史上还有不少驯养猛兽用于作战的记录。在中国，作为观赏动物有规模的养殖记录见于清朝，1908年在北京建成了"万牲园"（北京动物园前身），饲养展览动物几十种。新中国成立后，全国各地陆续建立了许多鹿场，饲养着大量的梅花鹿、马鹿、白唇鹿、白臀鹿和水鹿等。

不过真正将野生动物作为产业发展和经济利用来大量繁殖饲养的，还是在改革开放后。经过30多年的大量科学研究和驯养繁育实践，野生动物养殖品种得以不断丰富，据国家林业局公布，目前已经有50多种珍禽类、野兽类、爬行类、两栖等类野生动物，驯养繁殖技术较为成熟，可以规模化推广养殖。实际上，野生动物养殖已经在全国农村遍地开花，并产生了巨大的经济效益。目前大多数饲养者其野生动物种源已经是人工繁育引种而来，只有极少数是从自然界捕获的野生动物作为饲养对象，但后者饲养成活率很低。

6.2 野生动物饲养业按产品归类

野生动物饲养业按产品分类如下。

1. 观赏类动物饲养

1）禽类：孔雀（绿孔雀、蓝孔雀）、锦鸡（红腹锦鸡、白腹锦鸡）、鸳鸯、天鹅、鹦鹉（虎皮鹦鹉、费氏牡丹鹦鹉、桃脸牡丹鹦鹉、面罩情侣鹦鹉等）、文鸟（七彩文鸟、白腰文鸟）、雀类（橙颊梅花雀、红梅花雀、禾雀、金丝雀等）。

2）熊类：黑熊、棕熊、大熊猫等。

3）猫科：东北虎、华南虎、灵猫等。

4）水族类：海豚、海豹、鲨鱼以及小型观赏狮子鱼、小丑鱼、蝴蝶鱼、海马、海龙等。

2. 毛皮利用动物饲养

毛皮利用野生动物饲养也是比较早的、数量较多的一类。饲养对象有美洲水貂、狐（银黑狐和北极狐）、紫貂、貉、毛丝鼠和河狸鼠等，其中美洲水貂和狐在世界裘皮供应中占重要地位。既有规模很大的企业化饲养场，也有较小规模的家庭饲养；有些国家还设有相关的科学研究机构等。

3. 药用动物饲养

饲养的目的是从动物身上取得某些产品，以制造药物。饲养对象有用以获取鹿茸的梅花鹿和马鹿，用以获取麝香的麝、有用来抽取胆汁的黑熊等。此外，野生爬行类如蛇、蛤蚧等、节肢动物如蝎子等也已有饲养。

4. 食用动物饲养

主要有野兽类野兔、野猪、竹鼠等；珍禽类如蓝孔雀、珍珠鸡、环颈雉（野鸡）、鹧鸪、野鸭、大雁等；爬行类如蛇类、鳄鱼。

6.3 驯养繁殖经营加工许可

1.《野生动物驯养繁殖许可证》的取得

驯养繁殖野生动物,必须首先取得林业主管部门颁发的《野生动物驯养繁殖许可证》,这是前提条件,否则是违法的。根据《中华人民共和国野生动物保护法》规定,受保护的野生动物分为水生野生动物和陆生野生动物,水生的野生动物由渔政主管部门主管,陆生的野生动物归林业部门主管。对陆生的野生动物来说,国家一级保护动物由国家林业局颁发驯养繁殖许可证,国家二级保护的动物由各省林业厅办理,一般保护的动物由县林业部门办理。无论哪一级发证,首先都需要到县级林业部门申请,逐级上报审批。

2.《野生动物经营加工许可证》的取得

这是屠宰、经营加工和利用野生动物产品的必要证件。一般情况下,申请需要提供如下材料:申请经营利用野生动物的书面报告;证明申请人身份的有效文件或材料;经营利用野生动物的种类(中文名、拉丁学名)、品种、数量和来源等;经营利用国家重点保护野生动物或其产品的,必须提供实施目的和方案,包括实施的种类、数量、地点、价格、利用方式、责任人等;证明野生动物或其产品合法来源的有效文件和材料。

野生动物的饲养历史悠久,但作为一种有相当规模的饲养业则历史很短,20世纪以来才得到发展。如养貂业是从20世纪20年代开始发展的。发展的原因,一是由于野生动物资源日益枯竭,猎取野生动物日益困难;二是人类对这些动物产品的需求不断增长,超出了自然界所能供应的量;更重要的是今天人们对野生动物保护意识不断增强,国家对野生动物保护立法;这些都促使人们重新思考,怎样在保护野生动物物种的同时,能够合法地取得野生动物产品资源加以利用。而经过人类的驯养、育种等措施大量繁殖饲养,则是目前能够合法取得和利用野生动物产品的最佳途径。

中国的野生动物饲养业开始于20世纪50年代。毛皮动物饲养是从国外引进狐和水貂开始的。水貂饲养在20世纪60年代得到发展,70年代后期和80年代发展迅速。貉的饲养从20世纪50年代开始,发展有所加速。紫貂饲养处于试验阶段。引进的毛丝鼠和艾虎也属试养性质。开始于20世纪50年代的梅花鹿和马鹿的饲养到70年代已有很好的发展。野生动物饲养业的发展现已成为中国出口贵重商品的重要来源,并将逐渐发展成为畜牧和渔业的一个重要组成部分。

6.4 饲养方式

1. 笼养

野生动物的饲养方式根据它们在野生状态下的行为和习性决定。笼养一般适用于肉食性毛皮用哺乳动物。因其性凶猛,不易接近,甚至常攻击人类,野生时又多营独居生活,笼须用铁丝网等材料制成,大小根据动物体型及其所需的运动空间确定;笼上附装小箱供动物躲藏、休息、睡眠和哺育幼兽之用。喜营独居生活的杂食和草食性动物,也宜用笼养。

2. 圈养

圈养适用于体形大、人类较易接近的鹿科动物,即将动物饲养在高墙围绕的兽圈中。这类动物经过训练也可放牧,但要有较好的管理。

3. 栏舍天网

环颈雉、孔雀、锦鸡等,则需要在栏舍外架设天网饲养,以防止飞走逃逸。有的水生野生动物则须根据其特殊的习性构筑必要的网箱来饲养。一般来说,有条件的规模化养殖场,因为技术条件具备,在饲养过程中会不断总结经验,从而改进饲养方式方法,并形成制度、工艺、流程,进行标准化的驯养和繁殖,使养殖效益不断提高。

6.5 科学饲养

6.5.1 饲养环境的创造

野生动物的饲养,首先是要为它们创造适合成长的环境,不懂得这一点,就养不好动物。野生动物从野外无拘无束的自由环境来到人类身边,总会有个不适应的过程。例如麻雀,如果抓来拴起来饲养,即使你给它再好的食物,它也不会吃一口,因此不久就会在惊吓中饿死。因此,要想养好野生动物,必须为它们营造一个与它们野外生活相似的环境,它们才会逐渐适应下来。例如,福建招宝生态农庄养殖的野鸡,其栏舍不仅建在绿树环抱之中,农庄的饲养员还在山鸡运动场设立吊杆,吊杆上挂上山鸡爱吃的松针;山鸡栏舍屋顶还爬满藤蔓植物,不仅夏天遮阴、冬天保温,还可以让山鸡时时感受到大自然的气息。

6.5.2 饲料

野生动物饲养中,除了环境因素,我们还要尽量提供动物野生食性所习惯的饲料,例如紫貂的饲粮以肉类为主而水貂则以鱼为主。但是,在动物适应了人工环境之后,则要依据动物本身不同阶段生长所需的营养含量,调配新的食物,饲粮应能提供动物不同生长阶段所需要的能量和蛋白质、脂肪、碳水化合物、维生素、微量元素等。让动物逐渐适应人类为它们配置的营养食物。这样才能够使种群不断繁衍壮大，为规模化养殖创造条件。例如山鸡在产蛋期，除提供足够的蛋白质、碳水化合物、微量元素、钙质等营养外，还要提供充足的光照。有些食草动物，如竹鼠，除喂以新鲜的竹子外，还需要补喂一定量的颗粒饲料等。对一些食性特殊的动物，往往还需从自然界采集它们喜爱的食物喂养，如对蛤蚧喂以昆虫等。

6.5.3 科学管理

科学管理就是依据野生动物本身的生物特性和生长规律，在饲养过程中全方位管理，包括建设栏舍和环境、合理分群、调配营养饲料、消毒防疫、配种繁育、保温御寒、通风散热、提供合理光照等，目的就是使动物健康成长，提高养殖效益。

6.6 国家允许经营的陆生野生动物名单

国家林业局发布了54种可商业性经营利用驯养繁殖技术成熟的陆生野生动物名单，农民朋友可根据这些名录结合自身条件选择相应的驯养品种。现将这54种动物的中文名及别名介绍如下：貉、银狐（银黑狐）、北极狐（蓝狐）、水貂、果子狸（花面狸）、野猪（仅限杂交种）、梅花鹿、马鹿（塔里木亚种除外）、花鼠、仓鼠（金丝熊）、麝鼠（水耗子）、毛丝鼠、豚鼠（荷兰猪、荷兰鼠）、海狸鼠（草狸獭）、非洲鸵鸟、大美洲鸵（美洲鸵鸟）、鸸鹋（澳洲鸵鸟）、疣鼻栖鸭（野鸳鸯、番鸭）、绿头鸭（野鸭）、环颈雉（七彩山鸡、野鸡、雉鸡）、火鸡、珠鸡（珍珠鸡）、石鸡（美国鹧鸪）、蓝孔雀、蓝胸鹑、鹌鹑、巴西龟、鳄龟、中华鳖（甲鱼）、尼罗鳄、湾鳄、暹罗鳄、中国林蛙、黑龙江林蛙、猪蛙、虎纹蛙、蝎子、双齿多刺蚁、大黑木工蚁、黄京蚁、蜈蚣。只许观赏的动物：鸡尾鹦鹉、虎皮鹦鹉、费氏牡丹鹦鹉、桃脸牡丹鹦鹉、黄领牡丹鹦鹉、白腰文鸟、黑喉草雀、七彩文鸟、橙颊梅花雀、红梅花雀、禾雀、栗耳草雀、金丝雀。

6.7 野生动物养殖资料

1.书目

[1]李典友,高松,高本刚.野生动物生态高效养殖新技术[M].北京：化学工业出版社，2014.

[2]吕向东,赵云华,吕慧.野生动物饲养与管理[M].北京：中国林业出版社，2001.

[3]李典友.野生动物生态高效养殖新技术[M].北京：化学工业出版社，2014.

2.网站

1）中国养殖网 http://www.chinabreed.com。

2）中华养殖网 http://www.yangjw.com。

6.8 野生动物驯养繁殖典型案例

1. 野生动物驯养繁殖产业助力脱贫致富

近年来,四川省马边彝族自治县林业局认真贯彻"加强资源保护、积极驯养繁殖、合理开发利用"方针,切实加强野生动物驯养繁殖和经营利用活动的管理,积极主动为野生动物驯养繁殖和经营利用业主做好服务工作。在马边农村,农民脱贫致富的愿望和积极性高涨,随着退耕还林工程和天然林保护工程的实施,一些农民充分利用马边丰富的森林资源和生态环境资源,另辟蹊径,在野生动物驯养繁殖产业上做起了文章。野生动物驯养产业逐渐成了马边农民脱贫致富的一条重要途径。[①]

野生动物驯养繁殖是解决好"三农"问题和广大农民脱贫致富的重要途径。为促进野生动物驯养繁殖产业的发展,县林业局在依法保护野生资源的前提下,规范野生动物驯养繁殖管理工作,以合作社养殖及"合作社+农户"为基础,正确引导和扶持养殖大户,树立典范,推动全县野生动物驯养繁殖和经营利用产业又好又快发展,实现全县野生动物资源的可持续发展和利用。

截至2015年12月,全县持有野生动物驯养繁殖证单位(个人)达23家。主要养殖品种有蛇类、野猪、野鸡、豪猪、果子狸、石蛙、竹鼠等。其中年产值50万以上3家、20万以上4家、5万以上的7家,部分新建驯养繁殖还在艰难发展中。

2. 养殖蓝孔雀收益是鸡的10倍

有营养学专家提出,离我们人类越远的食品,其营养价值也就越高,所谓"四条腿的不如两条腿的,地上跑的不如天上飞的",这样的说法是否完全科学,并没有严格的考证,可是现如今,在北京、广州、上海等城市的酒店里,往日里专门供人观赏的一种珍禽,如今也走上了餐桌,而且受到了消费者的欢迎,进而也形成了一个新的特色养殖产业,这就是美丽的孔雀。[②]

据介绍,虽说养殖蓝孔雀并不难,但是在种源选购、饲料配给、疫病防疫等方面都需要精心管理。尤其是要选购品质优良的种孔雀,这是影响产蛋量、孵化率以及小孔雀成活率的关键。对于养殖户来说,要想获得经济利润,更重要的是蓝孔雀要有稳定的销售渠道。那么,目前蓝孔雀的市场销售状况又怎样呢?

据了解,2003年非典过后,我国蓝孔雀养殖陷入了低谷。目前全国孔雀养殖场有几十家,遍及除西藏外其他所有省市区,呈分布零散、规模小、产量低等特点,千只以上规模的

---

① 资料来源:E木业网,2016-1-11。
② 资料来源:三农致富经,2012-8-31。

养殖场还很少。以我国现有的养殖规模,蓝孔雀要上寻常百姓的餐桌,还有待时日。

据湖北的占经理介绍,销量对他们来说不成问题,现在经常有人开车过来收购,待孔雀长成商品孔雀后,前来收购的人不在少数。而且现在养殖孔雀还属于一个新兴产业,湖北省目前一共只有两家,除了这里,恩施还有一家,而且这两家养殖基地都属于一个老板。占经理自信地说:"照目前看来,商品孔雀的销售市场在未来10~15年,都会供不应求。"

联系了武汉多家大型酒店,得知目前确实尚无以孔雀肉为食材的菜肴供应。武汉市餐饮协会副秘书长李望林表示,原来武汉餐饮界确实有过一些以孔雀肉为原料的菜肴,但现在已消失不见,主要原因有两个:一是这类菜肴价格太高,一般消费者难以接受;二是食客为了保护野生动物,不愿点这类菜,这就直接导致该类菜在武汉市面上消失。

食用孔雀真的不被江城食客接受吗?在武汉几家大酒楼随机采访了几位食客,几乎所有的人都不知道孔雀还可以食用,超过20%的食客表示如果真的可以食用一定会尝试尝试;超过60%的食客表示,如果价格能够承受得起,很愿意尝试食用孔雀;而只有剩下不到20%的食客表示不感兴趣。从调查中可以看出,广大江城食客们对食用孔雀还是颇有兴趣的,这也说明食用孔雀的潜在市场还是非常大的。

孔雀,俗称凤凰,是一种美丽的观赏鸟,是吉祥、善良、美丽、华贵的象征,被称为"百鸟之王"。孔雀以其美丽的羽毛、高贵的气质深受人们的喜爱。一曲孔雀舞更是将孔雀的优雅、美丽与高贵展现无遗。著名药学家李时珍在《本草纲目》中记载,孔雀辟恶,能解百毒,孔雀肉、血有解毒的功效。孔雀全身都是宝,肉可以食用,胆可以治病,羽毛可以制作标本。其中,食用是我国目前蓝孔雀养殖的主要用途。与鸡相比,孔雀产肉多,并且肉质细嫩,为高蛋白、低脂肪的健康食品。它的蛋白质含量高达23.2%,同时含有20多种氨基酸、维生素和微量元素,而脂肪含量仅为0.8%。

3.把豪猪价值最大化

豪猪在进食,一身黑白相间的长刺,一见人就发出示威的吼声……2014年6月30日,在福建省政和县星溪乡山峡野生动物驯养繁殖专业合作社基地,30多只豪猪被装上货车,这些豪猪不安地走动着,养殖基地的主人张荣土忙着安抚它们。①

张荣土喜欢与动物相伴,1997年到广东务工,带回6只豪猪饲养,如今他已建立2000多平方米的养殖基地。在基地里,除了少量野猪、山鹿之外,2000多只大大小小的豪猪养在栏里。"豪猪一年二三胎,一胎二三只,最多时可产四只;我用米糠、小麦、玉米粉饲养,一天只吃一餐主食就可以,再加上一些菜叶喂养,成本低,肉质好。"张荣土介绍,豪猪肉质鲜美,肉可润肠通便,养阴除热,但有很重的骚味,有些顾客把豪猪买回去因骚味没处理好常

---

①资料来源:《闽北日报》,2014-7-24。

常报怨不好吃。2013年,一个姓李的老司机一句话点醒了他。李师傅说:"我开车的时候撞死一只豪猪拿了回家,也不知为什么,第一天拿一半肉煮,一点骚味也没有,味道很好。第二天煮的肉就全是骚味,不得不全部都倒了。"听完李师傅的话,张荣士猜测也许豪猪的骚味不是遍布全身,只在某些部位。于是,他把豪猪大卸几块,一块块闻,终于发现骚腺在嘴部和刺窝的地方。之后,他每次煮肉都准确地把骚腺体剔除,再也不用大量的除腥佐料。

  豪猪的药用价值极高,如何通过"吃肉"发挥出来呢?张荣士想到中草药与豪猪相结合的办法,他常常向老者请教偏方,采用消毒散、水柳等中草药烹饪实验,不仅烹饪出可口野味,还增加了消火、美容、清毒等功效。2013年,他在城关开了一家山味炖馆,以养生为主,许多客人慕名而来,最高日收入达2000元。有个顾客嘴角一年要溃烂好几次,到他的山味炖馆吃了两次豪猪肉,嘴角一年都没有溃烂。2014年,张荣士买来真空包装机、切割机等设备,想包装豪猪肉,配送中药,走超市销售渠道。

第 7 章 林业产业化发展和资产运作

第7章 林业产业化发展和资产运作

7.1 林业产业化

7.1.1 林业产业化简介

林业产业化是以森林资源为依托，以市场为导向，以提高经济效益为中心，对林业主导产业实行区域化布局、规模化生产、集约化经营、社会化服务，建立产供销贸工林一体化生产经营体制，实现林业的自我调节，自我发展的良性可持续循环。

林业产业化包含了三个方面内涵。①森林资源是林业产业化的基础。森林资源为林业产业化体系中各条产业链提供了加工或生产对象，是林业产业化经营的基本保障。②各条产业链是林业产业化的载体。林业产业化产业链要有足够的长度，形成规模，且各条产业链之间有相当的关联度，才能建成结构合理、有机构成的多条产业链组成的复合产业体系，囊括第一产业到第三产业、低级层次生产到高级层次加工的产品生产。③实现林业的可持续发展是林业产业化的目的。通过有效建立各产业链的构建，形成产业之间的密切联系和协作、有机构成的产业组织体系，使各产业间利益分配趋于合理，从而使各产业得到协调发展。

林业产业化能促进生产要素的合理配置，有利于形成区域联合经济优势和良性经济结构。林业产业化以其特有的兼容性，促进了生产、加工、销售各环节的融合，国家、集体、个体等各种经济成分的融合，以及跨行业、跨地区的融合，使各种资源在更大范围内按市场规律进行配置，扩展了林业及林业经济舞台和空间，优化了经济结构，深化和扩大了资源利用，有效地提高了林业综合生产能力、林农收入水平和林业整体经济实力。

林业产业化能提高林业经济效益，增强林业自我积累、自我保护、自我发展的能力。产业化扩大了林业的物资、技术、资金投入渠道，提高了林产品的质量和市场竞争能力；更重要的是延伸了林业生产，与市场接轨，第一、二、三产业有机结合与协调发展，最大限度地释放林业所蕴藏的丰富能量。提升林产品的价值实现能力和增值能力，可避免林业因单纯出卖原料而造成的利益损失，是提高林业比较效益和自我积累发展能力的现实选择，也是增加财源、帮助林农增收致富的有效途径。

林业产业化有利于为山区、农村剩余劳动力提供更广阔的就业空间。这是因为随着产业化的推进、产业链条的不断延伸,对各种各样人才及劳动力的需求量会不断增加。有利于促进生态平衡、改善环境,使林业更好地担负起环境和发展的双重使命。如推进林业产业化,实施坡改梯等水土保持措施,可增加植被覆盖,减缓旱涝等自然灾害,提高环境质量,减少土地肥力的流失,形成林农相互促进的良性循环。同时由于产业化促进了二、三产业的快速发展,提高了林农的就业机会和收入水平,从而会减少对森林资源的人为消耗,使森林调节气候、改善环境功能得以充分发挥。

林业产业化有利于山区、农村科学技术水平和林业劳动者素质的提高。在整个产业化链条中,最重要一环是市场,拥有市场关键在产品竞争力。因此产品规范生产和技术要求至关重要,激发了林农学科学、用科学热情,促进了生产技能和整体素质不断提高。

林业产业化有利于推进林业的两个根本转变。林业产品化迅速发展促进了林业生产格局,山区农村经济格局改变和市场意识普遍提高,提高了林业经营质量和规模效益,加快了山区、农村市场经济成长和发育,林业增长方式开始向质量效益型转变,传统林业向现代化林业转变。

7.1.2 规模化经营

在林业方面,规模化经营就是要根据林地资源条件、社会经济条件、物质技术装备条件及政治历史条件的状况,确定一定的林业经营规模,以提高林业的劳动生产率、土地产出率和林产品商品率的一种农业经营形式。

农业规模经营由土地、劳动力、资本、管理四大要素来配置,其主要目的是扩大生产规模,使单位产品的平均成本降低和收益增加,从而获得良好的经济效益和社会效益。林业规模经营也类似于农业规模化经营。

林业规模经营的发展方向是适度规模经营,即在保证土地生产率有所提高的前提下,使每个务农劳动力承担经营对象的数量(如林地面积),与当时当地社会经济发展水平和科学技术发展水平相适应,以实现劳动效益、技术效益和经济效益的最佳结合。

评价农业规模经营可以从两方面入手:各生产要素的组合是否合理;各方面的利益关系是否协调。农业规模经营包括许多具体模式,如种植专业户、机械化家庭农场、机械化集体农场、农工一体化等。林业规模化经营不是说越大越好,而是要适度,大家有多大能力办多大事,不能冒进。

7.1.3 林业产业化特征

1.资源依托性

林业产业化经营的物质基础是森林资源,林业产业化经营体系所建立起的各条产业链都离不开森林资源为其提供加工或生产对象,正是依托森林资源,林业产业化不同层次的多条产业链才得以形成。

2.生态环保性

林业产业化经营寓产业发展于生态环境建设之中,林业产业的发展为生态环境的保护和改善提供了技术和资源的保证,从而促进了生态环境的不断优化,而生态环境的优化又为产业的进步发展提供了良好的基础和条件,产业的发展增加了人们就业机会和提高了人们收入水平,良好的环境又为人们创造了丰富的精神产品。这样,通过林业产业化经营,形成了产业、社会发展与环境优化之间的良性循环,使经济、社会、环境效益协同发挥。

3.经济性和公益性

以森林资源为经营物质基础的林业产业化,其生产具有两重性,一方面是商品林生产,另一方面是公益林生产,两种生产其产出种类是密不可分的。商品林的生产主要产出的是经济产品,但同时也产出生态环境产品;公益林的生产主要产出生态环境产品,但同时也有经济产品的产出。林业产业化是经济性和公益性的统一。林业的公益性经营不仅仅属于林业内部的事业,它具有较强的社会性,林业所具有的生态、社会效益,使它与人类的生存与发展具有密切的关系。

4.产业关联性

林业产业化经营具有后向拉动和前向推动的显著特征。主要表现在对森林资源产业(包括森林生态环境产业)及其他资源生产产业的拉动和对其他前向产业的推动。加工业是增值产业,是整个林业产业结构升级和转型的关键,要改变整个林业产业结构的性质,就必须首先改变加工业的结构性质。如木材加工业不仅具有带动营林和木材采运业发展的前项推动作用,而且还具有促进木材加工产品销售和服务业发展的后项拉动作用;果品加工业不仅具有带动苗木培育、果树栽培基地发展的前项推动作用,而且还具有促进果品储存、保鲜、销售和服务业发展的后项拉动作用。

7.1.4 林业产业化发展模式

1.合作经济组织+林农

"合作经济组织+林农"就是在家庭经营的基础上,建立一系列跨社区、跨村、跨乡镇的农村合作经济组织。这些合作组织主要通过系列服务或支柱产业为纽带连接农户，形成产供销、种养加、贸工农一体化利益共同体。"合作经济组织+林农"的模式是在分散经营主体独立经营的基础上，能够利用某种较为合适的联结方式组成联合体，以联合体为龙头带动各经营主体的一体化经营。这种模式优点包括投资低、收益高、适用性广。

2. 企业+林户

"企业+林户"模式是基于市场和社会的需求，以加工企业或企业集团为主，企业通过合同契约关系与广大农户结成产加销一体化的经济实体，形成"龙头连基地、基地连农户"的一体化经营组织。龙头企业外连国际国内市场，内连农户生产经营，形成利益共享、风险共担的经济共同体。其主要优点包括由公司强化林业资源产出并使其增值，然后开拓市场，组织销售，林户只负责生产。它适合在市场风险大、技术水平高、分工细、专业化程度高及资金密集的生产领域发展。

3. 专业批发市场+林农

"专业批发市场+林农"模式通过发展林产品市场，带动区域化生产和产加销一体化经营。专业批发市场首先要做好林业产前、产中、产后服务，包括提供市场信息、提供优良树种和林业生产资料、做好生产技术服务，按照市场需求调整林业产业结构，及时提供质量合格、品种齐全、数量足够的林产品。通过市场引导所在地林户以及市场辐射作用所能覆盖地区的林户从事林产品生产经营。这种形式的特点是林户投资小、市场辐射面广、组织松散联合。在经济发展水平低、林户较为贫困的地区可选用该形式。

4. 专业技术协会+林农

组织林业专业技术协会，对林户提供科技信息、生产资料，管理技术直到运输销售的全过程、全方位服务，引导林户稳步进入市场。该形式的特点是专业性强、技术水平高、信息广，能充分发挥信息、技术、资金、销售等方面的优势。适用于技术要求比较高的林产品生产。

5. 中介组织+林农

"中介组织+林农"模式就是以中介组织为依托在某一林产品生产加工、销售等各个环节上实行跨区域联合经营，逐步建设以占领国际市场为目标，企业竞争能力强，经营规模大，生产要素跨度组合，生产、加工、销售相连接的一体化企业集团。目前这一类型中出现的中介组织主要是行业协会、销售协会等。

7.1.5 林业产业化借鉴案例

1.文玩现象[1]

一对狮子头麻核桃卖价13800元，一根好品种接穗价格几百甚至上千元，且供不应求。高额的经济回报，使河北省涞水县迅速掀起麻核桃种植热潮，成为当地助农增收的特色产业。

麻核桃又名河北核桃，因刻沟、刻点深，缝合线突出，壳皮厚不易开裂，壳纹清晰美观，过去常作为贵族舒筋活络的"手玩物"，又称"耍核桃"，现已被开发成雕刻精美的高档工艺品，但后来大部分种质资源遭到破坏，部分品种濒临灭绝。随着人民生活水平的大幅度提高，特别是近年来国际贸易的快速发展，给麻核桃产业带来了前所未有的发展机遇。为更好地保护和挖掘麻核桃种质资源，涞水县林业局抽调精干力量进行专项调查，在保护开发当地资源的基础上，陆续引进狮子头、公子帽、虎头等品种系列，使麻核桃市场异常火热，2006年南安庄村一对配好的"狮子头"卖价13800元，其他品种配好的一对也能卖到几百至几千元不等，而且由于市场需求量剧增，出现了客商竞价抢购的局面。

巨大的经济利益，激发了群众的种植积极性，他们在林业技术人员的指导下，利用当地丰富的实生核桃作砧木进行"高接"，逐渐形成了以娄村乡南安庄、虎过庄、西安庄、太平庄、长安庄为中心的全国最大麻核桃基地，高接麻核桃10000株，共有鸡心、狮子头、公子帽、虎头等品种，几十个变种。南安庄全村共有700人，2006年全村麻核桃收入160万元，人均增收2300元，全村靠麻核桃收入达到万元以上的有30户，5000元以上的有60余户，大部分村民因此走上富裕路。

2.文玩核桃情况介绍

涞水县地处太行山北端东麓，距北京108千米，是北京西南的绿色屏障，也是河北省环首都绿色经济圈市县之一。全县总人口35.3万，总面积165067.5万平方米，分山区、丘陵和平原三部分，山区占全县总面积的70%，林业用地面积达120267.3万平方米，2010年涞水县林业总产值39397万元，是河北省典型的林业生产大县。近年来，涞水县境内悄然兴起一个特殊产业——麻核桃，其发展速度之快、经济效益之高、影响范围之广、群众投资力度之大令人惊叹，该产业已成为全县的县域特色主导产业之一，在迅速增加农民收入、发展农村经济、改善生态环境方面起到了突出的示范带动作用。

涞水县在新中国成立以前曾有为数不少的野生麻核桃树，主要分布在娄村乡"五大庄"、三坡镇黄峪铺、龙门乡大东沟等山丘区，由于麻核桃外壳十分坚硬，没有食用价值，

---

[1]资料来源：http://www.jmmht.com/jmmahet/vip_doc/294384.html。

生长处于放任状态，大部分野生麻核桃树被村民砍伐当柴烧掉，保留下来的数量屈指可数。20世纪90年代后期，随着我国经济快速发展，人民群众生活水平不断提高，市场上一度失宠的麻核桃开始畅销京、津市场，需求量快速提升，因为麻核桃稀少，市场上一品难求。并且全县作为全国为数不多的拥有野生麻核桃资源的地区，毗邻京、津两大传统麻核桃消费市场，吸引了客商的关注和青睐。在各级政府及林业主管部门的引导支持下，娄村乡五大庄一带的野生麻核桃资源重新被重视管护起来，成立了麻核桃生产基地，经过十余年的引进改良、培植发展，如今麻核桃种植已遍及全县。目前全县共有麻核桃33.6万株（折合面积1000万平方米），拥有狮子头、官帽、公子帽、虎头、鸡心等五大品系几十个品种，已成为全国最大的麻核桃繁育和生产基地，麻核桃年产值近亿元，带动农户2.5万户，带动营销队伍3000多人，户均增收4000多元。麻核桃树真正成为该村群众的"摇钱树"。

3.涞水麻核桃的效益分析及市场前景

目前涞水麻核桃以丘陵五乡镇为主要分布区域，山区五乡镇为次产区，平原五乡镇为零星分布区域。涞水麻核桃价格连续10多年稳中有升，鸡心每对几十元起价，狮子头、虎头、官帽、公子帽等每对几百元起价，品相好的一对一般在几千至几万元不等。市场上畅销的麻核桃品种接穗单价200~300元/根，成品幼树400~5000元/棵。涞水麻核桃目前产销两旺，每年7月份麻核桃刚定形，一些有实力并且精通麻核桃的客商，就提前包棵预购，等到了9月份采摘后，大批客商纷至沓来，销售场面异常壮观，麻核桃不仅给生产者和营销人员带来了巨额经济回报，同时带动了当地的餐饮、住宿等服务行业的快速发展。涞水县独特的地形、肥沃的土壤、适宜的温度、充足的光照、适量的降水、纯净的水质、清新的空气造就了"涞水麻核桃"质地细密、纹理圆润、纹路逼真、品相端庄、上色快等特有的品质，倍受广大客商的青睐，产品销售网络已遍及国内各个大城市，以及韩国、日本还有东南亚等国家和地区。

为保证涞水麻核桃独特的品质和地域特色，促进地方经济发展，增加农民收入，提高涞水麻核桃的市场竞争力，2010年11月24日由涞水县人民政府向国家质检总局地理标志产品保护办公室，提出了对涞水麻核桃实施地理标志产品保护的申请，圆满通过了专家委员会的论证审查，国家质量监督检验检疫总局于2011年1月13日将"涞水麻核桃"批准为地理标志保护产品。

4.涞水麻核桃产业化的保障措施

（1）加强组织，科学领导

在"麻核桃生产基地"的基础上，成立"麻核桃产业专项领导小组"，具体负责涞水麻核桃产业的规划、引导及种植、管理、销售等各环节的指导、扶持、协调、监督等工作。

(2)强化服务，加强监管

1）建立、健全、规范麻核桃专业合作社及行业协会组织，发挥它们在指导种植、引导销售等方面的积极作用。

2）林业部门提供及时可靠的技术支撑，加强对麻核桃种植户的技术培训指导，培养当地的技术能手和产业致富带头人。同时，积极加大与科研院校的合作，及时解决麻核桃生产中的各种技术难题。

3）按照国家质量监督检验检疫总局《关于对涞水麻核桃、黄梅、桃花、大八益智、湘山酒、伊犁酒实施地理标志产品保护公告》（2010年第167号）要求，当地质监部门要严格涞水麻核桃质量技术标准和质量追溯体系，完善相关监督机制，确保涞水麻核桃的质量标准。

4）科学利用农业财政整合资金，财政、林业、水利、农业、扶贫、交通、金融等相关部门协调联动，充分发挥各自职能，大力支持麻核桃产业的健康快速发展。

(3)打造品牌，抓好市场

1）利用各种传媒，加大对涞水麻核桃的宣传力度，依法依规加强品牌自身保护。

2）借助涞水野三坡金字招牌，积极打造涞水野三坡麻核桃市场品牌，用"大三坡"带动"小核桃"，以"小核桃"增添"大三坡"文化内涵和享誉度。

3）充分发挥涞水县的区位优势，及时掌握麻核桃在国内外市场的销售趋势，引导群众提高精品意识和创名牌意识，将品牌优势充分迅速转化为市场优势和价格优势，同时利用直销、网络等新型销售形式，拓宽营销渠道，满足各层次消费群体的不同需求。

5.麻核桃树种植技术

(1) 播种

8、9月果熟后采种，脱皮、晾干、干藏。3月中旬将种子用冷水浸泡两三天，捞出后混湿沙，堆向阳处。高30~35厘米，上面盖10厘米厚的湿沙，每天洒水1次保持湿润，晚间盖草帘或薄膜保湿保温，10~15天果壳开裂、露白即可播种。每天挑选1次，分批播种，播种时应足墒播种。先按行距40~50厘米开沟，株距按15~20厘米点播，点播时两条合缝线平行于地面，深度以果上距地表3~5厘米为宜，覆土后压实保墒，播种量100千克／亩左右，产苗量7000~8000株／亩。

(2) 嫁接

嫁接在3月下旬至4月上旬进行。首先采集接穗，3月中旬在芽即将萌动时，采集生长健壮、无病虫害的1年生枝作接穗，采后分品种进行湿沙储藏，4月上旬待核桃砧木芽萌动开始嫁接。砧木要求粗度在1.5厘米左右，距地面10厘米处进行嫁接。核桃嫁接时有伤流，不易成活，嫁接前12小时内必须在根际部刻伤至木质部"放水"，再行劈接或插皮接，接后用塑料条绑紧伤口，接穗上端用漆涂抹防止水分蒸发。成活后及时除萌松绑，松绑时间以新梢生长20厘米以上时进行为宜。待嫁接苗长至40厘米左右时，用小竹竿或木棍固定，以防风折。

(3) 栽培管理

麻核桃栽植时间在3月下旬萌芽前后，栽植一两年生苗木成活率高，栽后应浇透水，并加强水肥管理，经常松土除草，雨季注意排水，在六七月注意防治病虫害。生长期应进行修枝，干高保持在3米以上。落叶后不可剪枝，否则易造成伤流，影响树木长势。

麻核桃枝枯病属真菌性病害，主要危害枝干，造成枝干枯死。植株受害率20%左右，重者可达90%，该病主要影响树势生长和产量。病害症状是一两年生枝梢或侧枝受害后，从顶端向主干逐渐干枯，叶片黄化脱落。枯枝上产生密集小黑点，湿度大时，流出黏液，并形成黑色瘤状突起。病菌在病枝上越冬，通过伤口侵入，该病只危害弱树。防治方法是清除病枝，集中烧毁；防治时间和使用的药剂同核桃炭疽病的防治。

(4) 用途

其一，核桃树冠雄伟，树干洁白，枝叶繁茂，绿荫盖地，在园林中可作道路绿化，起防护作用。

其二，麻核桃树木质坚韧，富有弹性，纹理细腻，色泽美观，是军工和家具行业使用的上等材料。麻核桃栽培管理比鲜果类管理、薄皮核桃管理储藏保鲜相对比较容易，果农一般可采取粗放管理。近年来由于麻核桃销售价年年攀升，所以，涞水农民开始大量种植核桃树，掀起了一股种植麻核桃风。一片片涞水麻核桃基地诞生。目前涞水核农已经在山地、坡地成片发展文玩麻核桃，有的甚至已开始在平原大面积成片种植文玩麻核桃。更有甚者的是对核桃栽培技术一点儿不懂也开始大面积发展核桃种植。所以，目前郊区核桃生产中存在宜林地选择不正确、品种单一、株行距不合理、整形修剪不当、修剪时期不对、不打药或喷药不当造成病害发生严重、干梢、死树等诸多问题。这里先谈谈核桃整形与修剪的问题。

麻核桃整什么树形好？树形必须符合核桃生长特性。麻核桃干性强，幼树枝条生长旺盛，成年树和老树枝条生长弱并易下垂。因此，麻核桃整形应选择有干型，如主干形、疏散分层形或多中心干形。

主干留多高好？麻核桃分枝角度比较大，侧枝易横生，尤其进入结果盛期后，枝条易下垂。因此，麻核桃定干应比其他树种高。另外，定干高度应根据树形、品种和栽植密度而定，尤其优先考虑品种与栽植密度。结果晚的品种，定干高度应高于结果早的品种。栽植密度稀的要高于栽植密度密的。目前种植核桃多采取成片栽培，种植的又是新培育的结果早的品种，所以定干高度应以1米左右比较适宜。

主枝如何培养？新定植核桃树虽然树体没发芽、展叶，剪截后伤口也不会发生伤流，但伤口不愈合，应涂漆保护。由于麻核桃成枝力强、萌芽力弱、分枝角度大，同层内留主枝数目多会使分枝角度加大。所以，核桃主枝应尽量少留。基部第一层主枝以留3个为最佳，第2层和以上各层均以留2个为宜。

如何快速整形？核桃定植第一年管理的中心任务是想方设法提高成活率，主干发出的新梢一律保留，尽最大可能增加叶面积，以便制造更多营养，储藏于枝、干、根中以利越冬。核桃幼树生长旺，从第二年开始，以后一年比一年新梢生长量大。因此，在这段时间尽量把新梢一年当成两年用，当培养骨干枝的新梢长至五六十厘米时摘心，以加快分枝，提早成形。但作为结果的枝条不得短截，以便使其提前结果。

核桃修剪的时间是什么？核桃修剪时期和一般果树不一样，核桃不能在休眠期修剪，否则发生伤流影响树势，而且伤口不能愈合，甚至造成植株死亡。正确的修剪时期是在树体展叶以后，成年树最好在采摘后修剪。

麻核桃修剪的方法是什么？核桃的花芽也与一般果树不同，花芽分雌、雄。雌花芽是混合芽，着生在枝条顶部；雄花芽是纯花芽，侧生。所以，核桃为枝条顶芽结果，除为促其发枝外核桃枝条一般不能短截，否则会影响结果。对过密枝、枯干枝可以进行疏剪，对过弱枝和内膛枝稀疏部位的枝条可以进行重短截或缩剪，促其发枝，达到立体结果的效果。成年树，特别是老核桃树，应加强对外围过密枝进行疏剪和缩剪，核桃随枝条级次增高，枝条生长势随之变弱，而且结果能力下降，干枯率明显增加，应通过逐年修剪尽量降低枝条级次，使树体枝条尽量保持在三四级，尽量不超五级。

麻核桃嫁接的具体方法是什么？对要嫁接的核桃树，在落叶后修锯、削平，涂上乳白胶；在次年长出的新枝中，选留两三壮枝，待嫁接；在2月上中旬，剪取品种纯正的芽饱枝条，封蜡后储存在3～5℃条件下，备用；在核桃树芽膨大期至发芽展叶期嫁接。采用切腹接方法，接穗随削随接，包扎时要紧密不漏气；嫁接后，对砧木浇水、施肥；及时抹除根蘖；适时解除包扎薄膜。

近几年来，全涞水文玩核桃苗建园面积比较大，为加快低产劣质实生核桃园的良种改接，提高核桃产量质量，增加农民收入，提高核桃树嫁接成活率是关键，主要掌握以下技术要点。

1）采集接穗。春季枝接的接穗，以萌动前20～30天（2月底以前）采集为佳。接穗要从生长健壮、无病虫害的优良品种母树上采集。接穗以粗度1～2厘米、髓心小、芽饱满的1年生发育枝为佳。

2）嫁接时间。枝接以砧木萌芽后展叶3～5厘米长时最佳，一般在4月上旬至5月上旬。嫁接过早或过晚均不利于成活。

3）接后管理。嫁接后，要及时放风、剪砧、绑防风柱、松绑、防治病虫害，以提高嫁接成活率。

7.1.6 林业产业化典型案例

1. 山河屯营林生产产业化

为加速营林生产向着产业化、规模化发展，实现企兴民富、再造秀美山川奋斗的目标。黑龙江省山河屯林业局以营林处为主体成立了营林生产公司，从原先的指导职能转化为生产经营。①

同时林业局出台新政策，将以往几处林业局设在各林场所的苗圃统一收回种植经济苗木和绿化树种，并与牡丹江林业科研所合作，试栽了适合东北抗寒冷气候的美国大榛子种苗20亩、150株，这种榛子果大肉厚，3年挂果，果实批发价40元/千克，一次栽植，多年收益。栽植成功大面积推广后，经济效益非常可观。

此外，他们还重点培育以乡土树种为主的绿化苗木，既可满足本局绿化需要，还能出售给城市作绿化之用。目前，他们在110公顷的苗圃地上栽植培育了水曲柳、黄波椤、桦树、云杉、冷杉、银中杨、垂柳、紫叶稠李、王族海棠、山桃、五角枫等树种，总数达160万株。为保证营造经济林质量，营林公司推行了国有民营的承包制，以获取最大的经济效益，真正实现企业增效、百姓增收。

2. 林业产业化发展带动百姓致富路

"2014年，全市干杂果产量2.19万吨，产值5.19亿元，农民人均干杂果收入1206元，干杂果经济林已经成了农民的'摇钱树'"。在2015年9月10日召开的新闻发布会上陕西省铜川市林业局局长贺满仓如是说。②

铜川先矿后市，因煤而兴。依托资源开发，成为西北地区重要的能源建材基地。在为国家经济建设作出贡献的同时，也带来了工矿区生态环境遭受冲击、植被保护面临挑战、部分区域性生态退化等问题。近年来，该市把生态建设和惠及民生充分结合、统筹规划、积极推进林业生态建设和绿色产业发展，实现了生态环境建设和壮大产业规模、带动农民增收的互融互促。

数据显示，"十二五"期间，铜川市林地面积由190.89万亩增加到198.98万亩，净增8.09万亩，森林覆盖率由44.8%提高到46.5%。其中，全市林业重点工程累计人工造林33.28万

---

① 资料来源：黑龙江新闻网，2014-5-21。
② 资料来源：中国商网，2015-9-11。

亩。五年来，干杂果经济林从87万亩发展到122万亩，年产值在5亿元以上，实现了生态效益和经济效益"双赢"目标。同时，利用现有森林资源，引导群众发展林下种植和林下养殖。采用林药间作、林苗套种等模式，种植了3000多亩油用牡丹、2万多亩药材和20余万株定植苗木。

为发展种苗花卉，铜川转变观念，适应市场，逐渐由国有育苗向社会育苗、个人育苗向企业育苗、荒山造林苗木向绿化大苗转变。全市现有育苗基地8处850亩，分散育苗2000多亩，年均出圃苗木5000万株，基本实现了苗木自给。

同时，拓展森林旅游业。全市现有1个国家级森林公园和2个省级森林公园，总面积达11214.2公顷，其中玉华宫国家级森林公园已打造成4A级旅游景区。玉华宫、药王山、照金香山都是森林面积占比大的景区，随着铜川休闲养生城市建设的持续推进，玉华宫避暑游及冰雪游、药王山的古庙会等养生保健游、照金香山的红色旅游和金秋红叶祈福游等，已成为影响较大的旅游品牌，森林旅游接待游客人数和旅游总收入逐年攀升。

7.1.7 林业产业化参考资料

[1]国家林业局.中国林业产业监测报告[M].北京：中国林业出版社.

[2]中国林业产业联合会.中国林业产业发展报告[M].北京：中国林业出版社.

[3]国家林业局.中国林业产业与林产品年鉴[M].北京：中国林业出版社.

[4]中国林业产业重大问题调研组.中国林业产业重大问题调查研究报告[M].北京：中国林业出版社.

7.2 林权流转及资产运作

7.2.1 集体林权简介

集体林权潜在资本属性。通过其资本性进行资本运作，以此方式营利。

1.增值性

森林资源是可再生资源，森林自身不断生长繁殖，林农投入到林业中的劳动也使森林资源增值。从物的角度看，集体林权可以实现现金或生产要素的增值，从权力角度看，这项权益能不断转化为未来价值实现增值。

2.投资性

《中华人民共和国土地法》规定，农民承包的林地使用权可以采取转包、互换、转让等方式流转，承包者可以获得有偿转让收益；《中华人民共和国物权法》规定土地承包经营权采取转包、互换、转让等方式流转；通过招标、拍卖、公开协商等方式承包荒地等农村土地，其土地承包经营权可以转让、入股、抵押或者以其他方式流转。可见，集体林权不再是单一的权益性资产，这项权益性资产可以作为生产要素通过市场平台，通过转让、入股、抵押等方式参与到林业生产、再生产过程，具有投资性。

3.运动性

林权证把原本无法移动的森林和林地、固定在土地上的林木变为可以运动的产权载体，通过市场进行自由交换，实现了集体林权的运动性。

4.未来延续性

未来延续性用集体林权的交换价值体现。集体林权在公开市场交易的价格实质是土地提供的地租的购买价格，是资产凭其收益转化成现期市场的交换价值，是按照普通利率计算的未来收益现值和。所以，集体林权资本化的实质是一个动态过程，是把具有稀缺性、有明确权属关系、能够带来收益的集体林权权益性资产。

7.2.2 集体林权运作方式

集体林权资产是一种权益性资产，在产权可以分离的前提下，在现行法律、法规的许可范围内，集体林所有权、集体林承包经营权（使用权）、集体林收益权、处分权及从属于所有权和使用权的其他各种权益可以在不同权利主体之间，在契约和利益分配机制的约束下让渡，通过这一动态过程实现资产向资本的转变，实现资产增值。集体林权资本化的实现方式简单说就是集体林权资产变为资本的动态过程，下面简单介绍几种集体林权资本化的主要的实现方式。

7.2.3 集体林权转让

集体林权能够转让，具有可让渡性，既是其资本化的条件，又是其资本化的实现方式之一，反映集体林权资本化的内在要求。集体林权资产通过市场平台或其他形式进行买卖交易、有偿转让是集体林权资本化的最基本和最彻底的形式。集体林权这束权益性资产可以由权利主体让渡给另一主体，成交规则一般是贱买贵卖，结果是资产不断增值以更高的价格转让给需求者。资本化形式的转让不含赠予，不含以显著低于公允市场价交易的亲朋或集体内部成员间的转让。长期以来形成的无偿赠予和低价转让现象将随着流转频率的增加、流转范围的扩大、流转规则的完善、流转对价的公开公平逐渐消失。

集体林权转让可以通过招标、拍卖、协议方式进行交易，也可以通过互易、赠予、继承等方式进行，受让人是国家的集体林权转让方式一般为划转和征购。方式包括买卖转让方式、有偿互易转让方式、协议转让方式、招标和拍卖转让方式、征购和划转被动转让方式。

7.2.4 集体林权入股

集体林权入股是通过对集体林权益的适当分解，以集体林权参与股份合作，无须彻底让渡权利，不同利益主体便可获得相应收益的资本化实现方式。集体经济组织作为所有权的占有者通过入股方式获得收益；农户以承包经营者的身份获取转让使用权的收益，通过利益分配机制的调整，真正体现产权价值，实现资源优化配置。股份合作制必须以产权明晰为前提，以对个人财产权的最终确认为基础。具体做法可以是将拥有的控制权作价折股，量化为等额股份配置给权利主体以此获得相应的红利分配；权利主体同时也可以参与生产经营过程获取劳动经营收入，实现劳动与资金互利联合、利益共享、风险共担。集体林权作价入股可以是所有权股、承包权股，也可以是劳动股。集体林权入股的资本化方式扩展了森林、林地的生存职能和社会保障职能，股利分配将权益与收益相对应，使权利主体获得了进一步的收入并且可以使之有机会长久的参与城市化、工业化的红利分配。集体林权入股不转移林权的所有权，仅让渡部分使用权，就可以使资源要素按照市场机制的法则在合作过程中实现与其他生产要素的组合带来增值利润，从权益让渡程度来看是较集体林权转让更高级的资本化实现方式。

集体林权入股不同于集体林权转让，需要具备一定的条件。①区域经济需要有一定程度的发展。②大量劳动力已经转移到第二、三产业，林农入股的主观意识强。非农产业比较发达的地区，农业外部效益高，受家庭经营规模制约的自主经营林业的生产效率低下。③入股的林权资产产权界定清晰。集体林产权清晰界定是集体林权资本化的基础，集体林权制度改革的首要任务是明晰界定产权。④具备一定资金实力和技术水平，拥有高素质的人才是集体林权入股的客观条件。⑤集体林权入股必须能够为林权所有者带来更高的收益。

7.2.5 集体林权抵押

集体林权抵押是顺应集体林权制度改革深入发展，金融支持林业的模式创新。集体林权抵押是林农或集体经济组织以其所有的森林、林木所有权或使用权和林地的使用权作为担保，向银行、农村信用社等金融机构借款，或者由专业担保公司担保借款，而林农或集体经济组织以林权向其反担保获得资金的行为。集体林权作为可抵押物是农村金融模式的创新，是金融支持林业投融资的举措，在抵押合同约定期限内，权利所有人不失去对权利的控制即可获得资金融通，且是用"一纸权利"便获得实实在在的货币，从权利让渡程度来讲是较林权转让和林权入股方式更为松散的资产与资本联系方式，是更高级的资本化实现途径。抵押融资作为权益性资产向货币资金转化的桥梁，使森林资源在不改变形态的条件下仅以权益作抵押就可以从金融机构提前获得资金，有机会以资金要素的身份参与到生产过程，激活了林业生产要素，进一步盘活了森林资源资产。

由于不同地域的经济发展程度、资源禀赋、集体林权制度改革的进度和深度不同，集体林权抵押贷款的具体做法很多，所以总结研究各地集体林权抵押贷款不同模式的适用性和优缺点，并发现其中的问题，对集体林权抵押贷款的健康发展是非常必要的。集体林权抵押贷款的5种模式如下：林权证直接抵押贷款模式；"金融机构+专业担保公司+农户"模式；"金融机构+政府信用平台+农户"模式；"金融机构+民间联合信用平台+农户"模式；"金融机构+龙头企业+农户"模式。

7.2.6 其他实现方式

前面提到对集体林权资本化概念的理解会随着经济发展和科技进步，人们认识的提高而不断变化，集体林权资本化的实现方式也会随着法律法规的不断完善，集体林权制度改革的不断深入而多样化，如集体林权信托、集体林权证券化等方式或许会出现在不久的将来。

股份合作是集体林权证券化的一种形式，股份可以以非现金形式取得，如以技术股、权益股参与到林业合作；林权债券的发行只能通过现金认购，所以林权债券能为林业带来更多的现金流。美国的布朗·伍德法律事务所于20世纪70年代在华尔街资本市场首创资产证券化，并且将多种资产付诸证券化的范围，其中就有天然资源、矿藏、林地等有价证券组合的实践。林权信托可以是林地信托，也可以是森林、林木信托，是以任何一部分有利用价值的资产作为信用基础，为借款作抵押而获得资金融通的方式。虽然集体林权资产具备林权信托、林权债券的条件，但我国集体林权现状是林地多通过家庭承包方式到户经营，非常分散且经营规模小，债券、信托等方式往往以价值大、规模大的资产为依托，所以目前我国的集体林权还不适宜以信托和债券的方式实现权益性资产的资金融通。本研究以实践为主，所以不过多探讨这方面的内容，但是从资产的特性和市场条件等方面入手，分析集体林权信托、集体林权债券的原理和对其进行设计是具有前瞻性的。

7.2.7 集体林权抵押贷款操作指南

1. 目的

本文件规定了××行（以下简称"本行"）林权质押贷款业务的操作流程，目的为规范林权质押贷款业务操作，防范林权抵押贷款的风险。

2. 适用范围

本文件适用于本行开办的林权质押贷款业务。

3. 定义

林权质押贷款，是指以林业行政管理部门颁发的《林权证》载明拥有或有权依法处分的林地使用权和林木所有权作质押，向借款人发放的人民币贷款。

4. 职责与权限（见表7.1）

表7.1 林权抵押贷款职责与权限

部门/岗位	职责与权限	不相容职责
主任	负责对授信管理委员会审议通过的林权质押贷款业务行使一票否决权	调查、审查
分管主任	负责对权限内的林权质押贷款业务的审批	调查、审查
授信管理委员会	负责对规定权限林权质押贷款业务的审议审批	调查、审查
授信评审部/授信审批岗	负责对权限内的林权质押贷款业务的审批； 负责对权限外的林权质押贷款业务直接提交分管主任或授信管理委员会审议审批； 负责制作并下发林权质押贷款业务批复意见书	调查、审查
授信评审部/授信审查岗	负责林权质押贷款业务的审查，提出独立审查意见	调查、审批
业务管理部/用信审批岗	负责对林权质押贷款业务的用信审批	调查、审查
业务管理部/用信审查岗	负责对林权质押贷款业务的用信审查	调查、审批
公司银行部/总经理岗	负责参与对重点林权质押贷款业务的尽职调查； 负责审核林权质押贷款业务，并提交相关部门审查审批	审查、审批
公司银行部/客户经理岗	负责受理客户林权质押贷款业务申请，收集林权质押贷款业务所需要的资料； 负责林权质押贷款业务尽职调查，形成调查报告； 接收林权质押贷款业务批复意见书	审查、审批

5.原则与基本规定

(1) 原则

1) 合规性原则：必须遵循相关法律法规及信用社的规章制度，符合林业部门规划政策，落实合法有效的林权质押手续。

2) 审慎性原则：明确贷款用途，合理确定贷款抵押率，监控贷款资金的使用及回笼，有效防范贷款风险。

3) 效益性原则：以能促进生态效益、社会效益和经济效益的有机统一为目的，实现林产品增值、林农增收和信用社增效。

(2) 基本规定

1) 贷款对象、条件、用途。

贷款对象。经工商行政管理机关或主管机关核准登记从事林业经营的企（事）业法人、其他经济组织、个体工商户或具有中华人民共和国国籍的具有完全民事行为能力的自然人，均可作为林权质押贷款的对象。

贷款条件。借款人申请林权质押贷款，除了应具备《授信管理大纲》规定的基本条件外，还应符合以下要求：自然人年龄在18周岁（含）以上60周岁（含）以下，身体健康，在贷款当地有固定住所或常住户口，为具有完全民事行为能力的中国公民；企（事）业法人、其他经济组织、个体工商户须具备相应的林业经营资格；具有良好的信用记录和还款意愿，在各金融机构无不良贷款、欠息及其他不良信用记录；具有稳定的收入来源和按时足额偿还贷款本息的能力；在信用社开立结算账户；信用社规定的其他条件。

贷款用途。林权抵押贷款仅用于借款人在林业种植、加工和经营过程中的资金需要，不得用于其他用途。

2) 贷款金额、期限、利率及还款方式。

贷款金额。根据林权质押物的变现能力及评估价值确定林权质押贷款金额，原则上应控制在质押物评估价值的40%（含）以内。

林权质押贷款的期限。根据林木的具体生产和收成周期合理设定贷款期限，一般应与林木的收成期限相匹配，原则上不得超过5年，且贷款到期日不得超出借款人对林地经营期限。

贷款利率的确定。应参照《贷款利率定价作业指导书》，区分不同的贷款对象，综合考虑成本、市场竞争、风险等因素，结合实际确定贷款利率水平。

根据林业生产经营见效周期和借款人现金流等状况合理设定还款计划。

3）贷款担保。

林权质押贷款的质押物主要包括：用材林、经济林、薪炭林；用材林、经济林、薪炭林的林地使用权；国务院规定的其他森林、林木和林地使用权。森林或林木资产抵押时，其林地使用权须同时抵押，但不得改变林地的属性和用途。

下列森林、林木和林地使用权不得质押：生态公益林；权属不清或存在争议的森林、林木和林地使用权；未经依法办理林权登记取得林权证的森林、林木和林地使用权（农村居民在其宅基地、自留山种植的林木除外）；属于国防林、名胜古迹、革命纪念地和自然保护区的森林、林木和林地使用权；特种用途林中的母树林、实验林、环境保护林、风景林；以家庭承包形式取得的集体林地使用权；国家规定不得抵押的其他森林、林木和林地使用权。

用于办理林权质押贷款的林权证须为经县级以上地方人民政府，依据法律法规规定，对所有权或者使用权确认后合法的有效证件。

质押物的评估：借款人应按照《财政部、国家林业局关于印发〈森林资源资产评估管理暂行规定〉的通知》的有关规定，委托信用社认可的、具有一定资质的评估机构进行林权价值评估。信用社在办理过程中应合理把握林权抵押物的市场价值，同时结合林权抵押物的市场价值确定信用社的内部评估价值，要特别防止抵押物价值的高估而导致资产评估价值与实际市场价值的过度偏离。当评估机构对林权抵押物的评估价值与信用社的内部评估价值不一致时，按"孰低"原则确定。

质押物投保：原则上应要求借款人对林权质押物进行投保，在保险合同中明确信用社为第一受益人；投保金额不得低于贷款本息金额，投保期限应涵盖贷款期限。

6.流程描述与控制要求（见表7.2至表7.5）

表7.2 林权质押授信业务操作流程（1）

阶段	客户	公司银行部 客户经理岗	公司银行部 总经理	授信评审部 授信审查岗	授信评审部 授信审批岗	经营管理层 分管主任	授信管理委员会	经营管理层 主任
6.1.1申请	客户申请	受理申请						
6.1.2调查		调查	重点客户→参与调查→审核					
6.1.3审查				审查→是否权限内	是否权限内			
6.1.4审批				是→审批→下发批复意见书	是→审批	审议、审批	是否否决	
6.1.5用信	转用信操作流程							

表7.3 林权质押授信流程与控制要求（1）

阶段	流程描述与控制要求	风险提示
6.1.1申请	环节名称：客户申请 操作部门/岗位：客户/客户 职责：提出林权质押授信业务申请 操作规范：客户以书面形提形式提出林权质押授信业务申请。内容主要包括客户基本情况、申请的授信业务品种、额度、期限、担保方式、还款来源等	
	环节名称：受理申请 操作部门/岗位：公司银行部/客户经理岗 职责：负责受理客户林权质押授信业务申请 操作规范：收到林权质押授信业务申请后，对客户主体资格进行初步审核，符合林权质押授信业务条件的，进入调查阶段；不符合受理条件的，向客户做好解释说明	风险描述：客户经理责任心不强，该受理的不受理或受理不及时、不规范，导致优质客户流失或声誉风险 风险等级：中等风险 控制措施：建立客户经理激励约束机制，实行限时办结，首问负责制，一次性告知、客户投诉等制度，加大检查问责的力度 控制部门/岗位：公司银行部，小微企业管理中心/客户经理岗

续 表

阶 段	流程描述与控制要求	风险提示
6.1.2调查	环节名称：调查 操作部门/岗位：公司银行部/客户经理岗 职责：负责林权质押授信业务尽职调查，形成调查报告 操作规范：实行双人调查、实地查看、与客户面谈的方式，对客户提供的资料的合法性、真实性和有效性进行认真核实并记录，尽职调查的主要内容包括： 借款人的主体资格，是否具备所质押林地林木的经营权； 借款人是否具备相关的行业经验； 借款人是否有稳定的收入来源，还款能力是否有保障； 林权的取得是否合法合规； 借款人经营或投资的项目是否符合国家的产业政策、是否具备市场优势，借款人贷款用途是否真实，预测贷款投入与产出关系，分析项目的可行性； 借款人自有资金是否充足，并核实资金投入情况； 现场查看质押物，包括林地类型、坐落位置、四至界址、面积、林种、树种、树龄、蓄积量等；分析所种植林木的潜在风险，包括市场价格、自然灾害、人为损害及政策变化等因素，充分论证质押物的代偿能力。 形成书面调查报告	风险描述：调查流于形式或未执行关心人回避制度，对客户提供的虚假资料不能及时识别，不能真实掌握和反映申请人及担保人的实际情况，导致调查结果失真，影响授信决策 风险等级：高风险 控制措施：规范操作流程，完善问责机制。 控制部门/岗位：公司银行部，小微企业管理中心/客户经理岗
	环节名称：参与调查 操作部门/岗位：公司银行部/总经理 职责：负责参与对重点林权质押授信业务尽职调查 操作规范：参与对重点林权质押客户进行贷前调查，发表调查意见	风险描述：调查流于形式或未执行关心人回避制度，对客户提供的虚假资料不能及时识别，不能真实掌握和反映申请人及担保人的实际情况，导致调查结果失真，影响授信决策 风险等级：高风险 控制措施：规范操作流程，完善问责机制 控制部门/岗位：公司银行部，小微企业管理中心/总经理
	环节名称：审核 操作部门/岗位：公司银行部/总经理 职责：负责审核、提交 操作规范：负责审核林权质押授信业务，并提交相关部门审查审批	
6.1.3审查	环节名称：审查 操作部门/岗位：授信评审部/授信审查岗 职责：负责林权质押授信业务的审查，提出独立审查意见 操作规范：根据调查人提供的林权质押授信业务资料对林权质押客户经营状况、资信情况、质押物情况及其他非财务信息等进行分析评价，审查或验证贷款金额、期限和用途的合理性，提示贷款潜在风险；并对材料的合规性、有效性和完整性进行审查；根据审查与分析结果，形成书面的审查评价报告，报告的内容应详细注明客户的经营、管理、财务、行业和环境等状况，内容应真实、简洁、明晰	风险描述：未严格执行审查制度，审查人员按照他人授意进行审查或隐瞒审查中发现的重大问题；与客户串通，向有关审批人提供虚假审查报告；风险评估未能充分反映真实风险；审查通过不具有主体资格、基本要素不全、不符合信贷政策、监管要求以及信贷风险突出的信贷业务，导致信贷风险及监管风险 风险等级：高风险 控制措施：严格落实审贷分离，单独设立授信审贷岗，形成有效岗位制约；授信审查人员必须严格按照规定的审查内容和不同授信业务审查的具体要求进行审查，明确突出审查意见和风险防控措施，对审查内容真实性、合法合规性负责；对审查中发现的重大问题和疑点必须进行核实，予以确认并做出详细说明 控制部门/岗位：授信评审部/授信审查岗

续表

阶　段	流程描述与控制要求	风险提示
6.1.4审批	环节名称：审批 操作部门/岗位：授信评审部/授信审批岗 职责：负责对权限内林权质押授信业务的审批 操作规范：根据调查人、审查人意见，综合分析客户和业务风险，出具审批意见	风险描述：未严格执行审批制度和程序，审批通过不符合国家产业政策、监管规定及本行信贷制度的信贷业务；超权审批；未执行回避制度，加大授信风险 风险等级：高风险 控制措施：严格按照国家现行政策、省联社及本行信贷制度进行审批，执行回避制度，严禁超权限审批 控制部门/岗位：授信评审部/授信审批岗
	环节名称：审批 操作部门/岗位：经营管理层/分管主任 职责：负责对权限内林权质押授信业务进行审批 操作规范：根据调查人、审查人意见，综合分析客户和业务风险，出具审批意见	
	环节名称：审议、审批 操作部门/岗位：授信管理委员会/委员 相关岗位：主任委员 职责：负责对规定权限林权质押授信业务的审议 操作规范：严格按照授信管理委员会议事规则进行审议，具体操作参见《授信管理委员会议事规则》；对审议通过的林权质押授信业务资料，连同授信管理委员会会议记录等报主任行使"一票否决权"	风险描述：未严格执行审议制度，委员会人员构成不符合规定；参会委员未达到规定人数；审议通过不符合授信条件、信贷政策；委员会成员审议意见不明确，审议记录未留存，致使责任不清；委员会成员受到指使或暗示，不能独立行使表决权，导致授信风险 风险等级：高风险 控制措施：严格按照规定程序审议贷款，严禁逆程序、缺程序或简化程序审议贷款业务；坚持集体审议原则，参会委员必须签署明确的意见和理由；委员会成员结构、数量应符合风险管控要求；委员会委员应坚持原则、秉公办事，严禁接受他人暗示或授意审议贷款业务；对国家宏观经济政策或明令限控行业，严禁审批；加强检查，严肃追究有关人员的责任 控制部门/岗位：授信管理委员会，办公室/主任委员，委员
	环节名称：是否否决 操作部门/岗位：经营管理层/主任 职责：负责对授信管理委员会审议通过的林权质押授信业务行使一票否决权 操作规范：对授信管理委员会审议通过的林权质押授信业务行使一票否决权。否决的，原则上退回授信管理委员会办公室	
	环节名称：下发批复意见书 操作部门/岗位：授信评审部/授信审批岗 职责：负责制作并下发林权质押授信业务批复意见书 操作规范：对于主任行使否决权后的客户林权质押授信业务，按照授信管理委员会的审批意见，制作并下发批复意见书	
6.1.5用信	环节名称：转用信操作流程 操作部门/岗位：公司银行部/客户经理岗 职责：负责接收林权质押授信业务批复意见书 操作规范：接收批复意见书和授信评审部返回的林权质押授信业务资料，转《用信操作流程》	

表7.4 林权质押授信业务操作流程（2）

阶段	客户	公司银行部 客户经理岗	公司银行部 总经理	业务管理部 用信审查岗	业务管理部 用信审批岗
6.2.1 申请	申请	→ 受理申请			
6.2.2 调查审核		调查 ↓	审核		
6.2.3 审查			→	审查	
6.2.4 审批				↓	审批 ↓ 下发批复意见书
6.2.5 发放支付		转发放支付操作流程 ←			←

表7.5 林权质押信用业务流程与控制要求（2）

阶段	流程描述与控制要求	风险提示
6.2.1 申请	环节名称：申请 操作部门/岗位：客户/客户 职责：提出林权质押用信业务申请 操作规范：客户以书面形式提出林权质押用信业务申请。内容主要包括客户基本情况、申请的用信业务品种、额度、期限、担保方式、还款来源等 环节名称：受理申请 操作部门/岗位：公司银行部/客户经理岗 职责：负责受理林权质押客户用信业务申请 操作规范：收到林权质押用信业务申请后，对林权质押客户主体资格进行初步审核，符合用信条件的，进入调查阶段；不符合受理条件的，向客户做好说明	

续表

阶　段	流程描述与控制要求	风险提示
6.2.2调查审核	环节名称：调查 操作部门/岗位：公司银行部/客户经理岗 职责：负责林权质押用信业务尽职调查，形成用信调查报告 操作规范：实行双人调查、实地查看、与客户面谈的方式，落实有关用信条件，做到尽职调查	风险描述：调查流于形式或未执行关心人回避制度，对客户提供的虚假资料不能及时识别，不能真实掌握和反映申请人及担保人的实际情况，导致调查结果失真，影响用信决策 风险等级：高风险 控制措施：规范用信操作流程，完善问责机制 控制部门/岗位：公司银行部，小微企业管理中心/客户经理岗
	环节名称：审核 操作部门/岗位：公司银行部/总经理 职责：负责对林权质押用信业务进行审核。 操作规范：对林权质押用信业务进行审核，并提交相关部门审查审批	
6.2.3审查	环节名称：审查 操作部门/岗位：业务管理部/用信审查岗 职责：负责林权质押用信业务资料的审查 操作规范：审查以下内容：用信业务的合规性，客户变动情况对用信业务的影响，并签署审查意见(审查结论、贷款的综合分析与评价、风险防范措施)	风险描述：审查人员未履行尽职审查职责，审查流于形式，用信产生风险。 风险等级：中等风险 控制措施：严格用信流程及审查岗位职责；用信审查人员必须严格按照规定的审查内容和不同信贷业务审查的具体要求进行审查，明确突出审查意见和风险防控措施，对审查内容真实性、合法合规性负责；对审查中发现的客户重大变动事件进行充分的风险评价 控制部门/岗位：业务管理部/用信审查岗
6.2.4审批	环节名称：审批 操作部门/岗位：业务管理部/用信审批岗 职责：负责对林权质押用信业务的审批 操作规范：根据调查人、审查人意见，综合分析客户和业务风险，出具用信审批意见	风险描述：审批把关不严，审批超授信范围用信业务 风险等级：中等风险 控制措施：明确责任，强化信贷审批的授权管理，增强审批流程控制，杜绝超授权、超授信用信 控制部门/岗位：业务管理部/用信审批岗
	环节名称：下发批复意见书 控制部门/岗位：业务管理部/用信审批岗 职责：负责制作并下发林权质押用信业务批复意见书 操作规范：根据林权质押用信业务审批意见，制作并下发批复意见书	
6.2.5发放支付	环节名称：转发放支付操作流程 操作部门/岗位：公司银行部/客户经理岗 职责：负责接收林权质押用信业务批复意见书 操作规范：接收批复意见书和用信审批岗返回的林权质押用信业务资料，转《发放支付操作流程》	

7.检查监督（见表7.6）

表7.6 检查监督

牵头检查部门	检查内容	检查频次	报告路线	检查结果利用
业务管理部	检查林权质押贷款业务制度与操作流程执行	每年不少于2次	经营管理层	持续改进
内部审计部	对林权质押贷款业务的合规性、有效性进行检查评价	每年不少于1次	理事会、审计委员会	评价、问责

7.2.8 林权资产运作典型案例

1.林农当了股东，收益陡增50倍

党的十八届五中全会已经闭幕，"改革"仍然是关键词、热词。林业的各项改革正在深入推进，特别是集体林权制度改革的效益和红利已经在逐步释放。但集体林改是一个不断探索、创新、深化的过程，明晰产权、承包到户的主体改革任务完成后，集体林业经营发展遇到了许多新情况、新问题，因此，继续深化改革势在必行。在深化改革中，各地探索出很多新的模式，积累了宝贵经验。

在浙江省浦江县，流转一亩香榧林，按50年合同期计算，至少可分红5万元以上，与之前传统流转模式500~1000元每亩相比，收益高出了不下50倍。

浦江是怎么做到的？这源于浦江启动的林地股份制改革。这种"林地变股权、农户当股东、收益有分红"的林地经营机制，让林农和工商企业结成利益共同体，让林地效益和林农收益实现了最大化。

73.3%的森林覆盖率是浦江林业发展的绿色资本。2008年浦江推行集体林权制度改革以来，解放了林地生产力，极大地调动了农民积极性，为有效解决温饱问题发挥了重要作用。但随着林业现代化的推进，一家一户分散经营的模式，极大地制约了林业的资本投入和技术推广，进而迟滞了适度规模经营的发展进程。

为突破瓶颈，浦江县通过组建林地股份合作社，鼓励林农以林权入股，吸引工商资本投入规模化林业发展，走出了一条林业增效、农民增收、生态良好的发展之路。

受制于林地所有权的制度约束和农民契约意识淡薄的现实困境，社会工商资本进行林业投资，其安全性、合法性得不到保障。以往工商资本向农民一次性租赁获取林地数十年的长期经营权，这种简单集聚经营的方式在农村遇到了强大阻力，工商业主与农民之间的摩擦和纠纷不断，最终使得规模经营举步维艰，林地流转困难重重。

改革势在必行。2012年，浦江立足实际，全面启动了林地股份合作制改革，主要考虑林地的投入更具有长期性、更需要规模化，必须依赖工商资本的有效投入。为此，浦江按照政府引导、农民自愿原则，把农民的林地承包权转化为长期股权，变分散的林地资源为联合的投资股本，同工商资本进行有效对接。这样，既确保了农民的长期收益，也为工商资本的规模化经营创造了有利条件，真正实现了农民和工商资本的互利共赢。

利益分成是林地股份合作制改革的核心。如何在改革过程中切实维护好农民的利益，更是改革成败的关键。林地是农民赖以生存的资本，考虑林地作为股份投资的特殊性和农民承担风险的脆弱性，浦江要求林地股必须有别于一般意义上"利益共享、风险共担"的资金股，创造性提出"保底+分红"的林地股份制改革新模式。

浦江的"保底+分红"模式分为两种。一种是"保底+递增"的分红模式，这种模式主要应用在周期较长的树种上，比如香榧。以入股50年为例，前20年，每年按照当年的省级生态公益林年度补偿标准分红；后3个10年间，分别按5%、10%、15%比例递增分取香榧青果的方式分红，但保底分红不少于300元每亩。据此测算，50年合同期农民每亩林地可分红5万元以上，与之前传统流转模式500~1000元每亩相比，收益高出了不下50倍。

另一种是"保底+保值"分红模式，这种模式主要应用在周期较短的树种上，比如毛竹。实行林地股份化流转机制后，组建林地股份合作社流转的竹林，每年按340元每亩保底定价分红，若毛竹市场收购价提高，则将超额部分折算现金进行盈余分红。

通过这两种模式，林农与工商企业结成利益共同体，每位股东既享有保底利益，又有分红的预期，有利于规避潜在的利益冲突，吸引社会资本入林，实现林业发展的和谐稳定。浦江县虞宅乡桥头村林地股份化流转后，将农民同马岭生态农业开发有限公司绑成了一个利益共同体，农民从以前的不关心甚至阻挠开发，变为主动关注、支持开发，留守村里的40余位妇女和中老年人实现了在家门口打工，公司每年支付给村民劳务工资80余万元。

林地股份制改革激活了浦江的林业经济，生动地诠释了"绿水青山就是金山银山"的科学论断。如今，浦江的林地股民不断壮大，林地股份合作社达到22家，参股农户2932户，参股林地面积1.9万亩，吸引工商资本6亿元，成为全国成立林地股份合作社最多的县。林地入股也激发了林农和企业发展林业的积极性，浦江的香榧种植面积快速增长，达3.8万亩，成为"中国香榧之乡"，其中5200亩的留家坪香榧种植基地成为全国最大的已投产香榧基地。

从浦江看全国，在深化林改的道路上，林地股份制改革或许还可在更多的山林开花结果，激发出更多的林改活力。

2."沉睡"的公益林资产变身金融资产

浙江省龙泉市住龙镇3位林农用自家的公益林补偿收益权向龙泉市农村信用联社质押贷款9万元,使"沉睡"的公益林资产变身为金融资产。据了解,这是该市继经营权流转证、公益林信托和农村担保合作社之后,又一项林改创新举措。

据悉,龙泉市现有公益林面积171.5万亩,涉及1.8万户林农,占全市林业用地面积的43%。依据现行法律,公益林砍伐受限、不能流转、不能抵押融资的难题成为制约林权抵押贷款扩面增量的瓶颈。为进一步拓宽农村和农户融资渠道,唤醒公益林这一"沉睡资产",龙泉市出台了《龙泉市公益林补偿收益权质押贷款管理办法(试行)》,该市林业局和该市农村信用合作联社制定了相关配套制度,林农可直接向林业工作站提出贷款申请,林业工作站核实情况后向林农发放"公益林补偿收益权证",农户以年度公益林补偿金收入的10倍质押,贷款最长期限可达5年,并实行利息优惠。

"如果提前联系好,一天就能把贷款办下来。而且不需要找人担保,利息上也优惠了很多,极大便利了我们。"拿到贷款,住龙镇西井村村民王发旺满脸笑意。王发旺家里有500多亩的生态公益林,听说市里新出台了公益林补偿收益权质押贷款的举措,便用自家的公益林补偿收益权质押从农村信用联社获得5万元贷款继续用于植树造林。

"开展公益林补偿收益权质押贷款试点,将森林生态效益补偿基金这一稳定的未来收入转化为当前的现金流,发挥了公益林补偿金的倍数效应。"龙泉市林业局林权交易收储中心相关负责人表示,此项举措有利于进一步破解农村融资瓶颈,拓宽农户融资渠道,实现生态与发展的双赢。

据了解,龙泉市林权抵押贷款目前已累计发放3.75万笔25.4亿元。

7.2.9 林权相关网站推荐

1)林权网http://www.linquanwang.net。

2)中国林业产权交易所http://www.chinaforest.com.cn。

3)华夏林权网http://www.hxlq.cn。

第 8 章　其他致富模式

第8章 其他致富模式

8.1 生态公益林

8.1.1 生态公益林简介

生态公益林是指生态区位极为重要或生态状况极为脆弱,对国土生态安全、生物多样性保护和经济社会可持续发展具有重要作用,以提供森林生态和社会服务产品为主要经营目的的重点的防护林和特种用途林,包括水源涵养林、水土保持林、防风固沙林和护岸林等;自然保护区的森林和国防林等。生态公益林也是保护和改善人类生存环境、维持生态平衡、保存物种资源、科学实验、森林旅游、国土保全等需要为主要经营目的的森林、林木、林地。

8.1.2 生态公益林特征

1.特殊生态公益林

特殊生态公益林是位于生态地位极端重要和生态环境极端脆弱的特殊保护区域的森林、林木、林地。包括国家自然保护区及其他有国家一、二级保护野生动植物及其栖息地的各类自然保护区内的森林、林木、林地;未经人为干扰的地带性顶极群落,如张家界、韶山等经国务院批准的自然与人文遗产和具有特殊保护意义的森林、林木、林地;江河源头;山体坡度46°以上的地段的森林、林木、林地;严重荒漠化地区的植被生长区。

2.重点生态公益林

重点生态公益林是位于生态地位非常重要和生态环境非常脆弱的重点保护区域的森林、林木、林地。包括江河源头,如湘江、沅江源头及一级支流源头10千米以外20千米以内汇水区、二级支流(流程50千米以上)源头10千米以内汇水区;江河两岸,长江沿岸自然地形第一层山脊以内或平地2000米以内;大型水库正常水位周围自然地形第一层山脊以内或平地1000米以内的森林、林木、林地;坡度36°以上、土壤瘠薄、岩石裸露、森林采伐后难以更新或森林生态环境难以恢复的森林、林木、林地;京广线湘黔线、枝柳线、洛湛线等国有铁路,106线、107线、209线、319线、320线等国道和高速公路两旁自然地形第一层山脊以内(陡坡地段)或平地100米以内的森林、林木、林地;以掩护军事设施和作军事屏障为主要目的的森林、林木、林地等。

3.地方公益林

地方公益林是由各级人民政府根据国家和地方的有关规定划定,并经省林业主管部门核查认定的公益林,包括森林、林木、林地。地方生态公益林按照生态区位差异划分为重点生态公益林和一般生态公益林。

8.1.3 生态公益林典型案例

1.生态公益林:百姓致富的常青树

天目山大树华盖,大明山巍峨锦绣,太湖源清丽婉约……浙江省临安市的山绿水韵迎来四面八方客。依托生态,临安市的旅游业欣欣向荣;依托生态,农家乐富了农民口袋;依托生态,临安市的"绿色家园,富丽山村"建设如火如荼。生态公益林,不仅改善了生态环境,还成了百姓致富的常青树。[①]

近年来,临安市逐步提高生态公益林补偿标准,补偿资金从2004年的7.50元每亩(585万元每年)提高到目前的19元每亩(2061万元每年),惠及全市13万户农民。至今,全市累计发放生态公益林补偿资金1.18亿元。

清凉峰镇顺溪村有省级生态公益林22722亩,杭州市级3542亩,结合林改,该村探索"均股均利、分利不分山"的模式,将70%的集体统管山分股到农户,每人1股,每股10亩,每股130元。通过这样的模式,落实补偿资金发放到户,提升了法律效应,保证了老百姓的利益。据了解,该镇已有6个村实施"分股不分山"补偿资金管理模式。每人每年医保补助60元(60岁以上补100元),另外年终100元每人,实际每人每股受益达160元。经村民代表会通过,部分补偿资金用于村里的公益事业,修桥补路、垃圾清运、路灯安装、山核桃看管费用等,为创建"绿色家园,富丽山村"注入生机。

白果村大部分公益林在大明山风景区内,依托旅游,村里每年有几十万门票收入(去年43.6万元),再加上近28万元的公益林补偿资金,让村民享受到了实实在在的好处:300元每人每年的补偿资金,30元每人的医保补助(60岁以上全额补助)。

依托良好生态环境发展起来的农家乐,让百姓富了脑袋,更鼓了口袋。2010年,临安市农家乐接待游客107.63万人次,同比增长11.7%,实现旅游综合收入33.11亿元,同比增长16.18%。

---

①资料来源:临安新闻网,2013-3-8。

白沙村从"卖山头越卖越穷,卖山货解决温饱,到现在卖生态,富裕一方",140多户农家乐产生的经济效益占全村第三产业的70%以上。"竹林农家"的老板段观林说,如果当初不封山育林,那就是年年洪水,坐吃山空,现在大家都尝到生态保护的甜头。段观林的农家乐有21个房间,年收入15万元左右。

白沙村书记夏玉云讲,农家乐带来的间接效益不可小觑。很多外地客户与农家乐主人交上朋友,帮他们销售土特产,还为他们的子女介绍工作。在段观林家的大厅墙上,挂满了书画作品,这些都是前来度假的知名书画家留下的。另据了解,西天目山一户农家乐,收集了很多书画家的作品,在锦城开了一家画廊,类似这种潜在的价值财富,那都是不可估量的。

2. 长汀万亩生态公益林项目完成,水保与致富成功融合

经福建省林业调查规划院正式验收,中石油福建公司正式宣布,由该集团承担的福建省长汀县万亩生态公益林援建项目,全面合格完成。该项目总栽种面积达10382亩,栽植无患子、樱花等10类常绿阔叶品种树木77万多株,成活率达98%以上。[①]

目前,无患子果实的市场收购价为4.5元/千克,一棵成年无患子的经济产值约为250元,未来产值将达600万元。"这一水保治理示范工程不仅为全县林分结构调整进行了有益探索,同时也成功地把水保与致富融合到一起,为进一步推进长汀水土流失治理,提供了良好经验。"长汀县委书记魏东介绍。

8.2 能源林

8.2.1 能源林简介

能源林是以生产生物质能源为主要培育目的的林木。以利用林木所含油脂为主,将其转化为生物柴油或其他化工替代产品的能源林称为"油料能源林";以利用林木木质为主,将其转化为固体、液体、气体燃料或直接发电的能源林称为"木质能源林"。

8.2.2 生物质能简介

物质生物质能就是太阳能以化学能形式储存在生物质中的能量形式,即以生物质为载体的能量。它直接或间接地来源于绿色植物的光合作用,可转化为常规的固态、液态和气态燃料,取之不尽、用之不竭,是一种可再生能源,同时也是唯一可再生的碳源。

林业生物质资源是指森林生长和林业生产过程中提供的生能源,包括薪炭林、在森林抚育和间伐作业中的零散木材、残留的树枝、树叶和木屑等;木材采运和加工过程中的枝

---

① 资料来源:人民网,2014-1-2。

丫、锯末、木屑、梢头、板皮和截头等；林业副产品的废弃物，如果壳和果核等。

8.2.3 能源林典型案例

1.四川生物能源林基地兴农致富

四川省长江造林局近年来结合重点林业生态工程建设，在金沙江、雅砻江干热、干旱河谷地区利用荒山荒坡大面积发展生物能源树种——麻疯树，不仅改善了生态环境，优化了能源结构，而且促进了区域经济发展，带领当地广大农户走上了兴林致富之路。[①]

据了解，2003年以来，长江造林局大规模种植麻疯树，在攀枝花仁和区、东区、盐边县等地种植麻疯树24万亩，在攀西地区建成了麻疯树能源林建设基地16万亩、麻疯树基因库4000亩，建成麻疯树品系种苗中心。长江造林局成为四川省内最早实施麻疯树种植与开发利用的专业造林企业。

长江造林局的技术专家讲，种植麻疯树每亩投资400元，5年后可进入盛果期，收获一年便可收回全部投资。据林业专家介绍，麻疯树耐干旱、高热、瘠薄能力极强，易成活，生长快，是干热河谷地区造林绿化的优良树种。它也是一种生物能源原料树种。其种仁含油量达40%~60%，高于油菜、大豆等油料作物及其他木本植物，可提炼生物柴油，平均亩产果实500千克，可提炼约150千克生物柴油。

多年来，长江造林局积极与省林业科学研究院、四川大学生命科学学院合作，在研究、开发和利用麻疯树种仁提炼加工生物质柴油方面取得突破性进展。四川省林业科学研究院、四川大学等单位已取得了一系列创新的研究成果，进行了柴油混合燃料的试验、柴油机燃用野生麻疯树油试验、混合生物柴油（b15）1.5万千米柴油机车行车试验；目前已建成了年产200吨麻疯树油柴油混合燃料的中试车间，采用微乳化复合添加剂合成b20型麻疯树生物柴油，在成都公共交通公司的柴油公交汽车上实际运行，取得成功；在国内首次选育出了高油1号麻疯树优良品种，种仁含油率平均达63%，比对照的平均含油率高15.6%。并已建立了良种培育苗圃200亩、示范基地2000亩。

"十一五"期间，长江造林局将联合四川长江科技公司以公司建基地、基地带农户的形式，进一步扩大麻疯树规模种植。到2010年，在四川攀西地区凉山州、攀枝花市建成麻疯树资源基地200万亩。

2.海南木本油料产业"带领"农民脱贫致富

海南省政府办公厅印发《关于加快木本油料产业发展的实施意见》（以下称《意见》）明确提出，力争到2020年，建成5个油茶重点市县、3个椰子重点市县、2个油棕重点市县，并建立

---

① 资料来源：http://www.whyandhow.org/cn/info/253221/index.shtml。

一批带动面广、竞争力强、产业关联度大、技术水平高的木本油料产业基地，使木本油料树种种植面积达到100万亩以上，形成一批食用植物油品牌产品。

据悉，多年以来，海南省大力推进天然林保护工程、退耕还林工程、绿化宝岛工程建设和集体林权制度改革，极大地调动了海南省群众发展林业产业的积极性，以油茶、椰子和油棕等为重点的木本油料树种种植面积不断扩大。目前，海南省木本油料树种种植面积已达70万亩，木本油料产业正逐步成为带动广大农民脱贫致富，促进农村经济社会可持续发展的"富民产业"。但总体上，海南省木本油料产业规模还偏小，还存在产业化程度不高、政策资金投入不足等问题，缺少带动性强的领军企业，对经济增长的贡献还有限。

《意见》指出，海南省光照充足，雨量丰沛，植物资源十分丰富。被称为世界四大木本油料植物的油茶、油棕、椰子、油橄榄和被称为我国四大木本油料植物的油茶、油桐、核桃和乌桕，在海南省均有分布，且我国椰子和油棕的主要分布区和种植区均位于海南省。因此海南省具有发展木本油料产业得天独厚的资源优势和气候优势，发展潜力巨大。

8.3 森林碳汇

8.3.1 森林碳汇简介

森林碳汇是指森林植物吸收大气中的二氧化碳并将其固定在植被或土壤中，从而减少该气体在大气中的浓度。森林是陆地生态系统中最大的碳库，在降低大气中温室气体浓度、减缓全球气候变暖中，具有十分重要的独特作用。扩大森林覆盖面积是未来30~50年经济可行、成本较低的重要减缓措施。许多国家和国际组织都在积极利用森林碳汇应对气候变化。

碳汇林普通意义上来说就是碳汇林场。因为森林具有功能碳汇，而且通过植树造林和森林保护等措施吸收固定二氧化碳，其成本要远低于工业减排。总而言之，以充分发挥森林的碳汇功能，降低大气中二氧化碳浓度，减缓气候变暖为主要目的的林业活动，就泛称为碳汇林业。

将"从大气中清除二氧化碳的过程、活动和机制"称之为"碳汇"。森林碳汇是指森林吸收大气中的二氧化碳并将其固定在植被或土壤中，从而减少二氧化碳在大气中的浓度。

中共中央、国务院《关于2009年促进农业稳定发展农民持续增收的若干意见》中要求"建设现代林业，发展山区林特产品、生态旅游业和碳汇林业"。碳汇林业作为一个新的概念，虽然首次出现在中央文件中，但在应对气候变化的国际行动中，这个概念很早就被国际社会提出来了。

国家林业局副局长祝列克在哥本哈根联合国气候变化大会期间提出我国"要大力增加森林碳汇，争取到2020年森林面积比2005年增加4000万公顷，森林蓄积量比2005年增加13亿立方米的目标"。

1. 含义

碳汇林业虽然和传统林业有着密切联系，但又是对传统林业功能的进一步深化。碳汇林业的发展应包括以下几层含义。

1）碳汇林业的发展始终与气候变化的国际国内政策密切联系，应符合国家经济社会可持续发展要求和应对气候变化的国家战略。

2）碳汇林业实施过程中，不仅要考虑碳汇积累量，还要充分考虑项目活动对提高森林生态系统的稳定性、适应性和整体服务功能，对推进生物多样性保护、流域保护和社区发展的贡献，即碳汇林业追求森林的多种效益，同时，要促进公众应对气候变化和保护气候意识的提高。

3）碳汇林业要对项目积累的碳汇进行计量和监测，以证明对缓解气候变化产生真实的贡献。因此要制定符合国际规则和中国林业实际的技术支撑体系。

4）碳汇林业发展要借助市场机制和法律手段，通过碳汇贸易获取收益，推动森林生态服务市场的发育，提高植树造林的经济效益，调动更多的企业和社会力量，参与应对气候变化的林业行动。

2. 理解

根据以上理解，可将碳汇林业进一步概括为遵循各国应对气候变化国家战略和可持续发展原则，以增加森林碳汇功能、减缓全球气候变暖为目标，综合运用市场、法律和行政手段，促进森林培育、森林保护和可持续经营的林业活动，提高森林生态系统整体固碳能力；同时，鼓励企业、公民积极参与造林增汇活动，展示社会责任，提高公民应对气候变化和保护气候意识；充分发挥林业在应对气候变化中的功能和作用，促进经济、社会和环境的可持续发展。

虽然碳汇林业对大多数国人来讲还是一个较新颖的名词，但是我国政府多年来重视森林植被恢复和保护，使我国成为全球人工林面积最多的国家。这实际上就是发展碳汇林业的举措。中国多年来大规模植树造林不仅提高了我国森林面积和蓄积量，也吸收固定了大量的二氧化碳。据专家估算，1980~2005年，我国通过持续不断地开展植树造林和森林管理活动，累计净吸收二氧化碳46.8亿吨，通过控制毁林，减少排放二氧化碳4.3亿吨，两项合计51.1亿吨。全国森林净吸收的二氧化碳，相当于同期工业排放总量的8%，对减缓全球气候变暖做出了重要贡献。

发展碳汇林业也作为重要措施纳入到了《中国应对气候变化国家方案》中。今后，我国将通过植树造林，扩大森林面积；加强森林管理，提高现有林分质量；加大湿地和林地保护力度；发展与森林有关的生物质能源；预防森林火灾、病虫害；控制非法征占林地和乱砍滥伐等行为，进一步发展碳汇林业。在增强森林生态系统整体固碳能力，降低大气中的二氧化碳浓度，减缓全球气候变暖趋势的同时，为国家气候和生态安全，促进经济社会全面协调和可持续发展作出积极贡献。

8.3.2 与碳汇林有关的典型案例

1.中国绿色碳基金

首批中国绿色碳基金中国石油碳汇项目在湖北省武汉市率先正式启动。项目计划营造10000亩碳汇林，以吸收固定大气中的二氧化碳，促进当地生态环境的改善。

湖北省林业局局长祝金水说，作为湖北省首个碳汇项目，中国绿色碳基金中国石油武汉市碳汇项目一期工程总投资600万元，其中中国石油出资300万元，武汉市江夏区政府按1∶1比例配套资金300万元，营造碳汇林6000亩，建设期20年。

据介绍，中国绿色碳基金先期由中国石油天然气集团公司捐资3亿元人民币，用于开展碳汇造林、森林管理活动等。

国家林业局批准首批中国绿色碳基金中国石油碳汇造林项目，在北京、黑龙江、甘肃、河北、湖北、浙江、广东等全国7个省市试点实施。

"2012低碳中国公益盛典"的系列活动之一，由中国绿化基金会发起主办，于2012年12月27、28日在北京国际会议中心举行。

2.碳交易使植树造林受益

山西省有着丰富的煤炭资源，但节能减排淘汰污染严重的黑色GDP，一直是经济转型发展的重中之重。据了解，降低二氧化碳，应对气候变化的手段，一是减少碳排放（减排），二是增加碳吸收（碳汇），森林作为陆地生态系统的主体，具有吸收和固定大气中二氧化碳的特殊碳汇功能。

对于因植树造林而降低二氧化碳排放的，山西省林业厅相关负责人向记者介绍说，根据吸收二氧化碳的多少，可在国际上进行碳交易。根据《京都议定书》，许多发达国家都有减少二氧化碳排放量的约定，一些国家在本国内难以完成既定的二氧化碳排放量，就只好到国际上购买可降低二氧化碳排放的项目。根据京都市场碳交易的平均价格为4.68美元每吨，非京都市场交易价格为1.34美元每吨。山西省开展的碳汇项目，如果测算出能够降低的二氧化碳量，就可以到国际市场进行碳交易。

目前，国际碳市场发展迅速，世界银行碳基金报告显示，2005年，国际碳市场的总交易额超过100亿美元，而2006年达到250亿～300亿美元，两年后将增加到每年400亿美元。山西省林业厅上述负责人介绍说，可以把山西省正在实施的植树造林、森林管理及保护等活动，看成是潜在的碳汇项目，这些营造林活动的客观效果是吸收了温室气体之一的二氧化碳，发挥了森林吸碳的生态功能，对气候变化的适应和减缓有贡献；如果这些造林的固碳功能可以在计量和审定后实现碳交易，它就成了真正意义上的碳汇项目，即实现了森林吸收二氧化碳这种生态效益价值的市场化。

"十年树木，百年树人。植树造林是收益缓慢的产业，一棵树木长成才至少需要一二十年，而如果发展碳汇林项目，可以开辟新的融资渠道，推动造林绿化，进而推动生态建设。"对于碳汇林建设工程，省许多林业专家认为，该项目是在节能减排上取得事半功倍之效。

8.4 森林水文、森林空气

8.4.1 森林水文

在森林生态系统中，森林植物对水分的吸收、蒸腾、滞流及林地的渗透、储蓄作用，对自然界的水分运动产生重大影响，可以调节降水、蒸发、径流和土壤水分的增减，并进而影响其他生态系统的水分运动和陆地水系的水量、水质变化。研究和认识森林对自然界水分循环运动影响的规律，对于开发、利用水资源，防治水患，充分发挥森林的生态效益具有重要意义。

森林由于其对水文的影响而对人类生态环境及生产活动产生的水文效益主要表现在以下方面。

1.保持水土、防止土壤侵蚀

森林对降雨的截留，大大减轻了雨滴对土壤表面的重力冲击。森林把地面径流转为地下径流，可以防止土壤流失。树根深而交错盘结，固土能力强，可以防止滑坡、塌方和泥石流的发生。相反，过量采伐森林是导致水土流失的根本原因。历史上中国黄土高原地区森林覆被率曾高达50%左右。经四五千年的开垦，森林覆被残存无几，水土流失严重地区的面积达28万平方公里，占该地区总面积65%；每年向三门峡以下黄河下游倾泻泥沙达16亿吨，成为世界上水土流失最严重的地区，黄河成为含沙量最高的河流。因此，在该地区恢复森林植被，限制坡面垦荒、实行陡坡退耕还林是控制水土流失的根本途径。

2.涵养水源，调节流量，减少洪害

森林把地面径流转为地下径流，减慢了径流速度，因此在雨季可以大量储蓄水分，减缓洪水流量；干旱季节又可补充河水流量，减轻或防止旱灾。复层、异龄、针阔混交的天然林等是涵养水源的最佳林分。降水量较小时森林对洪水的影响较为显著，但长时连续性大雨则可使其抗洪作用逐渐减小。中国长江支流岷江上游因1950~1978年原始林破坏，森林覆被率下降15%~20%，同期河流洪水流量平均增加38.27立方米/秒。

3.其他

森林还可改善水质，降低水的硬度，提高水的碱性，并可防止水资源受到物理、化学、热能及生物的污染。

8.4.2 水源涵养林

1.简介

水源涵养林用于控制河流源头水土流失，调节洪水枯水流量，具有良好的林分结构和林下地被物层的天然林和人工林。水源涵养林通过对降水的吸收调节等作用，变地表径流为壤中流和地下径流，起到显著的水源涵养作用。为了更好地发挥这种功能，流域内森林需均匀分布，合理配置，并达到一定的森林覆盖率同时采用合理的经营管理技术措施。

2.水源涵养林营造

（1）树种选择和混交

在适地适树原则指导下，水源涵养林的造林树种应具备根量多、根域广、林冠层郁闭度高（复层林比单层林好）、林内枯枝落叶丰富等特点。因此，最好营造针阔混交林，其中除主要树种外，要考虑合适的伴生树种和灌木，以形成混交复层林结构。同时选择一定比例深根性树种，加强土壤固持能力。在立地条件差的地方、可考虑以对土壤具有改良作用的豆科树种作先锋树种；在条件好的地方，则要用速生树种作为主要造林树种。

（2）林地配置与整地方法

在不同气候条件下取不同的配置方法。在降水量多、洪水为害大的河流上游，宜在整个水源地区全面营造水源林。在因融雪造成洪水灾害的水源地区，水源林只宜在分水岭和山坡上部配置，使山坡下半部处于裸露状态，这样春天下半部的雪首先融化流走，上半部林内积雪再融化就不致造成洪灾。为了增加整个流域的水资源总量，一般不在干旱半干旱地区的坡脚和沟谷中造林，因为这些部位的森林能把汇集到沟谷中的水分重新蒸腾到大气中去，减少径流量。总之，水源涵养林要因时、因地、因害设置。水源林的造林整地方法与其他林种无重大区别。在中国南方低山丘陵区降雨量大，要在造林整地时采用竹节沟整地

造林；西北黄土区降雨量少，一般用反坡梯田（见梯田）整地造林；华北石山区采用"水平条"整地造林。在有条件的水源地区，也可采用封山育林或飞机播种造林等方式。

(3) 经营管理

水源林在幼林阶段要特别注意封禁，保护好林内死地被物层，以促进养分循环和改善表层土壤结构，利于微生物、土壤动物（如蚯蚓）的繁殖，尽快发挥森林的水源涵养作用。当水源林达到成熟年龄后，要严禁大面积皆伐，一般应进行弱度择伐。重要水源区要禁止任何方式的采伐。

8.4.3 森林矿泉水

据国家环境保护部2005年对中国七大水系411个地表水监测点监测数据表明，27%为劣V类水质，基本丧失功能，七大水系已无安全水。人大环资委报告整个淮河流域，50米以内的80%浅层地下水都已经变成V类水质，丧失了水功能；50~300米的中层地下水，也已出现局部污染。全国各地水污染事件频发，饮水安全告警。所有受污染水体对人类健康都将存在致畸、致癌、致突变风险。作为城镇居民的主要饮水的自来水，存在着水源污染和管网污染等问题。尽管各地水厂的技术多数是可以保证其来水基本符合卫生标准，但由于水源污染的日益严重和城市供水管道的老化、高层水箱的二次污染的难以解决，仍严重影响着饮用水质。据城乡饮用水安全保障的数据显示，有17%的供水出水厂不达标，20.4%的末梢水不达标。2015年1月，中央电视台报道称，黄浦江、长江入海口、珠江都检出抗生素，珠江广州段受到严重影响。甚至在南京居民家中的自来水里也有两种抗生素检出，检出的阿莫西林浓度为8纳克/升。专家表示长期饮用可能致耐药。

早在2400年前，人们就有对优质饮用水的要求。《庄子·秋水》中记载"夫宛雏，发于南海而飞于北海，非梧桐不止，非练实不食，非醴泉不饮"。宛雏即凤凰，被誉为神鸟，其中"非醴泉不饮"中的醴泉，特指美好生态环境中那甘之如饴的山泉。而在那个时代，这些都还是容易实现的事。

当前，我国居民饮用水经过了三个阶段。第一阶段是自来水。第二阶段为纯净水，也就是对自来水的再次过滤。在城市居民中，它的出现逐步让原本应用普遍的自来水沦为了清洁、洗涤、厨房用水。第三阶段为类型较为丰富的山泉水、湖泊水与地下水。这一类水的出现一是基于自来水水源的恶化，二是纯净水去除了有害成分，也去除了有益成分，并且多半为酸性水，不利于健康。而第三阶段饮水多为地表水，随着人类工业与生活化工污染源日益密集，工业生活用水粗暴排放，导致地表水质最终遭到侵蚀和破坏，而出现质量问题。

对此，上海炎善集团负责人吴健说，"21世纪，天然矿泉水有可能成为人类健康饮水的最后一座堡垒。因为，天然矿泉水的形成年代非常久远，少则数千万年，多则数亿年以上，与当前的人类社会生产生活毫无交集，属于天然矿产，是大自然赐予人类的宝库。"

据了解，优质矿泉水开发生产流程，首先需要对其含有对人体的有益微量元素的指标进行检测，达到国内外权威机构及主管部门制定的标准后方能授予生产证书，办理采矿手续，划定水源保护区；其次，天然矿泉水加工过程必须纯天然无污染，严格按照水源地罐装原则，不能添加任何人工元素。如此严苛的要求也确保了天然矿泉水产品的品质。

根据权威数据统计，矿泉水产品主要分为三种类型，分别是偏硅酸型矿泉水、锶型矿泉水及其他元素矿泉水等。其中95%以上为偏硅酸型矿泉水，产地主要以我国长白山为主。锶型矿泉水及其他元素矿泉水仅占不到5%，属珍稀矿泉水种类，如法国依云品牌等。

8.4.4 森林空气

森林有着多种功效，其中一个重要功能就是净化空气：森林有多方面净化空气的功能。首先，它保持了大气中氧和二氧化碳平衡。森林是氧气的主要制造者和二氧化碳的消耗者，它使得由于工业发展和人口增加造成大气中二氧化碳的浓度增加得到平衡。其次，森林可以降低大气中有害气体的浓度。它不仅能阻挡有害气体，而且能过滤和吸收有害气体；再次，减少空气中放射性物质。森林能阻挡、过滤、吸收放射性物质；然后，减少空气中的灰尘，森林能阻挡、过滤和吸附空气中的灰尘。还能固定地面上的尘土；最后，减少空气中的细菌。树木可以分泌挥发性物质，有杀菌和抑制细菌的作用。现在城市中空气质量不佳已经成为一个普遍的现象，从森林空气出发制造买点也不失为一个好的方法！

森林空气最佳的世界十大林相之一长白山森林空气清新、无污染、湿度宜人、负氧离子多，吸用时使人感受空气特别清新、神清气爽、提神醒脑，犹如置身于森林般的感觉。

经研究，长白山森林中的树木，如杉、松、杨、柏、桦树等能分泌出一种带有芳香味的单萜烯、倍半萜烯和双萜类气体"杀菌素"，能杀死空气中的白喉、伤寒、结核、痢疾、霍乱等病菌。据科学家研究发现，长白山森林里有一种对人体健康极为有益的物质负氧离子，它能促进人体新陈代谢，使呼吸平稳、血压下降、精神旺盛、舒缓压力以及提高人体免疫力。经测定，在城市房子里每立方厘米只有四五十个负氧离子，林荫处则有一二百个，而在森林中则达到一万个以上。

空气中负氧离子浓度多少，是空气清新与否的标志。世界卫生组织规定，清新空气的负氧离子标准浓度为每立方厘米空气中不低于1000个。人们把负氧离子称为"空气维生素"，对人体及其他生物的生命活动有着十分重要的影响，有的甚至认为空气负氧离子与长寿有关，称它为"长寿素"。森林中负氧离子含量较多，因此，当人们进入森林时，头脑清新，呼吸舒畅和爽快。

据专家观察研究认定，负氧离子有以下作用：对神经系统的影响，可使大脑皮层功能及脑力活动加强，精神振奋，工作效益提高，能使睡眠质量得到改善。负氧离子还可使脑组织的氧化过程力度加强，使脑组织获得更多的氧。对心血管系统的影响，负氧离子有明显扩张血管的作用，可解除动脉血管痉挛，达到降低血压的目的，负氧离子对于改善心脏功能和改善心肌营养也大有好处，有利于高血压和心脑血管疾患病人的病情恢复。对血液系统的影响，负氧离子有使血液变慢、延长凝血时间的作用，能使血中含氧量增加，有利于血氧输送、吸收和利用。负氧离子对呼吸系统的影响最明显，这是因为负氧离子是通过呼吸道进入人体的，它可以提高人的肺活量，故负氧离子有改善和增加肺功能的作用。

负氧离子是从消除引起疾病的根源正离子、酸性、氧化、乳酸等来预防疾病，解除疾病，让人体达到健康的。

8.4.5 森林空气采集环境条件

1. 森林类型

宜选择森林群落结构复杂的中龄针阔混交林。经多年实际观测，这种类型森林中空气负氧离子水平高，在茂密的森林中，空气负氧离子可达10万～100万个/立方厘米；粉尘、细菌含量少，对人体有益的植物挥发物多。

2. 森林的覆盖率

森林的覆盖率在35%～60%时，空气负氧离子浓度最高，而当森林的覆盖率低于7%的地方，空气负氧离子浓度仅为上述情况的40%～50%。

3. 天然的水体

森林环境的湿度对空气负氧离子的产生和分布影响较大，大量研究证明，水体周围，特别是动态水体（如瀑布、河流、溪涧），空气负氧离子浓度较高。

4. 采集时间

空气负氧离子的峰值一般在上午8:00～10:30，这是一天中最佳的收集时段。

5. 其他环境条件要求

森林空气质量特别是空气负氧离子含量与地理环境、日照强度、温湿度、风速等多种气象因素直接相关。

8.4.6 森林水源和空气典型案例

在秦巴深山，有一个"特殊"的村落——双坪村：仅700人的小村里，有10余位90岁以上的老人，是远近闻名的"长寿村"。双坪村位于湖北竹溪县十八里长峡自然保护区，也是国家南水北调中线工程的核心水源区。近年来,竹溪依托得天独厚的生态环境,大力发展"绿色经济",在好山好水上"绣文章"。在双坪村3组,记者见到94岁的尹家明老人时,他正带着老花镜看古装书《隋唐演义》。老人说自己从没生过大病。"这里森林多、水好、空气好。自家地里种了不少山野菜和食用菌,外来的人都喜欢,好多人买。"[1]

良好的生态环境,成为经济发展的"引擎"。"在生态循环经济上做文章,这是竹溪发展遵循的方向。近年来,我们中止了一批小水电开发项目,关闭了47家煤矿、非煤矿山。"竹溪县委书记余世明说。不仅如此,通过植树造林、退耕还林和天然林保护,竹溪的森林覆盖率已达76.8%,现有森林面积11.2万公顷。丰茂的植被、良好的生态,孕育了丰沛的雨水,为南水北调中线工程输送了充足优质水源。同时,优质的水源让华彬集团、上海炎善等商家纷纷慕名前来考察。"竹溪的水属富锶型矿泉水,微量元素锶含量在0.7~1.2mg/L,超过国家标准4倍,这么优质的水源在国内十分少见。"上海炎善公司负责人吴健讲,公司位于竹溪的矿泉水生产项目投产,年产高端矿泉水20万吨。

以市场为导向,竹溪还引导和鼓励农户大力发展山药、党参、当归、鱼腥草、桔梗等药食两用品种,鲜嫩时作蔬菜卖,成熟后卖药材,让药食兼备的中药材成为竹溪的致富"秘方",全县农民人均增收300多元。

与此同时,围绕创造绿色GDP,竹溪积极引导广大农民发展适合林下生长的食用菌、山野菜、药材、家禽等经济作物,种植红豆杉、珙桐等珍稀林木。该县林下经济产值突破3.5亿元,3万多户农民依托林下养殖业和林下特色产业户均增收4000多元。来自竹溪县新洲乡双龙村的村民伍发兵就尝到了"生态致富"的甜头。依托自家5亩多花栎树林,他的3个林下小拱棚就卖出了2万多元的食用菌。"对竹溪人来说,我们要走的是一条兴山与富民同步,生态良好与经济发展双赢的绿色跨越之路。"余世明说。

2013年1月,北京保护健康协会健康饮用水专业委员会会长赵飞虹在网上抛出"20年不喝自来水,只喝矿泉水"的言论成为热议。从此,饮水安全问题不断发酵,引发了媒体与民众大范围的关注。据权威机构资料显示,我国约35.7亿立方米水源水质不达标,占总供水量的11.4%。

"为此,我们用了2年多时间走遍中国大江南北,足迹涉足雪山冰川、云贵高原、大漠塞北,主要围绕珍稀优质矿泉水源展开探寻。从微量元素含量、水质、口感、硬度、供应量多个因素综合考虑,均为能寻找到十分满意的水源。2014年10月17日,中央电视台科教频道《国家地理》的一期关于富锶水造就长寿村的专题片,把我们的目光引入了延绵万里,中国最为神秘的秦巴山区和巴山蜀水之间。由于这里地处鄂、渝、陕三省交界之地,交通极为

---

[1] 资料来源:磐安新闻网,2015-7-8。

不便，导致大部分地区仍处于原始村落样貌。这里同时也是中国神农文化、古巫文化、中药文化的发源地。地处中国二级与三级阶梯交汇处，以及被誉为地球上众多神秘现象聚集北纬31°地区。"上海炎善负责人吴健说。经过不懈跋涉，上海炎善在十堰市竹溪县境内的桃源乡发现了富集的天然矿泉水水源区域。目前所探明的水源，经国土资源部权威机构检验，锶含量达0.78~1.2mg/L，超过国家达标线3~4倍，是法国依云矿泉水的1~3倍(依云锶含量为0.4mg/L)。并且，水源地处中国富硒带，水中同时含有倍医学界誉为对癌症具有预防作用的珍惜微量元素硒。PH值为8.33，属于天然弱碱性水。加之水总硬度低于55mg/L，远低于世界卫生组织推荐生活用水总硬度标准(为100mg/L)。竹溪的水源同时具备富锶、弱碱、含硒、软水四大特性，成为上海炎善开发的首选。引人关注的是，上海炎善的水源点正处在国家南水北调项目的源头，被划定为重点水源保护区。

8.5 护林员

护林员，有自然村级护林员、行政村级护林员、林场护林员和国际专业护林员等。担任护林员也是一种致富的途径，而且是一个具有责任职责神圣的职业。那么担任护林员有哪些要求和标准呢？

护林员基本要求和标准有：①要身体健康；②要有较强的吃苦耐劳精神；③有一定农村工作基础和管理经验，因为护林员负有向群众宣传林业法律法规和林业政策、及时阻止破坏森林资源等责任；④要有相当的护林防火、安全防范专业技术；⑤有一定的事业心和责任心，因为护林员工作直接关系到其所管护范围内森林资源的安全。

护林员需要学习的内容有：《中华人民共和国森林法》《森林法实施条例》《森林防火条例》的相关知识、典型涉林案件解析、护林员职责、加强森林防火工作为内容对护林员进行了详细的讲解和培训。

护林员队伍建设情况提出了具体要求：一是护林员要进一步增强自身工作职责的使命感和光荣感，担负起护林防火工作的职责；二是护林员要当好"四员"，即林木资源的守护员、林情上达的信息员、政策法规的宣传员、案件查处的助理员；三是加强管理，建立起一支高素质的护林员队伍。乡镇街要加强对护林员的管理和考核工作，要有考核记录，并作为发放补贴和续聘的主要依据。尽快制作完成本地区森林资源图，划出每名护林员的责任区，护林员护林要填写护林纪实手册。同时要抓好护林员的日常管理和培训工作。年终将对优秀护林员进行表彰。

护林员的考核问题是：各县（市、区）根据具体情况制定护林员的考核办法，每年定期对护林员进行考核，对照护林员管护职责，对没有履行管护职责情节轻微的，按比例扣发护林工资，情节严重的，予以解聘。

护林员的主要职责是：巡护森林，加强对林区火源的管理，及时报告火情，制止破坏森林资源的行为；对造成森林资源损失的，护林员有权建议有关部门处理；发生森林火灾，协助办案机关查处火灾案件。

村护林员的岗位职责是：①学习、宣传党和国家有关林业法律、法规，不断提高执行政策能力和管理水平；②制止乱砍滥伐和毁坏林木、非法收购和无证经营加工木材、乱占林地、毁坏开垦、毁坏珍贵树木等破坏森林资源行为；③在森林防火期内，按照上级部门安排，着装上岗认真巡查，制止一切野外非法用火，及时消除火灾隐患；发现火情及时报告，并协助村、乡搞好扑救；火灾扑灭后要积极提供线索，协助有关部门对火灾案件进行查处；④负责巡查并报告管护区内森林病虫发生发展情况和防治工作；⑤制止乱采滥挖和乱捕滥猎国家和省级重点保护的野生动植物，协助有关部门查处破坏国家和省级重点保护的野生动植物案件；⑥负责封山育林区域巡查，制止野外放牧；⑦保护好管护区内各种林业服务标志、标牌、广告等公益性林业标志设施；⑧要保持通信畅通，有火情要及时上报村委会、乡政府；⑨完成乡政府、村委会交办的其他工作。

主要参考文献

[1]郜玉钢,王志明,张秋菊.长白山区林下经济[M].北京:中国农业科学技术出版社,2014.

[2]国家林业局农村林业改革发展司.林下经济致富典型案例[M].北京:中国林业出版社,2013.

[3]国家林业局农村林业改革发展司.全国林下经济实践百例[M].北京:中国林业出版社,2013.

[4]国家林业局农村林业改革发展司.国务院办公厅关于加快林下经济发展的意见辅导读本[M].北京:中国林业出版社,2013.

[5]胡安鸿.浙江省集体林权制度改革实践与启示——以浙江省衢州市为例[J].新疆林业,2013.(6):36-40.

[6]贾忠奎.林下经济复合经营实用技术[M].北京:中国林业出版社,2011.

[7]雷永兴.把小核桃做成大产业——云南省新平县南达核桃产销专业合作社的致富秘诀[J].中国农民合作社,2014(12):45-46.

[8]陈雯雯.林权抵押贷款助林农增收[N].京郊日报,2013-8-14.

[9]刘东生,王月华,曾以禹.林农组织化与农村林业改革[J].中国发展观察,2012(2):29-32.

[10]庞军岐.浅谈林业经济的发展与未来[J].中国林副特产,2014(4):105-106.

[11]王邦富.林下经济植物栽培[M].北京:中国林业出版社,2014.

[12]张新福,李建队.示范带动效益惊人 小核桃闯出大市场——涞水县新兴产业麻核桃基地调查[J].统计与管理,2012(1):40-41.

[13]张以山,曹建华.林下经济概论[M].北京:中国农业科学技术出版社,2013.